CUIDADO CONMIGO

CUIDADO CONMIGO

Michael Moore

Traducción de Javier Guerrero

GRUPO ZETA

Barcelona • Madrid • Bogotá • Buenos Aires • Caracas • México D.F. • Miami • Montevideo • Santiago de Chile

Título original: *Here comes trouble*
Traducción: Javier Guerrero
1.ª edición: mayo 2012

© Michael Moore, 2011
© Ediciones B, S. A., 2012
  Consell de Cent, 425-427 - 08009 Barcelona (España)
  www.edicionesb.com

Printed in Spain
ISBN: 978-84-666-5127-1
Depósito legal: B. 12.311-2012

Impreso por LIBERDÚPLEX, S.L.
Ctra. BV 2249, km 7,4
Polígono Torrentfondo
08791 Sant Llorenç d'Hortons

SPANISH
B
Moo

Para mi madre,
que me enseñó a leer y a escribir
cuando tenía cuatro años

Al crecer todo parece muy parcial.
Opiniones ofrecidas,
futuro decidido de antemano,
separado y subdividido.
En la zona de producción en masa
no se encuentra al soñador
ni al desclasado, tan solo.

NEIL PEART/RUSH,
Subdivisions

Nota del autor

Este es un libro de relatos cortos basados en sucesos que ocurrieron en los primeros años de mi vida. Muchos de los nombres y circunstancias se han cambiado para proteger a los inocentes, y en ocasiones a los culpables. Dicen que la memoria puede ser un parque de atracciones extraño y retorcido, lleno de montañas rusas y espejos deformantes, números de monstruos aterradores y delicados contorsionistas. Este es mi primer volumen de estas características. Quería ponerlo en papel mientras el papel, las librerías y las bibliotecas todavía existen.

SANDY BATES [WOODY ALLEN]: ¿Y yo no debería dejar de hacer películas y hacer algo como ayudar a los ciegos o convertirme en misionero o algo así?

EL EXTRATERRESTRE: Usted no da el tipo de misionero. No duraría mucho. Y tampoco es Superman, sino un comediante. ¿Quiere prestarle un servicio a la humanidad? Cuente chistes más graciosos.

WOODY ALLEN, *Recuerdos*

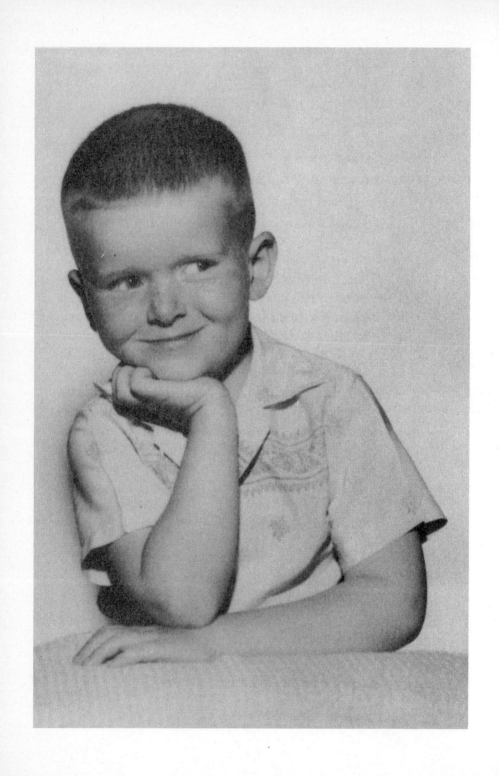

EPÍLOGO

La ejecución de Michael Moore

Estoy pensando en matar a Michael Moore y me pregunto si podría matarlo yo mismo o tendría que contratar a alguien para que lo hiciera... No, creo que podría hacerlo yo. Se me ocurre que él podría estar mirándome a los ojos y, bueno, yo simplemente lo estrangularía. ¿Está mal? He dejado de llevar mi pulsera de «¿Qué haría Jesús?», y ya he perdido toda noción de lo que está bien o mal. Antes decía: «Sí, mataré a Michael Moore», y luego veía la pulsera «¿Qué haría Jesús?». Y lo comprendía: «Oh, no matarías a Michael Moore. O al menos no lo estrangularías.» ¿Y saben? Bueno, no estoy tan seguro.

GLENN BECK,
en directo en el programa *Glenn Beck*,
17 de mayo de 2005

El deseo de mi prematuro fallecimiento parecía omnipresente. Sin duda, estaba en la mente del periodista de la CNN Bill Hemmer una soleada mañana de julio de 2004. Había oído algo que quería echarme en cara. Y así, sosteniendo un micrófono delante de mis narices en la sala de la Convención Nacional Demócrata de 2004, en directo para la CNN, me preguntó qué pensaba de la opinión de los estadounidenses respecto a Michael Moore.

—He oído a gente que dice que ojalá Michael Moore estuviera muerto.

Traté de recordar si había escuchado antes a un periodista formular semejante pregunta en televisión. Dan Rather no se la hizo a Saddam Hussein. Estoy convencido de que Stone Phillips tampoco se la planteó al asesino en serie y caníbal Jeffrey Dahmer. No sé, puede ser que Larry King se la hiciera alguna vez a Liza Minelli, pero no lo creo.

En cambio, por alguna razón, era perfectamente aceptable plantearme esa posibilidad a mí, un tipo cuyo mayor delito era rodar documentales. Hemmer lo dijo como si simplemente afirmara una obviedad, como: «¡Claro que quieren matarte!» Se limitaba a dar por sentado que sus espectadores ya comprendían esta obviedad, con la misma certeza con la que aceptaban que el sol sale por el este y el maíz viene en panochas.

No supe qué responder. Traté de no darle importancia, pero no logré sobreponerme a lo que acababa de decir en directo en una cadena que transmite a 120 países y al estado de Utah. Ese «periodista» posiblemente había inculcado una idea enfermiza en una mente perturbada, en algún descerebrado sentado en su casa poniendo su donut de hamburguesa con queso y beicon en el microondas mientras la tele de su cocina (una de las cinco de la casa) está accidentalmente en el canal de la CNN: «Bueno, más frío en todo el valle de Ohio, un gato en Filadelfia que prepara su propio *sushi* y, enseguida, ¡hay gente que quiere ver muerto a Michael Moore!»

Hemmer no había terminado con su dosis de escarnio. Quería saber quién me había proporcionado credenciales para estar allí.

—El Comité Nacional Demócrata no lo ha invitado a venir, ¿verdad?

Me lo soltó como si fuera un policía pidiendo la documentación, y seguro que no iba a preguntárselo a ningún otro de los asistentes a la convención en toda la semana.

—No —dije—, me ha invitado el Caucus Negro del Congreso. —Estaba cada vez más enfadado, así que añadí para llamar la atención—: Esos congresistas negros, parece mentira.

La entrevista concluyó.

Durante los siguientes minutos fuera de antena, me limité a quedarme allí sin dejar de mirarlo mientras otros periodistas me hacían preguntas. Hemmer se acercó para ser entrevistado por algún bloguero. Al final ya no pude soportarlo más. Me planté otra vez delante de él y le solté con calma propia de Harry *el Sucio*:

—Esto es sin lugar a dudas lo más despreciable que me han dicho nunca en la televisión en directo.

Me dijo que no lo interrumpiera y esperara hasta que terminara de hablar con el bloguero.

«Por supuesto, capullo, puedo esperar.»

Y entonces, cuando yo no estaba mirando, se escabulló. Claro que ¡no tenía dónde esconderse! Se refugió entre la delegación de Arkansas —¡el refugio de todos los bribones!—, pero lo encontré y volví a plantarme ante sus narices.

—Ha hecho que mi muerte parezca aceptable —dije—. Acaba de decirle a cualquiera que está bien matarme.

Trató de retroceder, pero le corté el paso.

—Quiero que piense en sus acciones si alguna vez me ocurre algo. Y se equivoca si cree que mi familia no irá a por usted.

Murmuró algo sobre su derecho a preguntarme lo que quisiera, y decidí que no valía la pena romper mi récord de una vida entera sin pegar a otro ser humano, y tampoco a una rata de una cadena de noticias por cable («Guárdatelo para *Meet the Press*, Mike»). Hemmer me esquivó y se alejó. Al cabo de un año dejó la CNN y se fue a Fox News, donde debería haber estado desde el principio.

Para ser justo con el señor Hemmer, no se me escapaba que mis películas habían cabreado a un montón de gente. No era raro que los fans se me acercaran por las buenas, me abrazaran y dijeran: «Me alegro de que aún estés aquí.» Y al decir «aquí» no se referían al edificio.

¿Por qué seguía vivo? Durante más de un año había sufrido amenazas, intimidaciones, acoso e incluso intentos de agresión a plena luz del día. Fue el primer año de la guerra de Irak, y un experto en máxima seguridad (al que normalmente recurre el gobierno federal para la prevención de atentados) me dijo que «aparte del presidente Bush, nadie en Estados Unidos corre más riesgo que usted».

¿Cómo diablos ocurrió eso? ¿Era culpa mía? Por supuesto que sí. Y recuerdo el momento en que empezó todo.

Fue la noche del 23 de marzo de 2003. Cuatro noches antes, George W. Bush había invadido Irak, un país soberano que no solo no nos había atacado sino que, de hecho, había recibido en el pasado ayuda militar de Estados Unidos. Fue una invasión ilegal, inmoral y estúpida, pero no era así como lo veían mis compatriotas. Más del 70% de la opinión pública respaldaba la guerra, entre ellos liberales como Al Franken y los veintinueve senadores demócratas que votaron a favor de la ley que autorizaba la intervención (incluidos los senadores Chuck Schumer, Dianne Feinstein y John Kerry). Entre otros *cheerleaders* liberales estaban el columnista y director del *New York Times*, Bill Keller, y el director de la revista liberal *New Yorker*, David Remnick. Incluso liberales como Nicholas Kristof, del *Times*, se subieron al carro de apoyar la mentira de que Irak poseía armas de destrucción masiva. Kristof alabó a Bush y al secretario de Estado, Colin Powell, por demostrar «hábilmente» que Irak contaba con dichas armas. Lo escribió después de que Powell presentara pruebas falsas ante Naciones Unidas. El *Times* publicó en primera página numerosos artículos falaces sobre las armas de destrucción masiva de Saddam Hussein. Después se disculparon por alentar el inicio de esta guerra. Pero el daño ya estaba hecho. El *New York Times* había proporcionado a Bush la pantalla que necesitaba, y a la gente, la posibilidad de afirmar: «¡Qué diablos!, si un periódico liberal como el *Times* lo dice, ¡tiene que ser cierto!»

Y esa noche, en la cuarta jornada de una guerra muy popular, mi película *Bowling for Columbine* figuraba entre las candidatas al Oscar. Acudí a la ceremonia, pero ni a mí ni al resto de los nominados nos permitieron hablar con la prensa mientras recorríamos la alfombra roja para entrar en el Kodak Theatre de Hollywood. Existía el temor de que alguien pudiera decir algo, y en tiempo de guerra necesitábamos a todos en buena sintonía y respaldando la campaña civil solidaria.

La actriz Diane Lane subió al escenario y leyó la lista de nominados al Mejor Documental. Abrió el sobre y anunció con júbilo desenfrenado que yo había ganado el Oscar. El patio de butacas, lleno de actores, directores y guionistas nominados, se puso en pie y me dedicó una prolongada ovación. Había pedido a los nominados por los otros documentales que se unieran a mí en el escenario en caso de que ganara, y lo hicieron. La ovación finalmente terminó, y entonces hablé:

He invitado a mis compañeros nominados a subir al escenario con nosotros. Están aquí en solidaridad conmigo, porque nos gusta la no ficción. Nos gusta la no ficción, aunque vivimos en tiempos ficticios. Vivimos en un momento en que tenemos resultados electorales ficticios que eligen a un presidente ficticio. Vivimos en un momento en que tenemos a un hombre que nos envía a la guerra por razones ficticias. Se trate de la ficción de la cinta aislante* o de la ficción de las alertas naranjas: estamos contra esta guerra, señor Bush. ¡Qué vergüenza, señor Bush! ¡Qué vergüenza! Y muy pronto tendrá al Papa y a las Dixie Chicks contra usted, ¡su tiempo se acaba! Muchas gracias.

A medio camino de estas palabras, se desató la cólera del infierno. Hubo abucheos, abucheos muy ruidosos, procedentes de las plantas superiores y de detrás de bastidores. (Unos pocos —Martin Scorsese, Meryl Streep— trataron de animar-

---

* El 10 de febrero de 2003, el Gobierno de Estados Unidos había recomendado tener en casa cinta aislante en previsión de un atentado con armas químicas o biológicas, supuestamente para cerrar herméticamente puertas y ventanas. (N. del T.)

me desde sus asientos, pero estaban en clara minoría.) El productor de la gala, Gil Cates, ordenó a la orquesta que empezara a tocar para sofocar mis palabras. El micrófono empezó a descender. En una pantalla gigante comenzaron a parpadear enormes letras rojas delante de mí: «¡Se ha acabado su tiempo!» Lo menos que puede decirse es que era un caos, y me sacaron del escenario.

Un hecho poco conocido: las dos primeras palabras que cualquier ganador del Oscar oye cuando recibe el premio y baja del escenario proceden de jóvenes atractivos vestidos de gala a los que la Academia contrata para que te feliciten de inmediato detrás del telón.

Así que mientras el desastre y el caos causaban estragos en el Kodak Theatre, una joven vestida de diseño, sin ser consciente del peligro en el que se hallaba, me dijo la siguiente palabra:

—¿Champán? —Y me entregó una copa de champán.

El joven de esmoquin que estaba a su lado dijo a continuación:

—¿Caramelo? —Y me ofreció un caramelo de menta.

«Champán» y «caramelo» son las dos primeras palabras que oye el ganador de un Oscar.

Sin embargo, afortunado de mí, enseguida oí una tercera.

Un tramoyista enfadado se me acercó y me gritó lo más alto posible al oído:

—¡Capullo!

Otros tramoyistas corpulentos y cabreados empezaron a dirigirse hacia mí. Yo me aferré a mi Oscar como si fuera un arma, blandiéndolo como un sheriff que trata de mantener alejada a una turba airada, o como un hombre solitario rodeado en el bosque, cuya única esperanza es una antorcha que esgrime con furia ante los vampiros que se le acercan.

El siempre alerta servicio de seguridad del *backstage* intuyó la pelea que estaba a punto de desencadenarse y enseguida se me llevaron del brazo a un lugar más seguro. Estaba temblando, nervioso y, debido a una reacción abrumadoramente negativa a mi discurso, en lugar de disfrutar de un momento único en la vida, de repente me hundí en un pozo de desesperación. Estaba convencido de que había metido la pata y había decepcionado a todos: a mis fans, a mi padre que se encontraba entre el público, a quienes estaban sentados en sus casas, a la organización de los Oscar, a mi equipo, a mi mujer Kathleen... a todos los que significaban algo para mí. Sentía que en ese momento les había arruinado la noche, que había intentado defender una postura, pero había cometido un error garrafal. Lo que no entendía entonces —lo que no podría haber sabido ni con un millar de bolas de cristal— era que tenía que empezar en alguna parte, que alguien tenía que decirlo y, aunque no había planeado hacerlo yo (¡solo quería conocer a Diane Lane y Halle Berry!), esa noche sería luego vista como la primera pequeña salva de lo que con el tiempo se convertiría en un clamor de rabia frente a las acciones de George W. Bush. Los abucheos, en cuestión de cinco años, irían en sentido contrario, y la nación dejaría de lado su pasado y elegiría a un hombre que no se parecía a nadie de los que me estaban abucheando esa noche.

Sin embargo, no comprendí nada de eso el 23 de marzo de 2003. Lo único que sabía era que había dicho algo que no se podía decir. Ni en la gala de los Oscar ni en ninguna parte. Mis compatriotas saben de qué hablo. Recuerdan cómo fue esa semana, ese mes, ese año, cuando nadie se atrevía a pronunciar una palabra de desacuerdo contra la campaña de apoyo a la guerra; ¡y si lo hacías eras un traidor que odiaba a las tropas! Todo esto elevaba las advertencias de Orwell a una nueva cota de perfección siniestra, porque la verdad verdadera era que los únicos que odiaban a las tropas eran aquellos que las habían enviado a esa guerra innecesaria.

Pero ninguna de estas cosas me importaba mientras me escondían en el *backstage* de los Oscar. Lo único que sentí en ese momento fue soledad, sentí que no era nada más que un total y absoluto chasco.

Una hora más tarde, cuando entramos en el Baile del Gobernador, el salón se quedó inmediatamente en silencio, y la gente empezó a alejarse por temor a aparecer en la misma foto que yo. *Variety* escribiría después que «Michael Moore podría haber hecho la transición más rápida entre la cima y la sima de una carrera en la historia de la industria cinematográfica». Se citaron unas palabras del productor ganador de un Oscar Saul Zaentz (*Alguien voló sobre el nido del cuco*, *Amadeus*): «Se puso en ridículo.»

Así que allí estaba yo, a la entrada del Baile del Gobernador, solo con mi mujer, rechazado por el *establishment* de Hollywood. Fue entonces cuando vi a la directora de Paramount Pictures, Sherry Lansing, caminando con decisión por el pasillo central hacia mí. Ah, sí, así era como terminaría todo. Estaba a punto de ser regañado por la persona más poderosa de la ciudad. Durante más de dos décadas, la señora Lansing dirigió primero la Fox y luego la Paramount. Me preparé para la humillación pública de que la decana de los directores de estudios me pidiera que me marchara. Me quedé allí, hombros hundidos y cabeza inclinada, preparado para mi ejecución.

Y fue entonces cuando Sherry Lansing se acercó a mí y me dio un efusivo beso en la mejilla.

—Gracias —dijo—. Ahora duele. Algún día se demostrará que lo has hecho bien. Estoy muy orgullosa de ti.

Y entonces me abrazó, a la vista de toda la elite de Hollywood. Declaración formulada. Robert Friedman, el número dos de Lansing en la Paramount (un hombre que años atrás había ayudado a convencer a Warner Bros para que comprara mi primera película, *Roger y yo*), abrazó a mi mujer y luego me estrechó la mano con fuerza.

Y eso fue todo durante el resto de la noche. La muestra pública de inesperada solidaridad de Sherry Lansing mantuvo a los detractores a raya, pero hubo pocos que quisieran correr el riesgo de relacionarse conmigo. Al fin y al cabo, todos sabían que la guerra acabaría en unas pocas semanas, y a nadie le apetecía que lo recordaran por haber estado en el lado equivocado. Nos quedamos sentados a la mesa y nos comimos el rosbif en silencio. Decidimos saltarnos las fiestas y volvimos al hotel, donde nos esperaban nuestros amigos y familiares. La verdad es que no estaban para nada decepcionados. Nos sentamos en el salón de nuestra suite y todos se turnaron para sostener el Oscar y pronunciar sus propios discursos. Fue entrañable y emocionante, y lamenté que no hubieran estado en el escenario en mi lugar.

Mi mujer se fue a acostar, pero yo no podía dormir, así que me levanté y encendí el televisor. Durante la siguiente hora miré canales locales que hacían sus programas de resumen de los Oscar, y fui zapeando. Escuché a un experto tras otro cuestionando mi cordura, criticando mi discurso y diciendo, una y otra vez, en esencia: «¡No sé qué le ha ocurrido!»; «¡Seguro que no lo pasará bien en esta ciudad después de esa proeza!»; «¿Quién cree que va a hacer una película con él ahora?»; «Estamos hablando de un suicidio profesional». Al cabo de una hora, apagué la tele y me conecté a Internet: había más de lo mismo, solo que peor, de todo el país. Empecé a marearme. Era un presagio, estaba acabado como realizador. Me tragué todo lo que se decía sobre mí. Apagué el ordenador y las luces y me senté en la silla en la oscuridad, repasando una y otra vez lo que había hecho. Buen trabajo, Mike. ¡Adiós y buen viaje!

Durante las siguientes veinticuatro horas tuve que escuchar más abucheos: al cruzar el vestíbulo del hotel, donde Robert Duvall se quejó a la dirección de que mi presencia estaba causando revuelo («No le gusta el olor de Michael Moore por la mañana», bromeó un miembro de mi equipo más tarde) y al ir al aeropuerto (donde, además de los abucheos, agentes de la Seguridad Nacional me rayaron la estatuilla del Oscar deliberadamente, dejando largas marcas en su baño de oro). En el vuelo a Detroit, el odio ocupaba al menos una docena de filas.

Cuando llegamos a nuestra casa en el norte de Michigan, el comité de embellecimiento local había volcado tres camiones de estiércol de caballo que llegaban hasta la altura de la cintura en nuestro sendero de entrada, de manera que no podíamos entrar en nuestra propiedad, una propiedad que, por cierto, estaba recién decorada con una docena de carteles clavados en nuestros árboles: «Lárgate» «Vete a Cuba» «Basura comunista» «Traidor» «Más vale que te largues ahora».

No tenía intención de irme.

Dos años antes de los Oscar y de la guerra, en un tiempo más calmado e inocente —marzo de 2001—, un día encontré un sobre en el buzón. Estaba dirigido a Michael Moore.

¿Y el remitente? «De Michael Moore.»

Después de un momento de pausa para considerar la naturaleza escheriana de lo que tenía en la mano, abrí la carta y la leí:

Querido señor Moore:

Espero que abra esta carta cuando vea que es suya; la verdad es que no lo es. Yo también me llamo Michael Moore. Nunca había oído hablar de usted hasta anoche. Estoy en el corredor de la muerte de Tejas y mi ejecución está programada para este mes. Anoche nos pasaron su película *Canadian Bacon*, y vi su nombre ¡y que nos llamamos igual! Nunca había visto mi nombre en una película antes. Probablemente usted nunca ha visto su nombre en un titular: «Michael Moore será ejecutado.» Espero que pueda ayudarme. No quiero morir. Hice algo terrible de lo que me arrepiento, pero matarme no resolverá ni reparará lo que hice. No recibí la mejor defensa. Mi abogado de oficio se quedó dormido en el juicio. He apelado por última vez ante el Tribunal Penitenciario de Tejas. ¿Puede usar su influencia para ayudarme? Creo que he de pagar por mi crimen. Pero no con la muerte. Debajo están los nombres de mis abogados y de la gente que me está ayudando. Por favor, haga lo que pueda. ¡Y me gustó su peli! ¡Muy divertida!

Atentamente,

MICHAEL MOORE
#999126

Me senté y me quedé un buen rato mirando la carta. Esa noche tuve una pesadilla. Estuve en la ejecución de Michael Moore, y huelga decir que no quería estar allí. Traté de abandonar la sala, pero habían cerrado la puerta. Michael Moore empezó a reír: «¡Eh! Tú eres el siguiente, colega.» Me quedé paralizado, y cuando le administraron la inyección letal, no apartó sus ojos agonizantes de mí hasta que expiró.

Al día siguiente, llamé a los activistas contra la pena de muerte que lo estaban ayudando. Me ofrecí para colaborar en lo que pudiera. Me contaron que la situación era bastante desesperada —al fin y al cabo se trataba de Tejas y allí nadie consigue el perdón del gobernador—, pero habían presentado un último recurso de todas formas. Me explicaron que podía escribir una carta al gobernador o al Tribunal Penal de Apelación.

Hice más que eso. Empecé una campaña de escritura de cartas en mi sitio web y apelé al medio millón de personas de mi lista de correo para que ayudaran. Hablé públicamente contra la ejecución de Michael Moore. Conté a la gente la historia de un hombre joven, que sirvió nueve años en la Marina, de quien abusaron de niño y que nunca se recuperó de ese abuso. A sus treinta años, contaba con una agenda de las chicas de instituto a las que le gustaba asediar. Una noche pensó en colarse en la casa de una de las chicas y robar lo que pudiera. La chica no estaba en casa. Su madre, sí. Michael estaba borracho, se enfureció y la mató. Una hora más tarde lo pararon por una infracción de tráfico y confesó a la policía (que ni siquiera sabía que se había cometido un asesinato) que acababa de hacer algo mal. Y eso fue todo. Le tocó un mal abogado (quien, eso hay que reconocerlo, presentó una declaración en apoyo de la apelación en la que admitía que no había hecho un buen trabajo por Michael) y tuvo un juicio rápido. Michael Moore fue declarado culpable y condenado a la pena capital.

Miles de personas respondieron a mi llamamiento para detener la ejecución de Michael Moore. El gobernador de Tejas y el comité penitenciario recibieron un aluvión de cartas y llamadas telefónicas de personas que protestaban contra la ejecución.

Y entonces ocurrió algo inusual: el día antes de que lo ejecutaran, el Tribunal Penal de Apelación de Tejas concedió una moratoria a la ejecución de Michael Moore. ¡Michael Moore viviría! ¡En Tejas! Increíble. No, de verdad, ¡increíble!

No puedo describir el alivio que sentí. Michael Moore me escribió otra carta, de agradecimiento. Pero a partir de ese momento iba a empezar el trabajo más complicado de la apelación.

Y entonces ocurrió el 11-S. Ya conocen el clisé de que el 11-S lo cambió todo. Esta fue una de las cosas que cambió. La compasión por los asesinos saltó por los aires. En Estados Unidos era un momento de matanza, y si un hombre inocente podía morir mientras se comía un bollo de azúcar durante una reunión de negocios 106 pisos por encima de Manhattan, entonces un asesino de Tejas ciertamente no podía esperar mantenerse con vida. Matar o morir era todo lo que nos importaba; de pronto éramos un pueblo preparado para la guerra, en cualquier parte, una guerra detrás de otra si hacía falta. Pronto se nos podría resumir como lo hizo en cierta ocasión D. H. Lawrence: «La esencia del alma americana es dura, aislada, estoica y asesina.»

Los planes para la ejecución de Michael Moore entraron en la vía rápida. Se rechazaron todas las apelaciones. Michael me puso en la lista de los que podían presenciar su ejecución, por si decidía asistir. No pude. No pude ir a Tejas y ver morir a Michael Moore. Quería estar allí por él, pero simplemente no pude hacerlo.

A las 18.32 del 9 de enero de 2002, Michael Moore fue el primer ejecutado del estado de Tejas.

Y sí, leí el titular: «Michael Moore ejecutado.»

El correo insultante después del discurso de los Oscar era tan voluminoso que casi parecía que Hallmark había abierto una nueva división y había asignado a los redactores de tarjetas de felicitación la tarea de entonar odas a mi fallecimiento: «Para un hijoputa muy especial»; «Recupérate pronto de tu misterioso accidente de coche»; «¡Feliz apoplejía!».

Las llamadas de teléfono a mi casa eran más aterradoras. La máquina del miedo es completamente diferente cuando lleva una voz humana vinculada a la locura y piensas: «Esta persona literalmente se está arriesgando a decir esto en una línea telefónica.» Has de admitir que para hacer eso hay que tener pelotas (o estar loco).

Pero los peores momentos se producían cuando venía gente a nuestro domicilio. En ese momento no teníamos valla ni cámaras de infrarrojos ni perros con dientes de titanio, ni artefactos de electrocución. Así que esos individuos podían simplemente enfilar el sendero; siempre con el aspecto de ser los rechazados del cásting de *La noche de los muertos vivientes*, sin moverse nunca demasiado deprisa, pero avanzando con decisión. Eran pocos los que en realidad me odiaban; la mayoría simplemente estaban locos. Mantuvimos ocupados a los agentes del sheriff hasta que por fin nos sugirieron que deberíamos costearnos nuestra propia seguridad o quizá nuestra propia fuerza de policía. Y eso hicimos.

Nos reunimos con el jefe de la principal agencia de seguridad del país, un equipo de elite que no se andaba con chiquitas y no contrataba ex policías («¿Por qué son ex policías? Exactamente») ni ningún gorila o matón. Preferían utilizar solo gente de los SEAL —los grupos de operaciones especiales de la Marina— y otros veteranos de fuerzas especiales como los Rangers del ejército. Tipos con la cabeza fría y que podían eliminarte con un hilo dental en cuestión de nanosegundos. Tenían que pasar por una preparación adicional de nueve semanas con la agencia antes de trabajar para ellos. Ya sabían cómo matar en silencio y deprisa a la perfección; ahora también aprenderían cómo salvar una vida.

Empecé por pedir que la agencia me enviara a uno de los ex SEAL. Al final del año, debido al alarmante incremento de amenazas y atentados que había recibido, tenía a nueve de ellos a mi alrededor, las veinticuatro horas del día. En su mayoría eran negros e hispanos (tenías que presentarte voluntario para estar a mi servicio, de ahí la composición demográfica desigual pero muy apreciada). Llegué a conocerlos bien a todos, y baste decir que, cuando vives con nueve SEAL incondicionales a los que resulta que les gustas tú y lo que haces, aprendes mucho sobre cómo usar el hilo dental.

Después del desmadre de los Oscar y el resultante estatus de persona non grata que me situó como el hombre más odiado de América, decidí hacer lo que haría cualquiera en mi posición: una película sugiriendo que el presidente de Estados Unidos era un criminal de guerra. Vamos a ver, ¿por qué tomar el camino fácil? De todas maneras ya era tarde para mí. El estudio que había prometido financiar la siguiente película había llamado después del discurso de los Oscar y me había dicho que retiraba su apoyo del contrato firmado conmigo, y si no te gusta, te jodes. Por fortuna, otro estudio asumió el contrato, pero me advirtieron que tuviera cuidado de no cabrear al público que compra las entradas. El propietario del estudio había respaldado la invasión de Irak. Le dije que ya había cabreado al público que compra entradas, así que por qué no hacer solo la mejor película posible, sincera, y, bueno, si a nadie le gustaba, siempre estaba el directo a vídeo.

En medio de toda esta confusión, empecé a rodar *Fahrenheit 9/11*. Mi equipo encontró metraje de la Casa Blanca de Bush que las grandes cadenas no emitirían. Lo birlé de sus departamentos de noticias, porque pensaba que la gente tenía derecho a ver la verdad.* Les dije a todos los componentes de mi equipo que se esforzaran como si fuera el último trabajo que iban a hacer en la industria del cine. No pretendía ser un discurso inspirador, de verdad creía que iba a serlo, de hecho creía

* Todavía tengo vetada la entrada a una de esas cadenas por dar a conocer imágenes del secretario de Estado de Defensa Paul Wolfowitz chupando un peine y de George W. Bush poniendo caras y haciendo el payaso solo segundos antes de salir en directo por la televisión nacional para anunciar los bombardeos y la invasión de Irak.

que incluso teníamos suerte de poder rodar *Fahrenheit* considerando la que me había caído encima. Así pues, ¿por qué no hacer la película que queríamos hacer sin preocuparnos de nuestras «carreras»? Además, ¡las carreras están sobrevaloradas! Y así pasamos los siguientes once meses preparando la acusación cinematográfica de una administración y un país que se habían vuelto locos.

El estreno de la película en 2004, a poco más de un año de que se iniciara la invasión, llegó en un momento en que la inmensa mayoría de los estadounidenses todavía respaldaban la guerra. La presentamos en el Festival de Cannes, después de que Walt Disney Company hiciera todo lo posible para impedir la proyección del documental (nuestro distribuidor, Miramax Films, era propiedad de Disney). Acudimos al *New York Times* con la historia de cómo estaban silenciando la película, y el *Times*, todavía escocido con la revelación de que lo publicado antes de la invasión de Irak era falso, puso todo el asunto sórdido en primera página. Eso nos salvó a nosotros y al documental, y llegamos a Cannes, donde la película recibió la ovación más prolongada de la historia del festival. Un jurado internacional presidido por Quentin Tarantino nos otorgó el premio máximo, la Palma de Oro. Fue la primera vez en casi cincuenta años que un documental ganaba el premio.*

Esta respuesta inicial abrumadora a *Fahrenheit 9/11* asustó a la Casa Blanca de Bush y convenció a los que estaban a cargo de su campaña de reelección de que una película podía ser el punto crítico que los hiciera caer. Encargaron una encuesta para conocer el efecto que la cinta tendría en los votantes. Después de proyectarla en tres salas diferentes de tres ciudades distintas, el informe que recibió Karl Rove no fue bueno.

La película no solo estaba dando un muy necesitado impulso a la base demócrata (que estaba encantada con la pelícu-

---

* Se convertiría en el documental más taquillero de la historia del cine y en la película más taquillera de las ganadoras de la Palma de Oro (una lista en la que se encuentran películas como *Apocalypse Now* y *Pulp Fiction*).

la), sino que, por extraño que parezca, también causaba un efecto nada desdeñable en las votantes republicanas.

La propia encuesta del estudio ya había confirmado el sorprendente dato de que un tercio de los votantes republicanos —después de ver la película— declararon que recomendarían la película a otras personas. El documental había pasado de puntillas la frontera entre partidos. Además, la encuesta de la Casa Blanca informó de algo aún más peligroso: el 10% de las mujeres republicanas dijeron que, después de ver *Fahrenheit 9/11*, habían decidido votar a John Kerry o simplemente quedarse en casa.

En unas elecciones que se decidirían por un escaso porcentaje de votos, fue una noticia devastadora.

Se aconsejó a la campaña de Bush que se adelantara a la película y se asegurara de que a su base de electores ni siquiera se le ocurriera ir a verla. «Han de pararlos antes de que entren en el cine. Republicanos e independientes no tienen que ver esta película.» Porque si lo hacían, cierto pequeño porcentaje de ellos no podría superar la reacción emocional a la muerte y la destrucción que la película atribuía a George W. Bush. Aunque sabían que la mayoría de los republicanos desdeñarían la película sin verla, no podía dejarse nada al azar. El propio encuestador, sentado en la parte de atrás de la sala donde se proyectaba la cinta, vio de primera mano lo que calificó de «golpes fatales» que la película asestaba, sobre todo cuando se trataba de una escena con la madre de un soldado estadounidense fallecido. Era demasiado devastadora para una parte pequeña pero significativa del público. «Si perdemos las elecciones de noviembre —me dijo poco después del estreno de *Fahrenheit 9/11*—, esta película será una de las tres máximas razones de la derrota.»

Había cruzado el Rubicón que llevaba a la corriente dominante de Estados Unidos con *Fahrenheit 9/11*. Pero después de cruzarlo, no me di cuenta de que no habría retorno a la vida relativamente tranquila del casi anonimato. (Había sido objeto de un culto fuerte, pero respetuosamente menor, que había hecho mi vida placentera y funcional hasta ese punto.) De pronto había entrado en territorio peligroso, y aunque significaba que nunca tendría que preocuparme de que me faltara un techo, también significaba que mi familia y yo tendríamos que pagar un alto precio por este «éxito».

Ya no se trataba de un pequeño documental, y yo ya no era visto como un criticón que podía ser ninguneado como una piedra en el zapato. Ya estaba en el nivel de la portada de la revista *Time*, en el nivel de estar sentado en la tribuna presidencial al lado del ex presidente Jimmy Carter en la Convención Nacional Demócrata. Hubo un récord de cuatro apariciones en seis meses en *The Tonight Show*. La película coparía el número uno de las listas en todo el país (por primera vez en el caso de un documental). Y, para complicar más las cosas a la Casa Blanca, se estrenó en el número uno en los cincuenta estados, incluso en el sur profundo. Hasta en Wyoming. Sí, incluso en Idaho. Alcanzó el número uno en localidades militares como Fort Bragg. Los soldados y sus familias iban a verla y, según muchos contaron, se convirtió en la cinta pirata más vista entre las tropas desplegadas en Irak. En el fin de semana del estreno, rompió el récord de taquilla que desde hacía mucho ostentaba *El retorno del Jedi*, la película de la saga *La guerra de las Galaxias*, pese a que se proyectó en menos de mil salas. Era, en la jerga de *Variety*, un éxito colosal, un *juggernaut*.

Y al lograr todo eso, me había convertido en un objetivo. No solo en un objetivo de la derecha o de la prensa. Esta película ahora estaba afectando a un presidente de Estados Unidos en ejercicio y a sus posibilidades de conseguir un segundo mandato.

Así que el documental —y aún más su director— tenía que ser retratado como repulsivamente antiamericano, tanto que comprar una entrada de cine se convertiría en algo muy cercano a un acto de traición.

Los ataques a mi persona eran como descabelladas obras de ficción, acusaciones delirantes inventadas a las que me negaba a responder porque no quería dignificar el ruido. En la televisión, en la radio, en artículos de opinión, en Internet —en todas partes— se sugirió que Michael Moore odiaba América, que era un mentiroso, un fanático de la teoría de la conspiración que comía cruasanes. La campaña contra mí pretendía impedir que demasiados republicanos vieran la película.

Y funcionó. Por supuesto, tampoco ayudó que Kerry fuera un candidato malísimo. Bush ganó las elecciones por un estado: Ohio.

Hubo un daño residual de todo el discurso de odio generado contra mí por los expertos republicanos. Tuvo el triste y trágico efecto colateral de desquiciar a los que ya no estaban muy cuerdos. Y así mi vida pasó de recibir notas de odio escritas a mano (pienso en ello como en lo inverso a las tarjetas de San Valentín) a sufrir intentos de agresiones físicas plenas, y cosas peores.

Los ex SEAL de la Marina se instalaron con nosotros. Cuando caminaba por la acera, literalmente tenían que formar un círculo a mi alrededor. Por la noche llevaban gafas de visión nocturna y otros artefactos especiales que estoy convencido de que poca gente había visto en la sede central de la CIA en Langley.

La agencia que me protegía tenía una División de Valoración de Amenazas, cuyo trabajo consistía en investigar a cualquiera que hubiera planteado una amenaza creíble contra mí. Un día, solicité ver el archivo. El encargado de la división empezó a leerme una lista de nombres, de las amenazas que habían hecho y del grado de peligrosidad que la agencia otorgaba a cada uno. Después de repasar la primera docena, se detuvo y me preguntó:

—¿De verdad quiere que continuemos? Hay cuatrocientos veintinueve más.

¿Cuatrocientos veintinueve más? Cuatrocientos veintinueve archivos de gente que quería hacerme daño, incluso matarme. Cada archivo contenía detalles minuciosos de las vidas de esas personas y de lo que podrían ser capaces. Desde luego, no quería oír más. A mi hermana le sorprendió la cifra.

—Pensaba que serían una cincuentena —dijo, como si cincuenta fuera una cifra manejable.

Ya no podía salir en público sin que se produjera un incidente. Empezó con cosas pequeñas, como gente que me pedía que me cambiara a otra mesa en el restaurante cuando estaba sentado a su lado, o un taxista que paraba el coche en medio del tráfico para gritarme. Con frecuencia la gente empezaba a chillarme, sin que importara el lugar donde estaba: en una autopista, en un cine, en un ascensor. Muchas veces los que pasaban me preguntaban: «¿Esto le sucede a menudo?», como si estuvieran asombrados por la intensidad y aleatoriedad de la agresión. Un día, una mujer descargó su ira sobre mí en una misa del día de Navidad.

—¿En serio? —le dije—. ¿En Navidad? No puede descansar ni un día así.

Los insultos enseguida dejaron paso a la agresión física, y los SEAL ahora estaban plenamente alerta. Por razones de seguridad, no entraré en muchos detalles aquí, en parte por el consejo de la agencia y en parte porque no quiero dar a esos criminales la atención que estaban buscando.

- En Nashville, un hombre armado con un cuchillo subió al escenario y empezó a dirigirse hacia mí. El SEAL lo agarró por detrás por la trabilla del cinturón y por el cuello de la camisa y lo lanzó desde arriba del escenario hasta el suelo de cemento. Alguien tuvo que limpiar la sangre después de que los SEAL se lo llevaran.
- En Portland, un tipo subió al escenario exterior y empezó a dirigirse hacia mí con un objeto contundente que aparentemente iba a usar sobre mi cabeza. Mi ayudante lo bloqueó momentáneamente y eso dio a los SEAL el tiempo que necesitaban para saltar sobre él, agarrarlo y llevárselo.
- En Fort Lauderdale, un hombre con un bonito traje me vio en la acera y se volvió loco. Levantó la tapa de su café caliente y me lo lanzó a la cara. El SEAL lo vio venir,

pero no tuvo el medio segundo que necesitaba para agarrar al tipo, así que se interpuso delante de mí. El café le escaldó tanto la cara que tuvimos que llevarlo al hospital (tenía quemaduras de segundo grado), pero no antes de que pusiera al hombre boca abajo en el suelo, le clavara la rodilla dolorosamente en la espalda y lo esposara.

- En Nueva York, mientras yo daba una conferencia de prensa en el exterior de uno de los cines donde se proyectaba *Fahrenheit*, un hombre que pasaba me vio, se enardeció y sacó del bolsillo la única arma que llevaba encima, un lápiz de grafito muy afilado del número 2. Al lanzarse para acuchillarme con él, el SEAL lo vio y, en la última fracción de segundo, puso la mano entre el lápiz y yo. El lápiz se clavó en la mano del SEAL. ¿Alguna vez has visto a un SEAL de la Marina acuchillado? La expresión de su rostro es la de alguien que descubre que se ha quedado sin champú. El agresor del lápiz probablemente se convirtió ese día a la sociedad sin papeles, una vez que el SEAL terminó con él y su instrumento de escritura del siglo XVI.

- En Denver, me presenté en una proyección de mi película. Seguridad encontró a un hombre que empuñaba una pistola y se la quitó. Con frecuencia se encontraban armas entre el público, siempre legales, por supuesto, gracias a las nuevas leyes que permiten que la gente lleve pistolas en actos públicos.

- Más de una vez, algún tipo blanco solo quería darme un puñetazo. En otra ocasión fue un grupo de *skinheads*. Otra vez fue un agente inmobiliario. En todos los casos, los SEAL se interpusieron entre el agresor y yo. La mayoría de las veces no llamamos a la policía, porque no queríamos que se hiciera público, pensando que eso solo alentaría a imitadores.

Y luego allí estaba Lee James Headley. Lee, sentado solo en su casa de Ohio, tenía grandes planes. El mundo, según su diario, era un lugar dominado por los liberales, que lo estaban arruinando. Sus comentarios se leen como los puntos de debate del programa de radio de Rush Limbaugh.

Así que Lee hizo una lista. Era una lista corta, pero no dejaba de ser una lista de la gente que tenía que morir. Allí estaban los nombres de la antigua fiscal general Janet Reno, el senador Tom Harkin, el senador Tom Daschle, Rosie O'Donnell y Sarah Brady. Pero en lo alto de la lista estaba su objetivo número uno: «Michael Moore.» Además de mi nombre escribió MARCADO (que significaba «marcado para morir», tal y como explicó después).

A lo largo de la primavera de 2004, Lee acumuló una inmensa cantidad de armas de asalto, un alijo de munición de miles de balas y diversos materiales para fabricar bombas. Compró *The Anarchist's Cookbook* y la novela de guerra racial *The Turner Diaries*. Sus libretas contenían diagramas de lanzacohetes y bombas, y escribió una y otra y otra vez: «Lucha, lucha, lucha, mata, mata, mata.» También tenía dibujos de varios edificios federales de Ohio.

Pero una noche, en 2004, uno de sus AK-47 se le disparó accidentalmente dentro de su casa. Un vecino oyó la detonación y llamó a la policía. Los policías llegaron y encontraron el alijo de armas, municiones y material para la fabricación de bombas. Y su lista de objetivos. Y a prisión que fue.

Recibí la llamada unos días después, procedente de la agencia de seguridad.

—Hemos de decirle que la policía ha detenido a un hombre que planeaba volar su casa. Ahora no está en peligro.

Me quedé en silencio. Traté de asimilar lo que acababa de oír. Ahora... no estoy... en... peligro.

Para mí era el colmo. Me vine abajo. No podía soportarlo más. Mi mujer ya estaba sumida en la desesperación por la pérdida de la vida que antes teníamos. Yo volví a preguntarme qué había hecho para merecerlo. ¿Rodar una película? ¿Una película inducía a alguien a volar mi casa? ¿Qué pasaba por escribir una carta al director?

Al parecer mi crimen consistía en plantear preguntas y presentar ideas a una audiencia masiva (la clase de actividad que haces de vez en cuando en una democracia). No se trataba de que mis ideas fueran peligrosas, sino del hecho de que millones de personas de repente estaban ansiosas por exponerse a ellas. Y no solo en el cine, y no solo en reuniones de izquierdas. Me invitaron a hablar de estas ideas en *The View*. En el programa de Martha Stewart. En el de Oprah Winfrey, ¡cuatro veces! Y un día allí está Vanna White, dándole la vuelta a las letras de mi nombre en *La rueda de la fortuna*. Me permitieron divulgar las ideas de Noam Chomsky y Howard Zinn, de I. F. Stone y de los hermanos Berrigan por todas partes. Eso desquició a la derecha. Yo no esperaba que ocurriera. Simplemente, ocurrió.

Y de esta forma el clamor constante contra mí se hizo más fuerte, los programas de radio y televisión conservadores en los que participa público por teléfono me describieron como algo subhumano, una «cosa» que odiaba a las tropas, la bandera y todo lo que América representa. Con estos repugnantes epítetos se alimentaba a cucharadas a un público escasamente educado que se desarrollaba con una dieta de odio e ignorancia y no tenía ni idea de lo que significaba la palabra «epíteto». Por ejemplo, Bill O'Reilly haciendo una broma al alcalde Rudolph Giuliani, en directo en el programa de televisión de Fox News, en febrero de 2004:

—Bueno, yo quiero matar a Michael Moore. ¿Está bien? Muy bien. Y no creo en la pena capital; es solo un chiste sobre Moore.

Ja, ja.

Con el paso de los meses, incluso después de la reelección de Bush, la campaña para pararme los pies no hizo más que intensificarse. Cuando Glenn Beck dijo en la radio que estaba pensando en matarme, ni lo multó la Comisión Federal de Comunicaciones (FCC) ni lo detuvo la policía de Nueva York. De hecho, estaba haciendo un llamamiento a que me mataran y nadie en los medios lo denunció en ese momento. Ningún comisionado de la FCC lo condenó. Sencillamente, estaba bien hablar de mí de esa manera en las ondas.

Y un día un hombre entró en nuestra propiedad y dejó algo en la ventana de nuestro dormitorio cuando yo no estaba en casa. Aterrorizó a mi esposa. Incluso se grabó a sí mismo haciéndolo. Cuando la policía lo investigó dijo que estaba haciendo un «documental». Lo llamó *Shooting Michael Moore*.* Y cuando vas a la web y aparecen en pantalla las palabras *Shooting Michael Moore*, suena el disparo de una escopeta. Los medios lo devoraron, y le pidieron que fuera a muchos programas de televisión (como el de Sean Hannity). «A continuación... ¡Le está dando a probar a Michael Moore su propia medicina! ¡Ahora Moore tiene a alguien tras él!» (Pista de efectos especiales: KA-BUM). Luego el autor proporcionó vídeo y mapas no solo de cómo llegar a nuestra casa, sino también de cómo entrar ilegalmente en la propiedad. Se le olvidó mencionar lo que los ex SEAL harían con el que lo intentara cuando lo pillaran.**

Y ahora un hombre de Ohio había hecho planes y había reunido el material necesario para hacer con nuestra casa lo que Timothy McVeigh hizo en Oklahoma City.

—Irá a prisión durante una buena temporada, Mike —me aseguró el jefe de seguridad—. La razón de que él y otros hayan fallado son los sistemas que tiene aquí.

---

* En inglés *Shooting Michael Moore* significa tanto «Filmando a Michael Moore» como «Disparando a Michael Moore». *(N. del T.)*

** Los grupos de derecha y los presentadores de programas de televisión no eran los únicos que estaban detrás de los ataques. Ciertas corporaciones empezaron a gastar grandes sumas de dinero en pararme los pies. Cuando anuncié que mi siguiente película sería sobre la sanidad en este país, un consorcio de aseguradoras de salud y compañías farmacéuticas formaron un grupo para impedir el rodaje, sobre todo gastando cientos de miles de dólares en una campaña de desinformación que tenía por objetivo desacreditarme a mí y a la película. Y si ese plan no funcionaba, entonces harían lo posible para «tirar a Moore al precipicio». Wendell Potter, vicepresidente de la aseguradora CIGNA, advirtió de esto al periodista Bill Moyers y en su propio libro *Deadly Spin*.

—Y porque tenía un vecino cotilla que llamó a la policía —añadí.

—Sí, por eso también.

No compartiré con vosotros el impacto que esto tuvo en mi vida personal en ese momento, basta decir que no se lo deseo a nadie. Más de una vez me pregunté si todo este trabajo verdaderamente valía la pena. ¿Y si tenía que volver a hacerlo, lo haría? Si pudiera retirar ese discurso de los Oscar y limitarme a subir al escenario y dar las gracias a mi agente y al diseñador de mi esmoquin y bajar sin decir ni una palabra más, ¿lo haría? Si eso significara que mi familia no tendría que preocuparse por su seguridad y que yo no viviría en peligro constante, bueno, te lo pregunto a ti, ¿qué harías? Ya sabes lo que harías.

Durante los siguientes dos años y medio, no salí mucho de casa. Desde enero de 2005 a mayo de 2007, no aparecí ni en un solo programa de televisión. Dejé de participar en visitas de presentación de universidades. Simplemente me borré del mapa. Escribí alguna que otra entrada en mi blog, y poco más. El año anterior había hablado en más de cincuenta campus. Durante los dos años siguientes, solo hablé en uno. Me quedé en casa y me centré en algunos proyectos locales en Michigan, como la renovación y reapertura de una sala de cine histórica, en empezar un festival de cine y en tratar de dormir por la noche.

Y entonces el presidente Bush acudió a mi rescate. Dijo algo que me ayudó a salir de la situación. Se lo había oído decir antes, pero esta vez, cuando lo oí, sentí que estaba hablando directamente conmigo. Dijo: «Si cedemos a los terroristas, los terroristas ganan.» Y tenía razón. ¡Sus terroristas estaban ganando! ¡Contra mí! ¿Qué estaba haciendo dentro de mi casa? A tomar viento. Abrí las persianas, reuní a mi desdichado equipo y volví al trabajo. Hice tres películas en tres años, me lancé a conseguir la elección de Barack Obama, y ayudé a sacar del escaño a dos congresistas republicanos de Michigan. Creé una web popular, y me eligieron para participar en la junta de los mismos Premios de la Academia en los que me habían abucheado para que bajara del escenario.

Y una noche Kurt Vonnegut me invitó a cenar a su casa. Sería una de las cuatro cenas que tendría con él y su mujer en el año final de su vida. Las conversaciones fueron intensas, divertidas, provocadoras, y me resucitaron, literalmente me devolvieron la vida, y me devolvieron a un lugar en el mundo.

Me dijo que había estado observando durante un tiempo «la crucifixión» (así lo llamó) que estaba experimentando, y quería contarme algunas cosas.

—Los extremos a los que la gente de Bush te ha llevado se correlacionan directamente con lo eficaz que has sido —me dijo tras su tercer cigarrillo de después de la cena de esa noche—. Has hecho más de lo que crees para ponerles freno. Podría ser demasiado tarde para todos nosotros, pero he de decir que me has dado un poco de esperanza para este triste país.

Una noche fui a su casa y él estaba sentado solo en la entrada, esperándome. Me dijo que había dejado de contemplar el «significado de la vida» porque su hijo, Mark, lo había descubierto finalmente por él: «Estamos aquí para ayudarnos unos a otros a pasar por esto, sea lo que sea.» Y eso era lo que él estaba haciendo por mí.

En sus últimos años, Vonnegut se había convertido en un autor de no ficción.

—Este ha sido mi mayor desafío —me dijo—, porque la realidad actual parece tan irreal que es difícil conseguir que la no ficción parezca creíble. Pero tú, amigo, eres capaz de lograrlo.

Fuimos a dar un paseo para reunirnos con su mujer y unos amigos a cenar. Le pregunté si algo de esto —la escritura, las películas, la política— merecía la pena.

—No, lo cierto es que no —replicó en el típico estilo de

Vonnegut—. Así que podrías dejar de quejarte y volver al trabajo. No tienes nada de que preocuparte. No te pasará nada.

Y entonces, dándose cuenta de que podría no creerlo, añadió, con la voz de Dios: «¡Así sea!» Me paré en la calle 48 Este mirando a ese loco heredero de Mark Twain y me eché a reír. Era lo único que necesitaba oír. Si no era la voz de Dios, al menos era un ruego de Billy Pilgrim. Y así empezó.

Esa noche me regaló uno de sus dibujos con la inscripción: «Querido Irak: haz como nosotros. Después de 100 años suelta a tus esclavos. Después de 150 años deja votar a tus mujeres. Con amor, tío Sam.» Lo firmó: «Para Michael Moore, mi héroe, K. V.»

Volví a la vida. Elegí no rendirme. Quería rendirme, desesperadamente, pero en lugar de hacerlo me puse en forma. Si me das un puñetazo ahora, te aseguro que ocurrirán tres cosas: 1) Te romperás la mano. Eso es lo bueno de dedicar solo media ahora al día a tu estructura músculo-esquelética, se transforma en kriptonita; 2) Caeré sobre ti. Todavía estoy trabajando en cuestiones de equilibrio, así que después de que me pegues un tortazo te aplastaré. No será a propósito, y mientras estés intentando respirar, que sepas que estaré haciendo todo lo posible por salir de encima de ti; 3) Mi SEAL te rociará los ojos con aerosol de pimienta o su preparación casera de jalapeño mientras estés en el suelo. He oído que es extremadamente doloroso. Como pacifista que soy, por favor acepta mis disculpas por adelantado; y nunca jamás uses la violencia contra mí ni contra nadie. (Alerta de sermón.)

Solo los cobardes usan la violencia. Temen que sus ideas no se impongan en la esfera pública. Son débiles y les preocupa que la gente perciba su debilidad. Se sienten amenazados por mujeres, gais y minorías (¡minorías, por el amor de Dios!). ¿Sabes por qué las llaman «minorías»? Porque no tienen el poder. Tú sí lo tienes. Por eso te llaman la «mayoría». Y sin embargo tienes miedo. Miedo de fetos que no lleguen a término o de hombres que besen a otros hombres

(¡o algo peor!). Temes que alguien te robe tu pistola, una pistola que compraste porque estás... ¡asustado! Por favor, por favor, por el bien de todos nosotros. ¡Cálmate! Te queremos. Diablos, ¡eres americano!

Una noche en Aventura, Florida, me armé de mi nuevo valor y salí con un amigo por el centro comercial de William Lehman Causeway para ver una película. Un joven treintañero pasó a mi lado y, al hacerlo, dijo:

—Capullo.

Continuó caminando. Yo me detuve y me volví hacia él.

—¡Eh, tú! ¡Ven aquí!

El tipo siguió caminando.

—¡Eh, no te escapes! —grité más alto—. No seas gallina. ¡Vuelve y da la cara!

«Gallina» es un plato que no sienta bien al sexo que tiene testosterona en la sangre. El tipo se detuvo abruptamente, se volvió y caminó hacia mí. Cuando estuvo a un metro y medio, dije lo siguiente en voz tranquila.

—Eh, tío, ¿por qué me has dicho algo así?

Él bufó y se preparó para una pelea.

—Porque sé quién eres, y eres un capullo.

—Vaya, ya estás usando esa palabra otra vez. No tienes ni la más remota idea de quién soy ni de lo que pretendo. No has visto ni una de mis películas.

—¡Ni falta que hace! —replicó, confirmando lo que siempre había sospechado—. Ya conozco el material antiamericano que utilizas.

—Vale, tío, no es justo. No puedes juzgarme sobre la base de lo que otro ha dicho de mí. Pareces mucho más listo que eso. Pareces un tipo que toma sus propias decisiones. Por favor, mira una de mis películas. Es posible que no estés de acuerdo con todas las ideas políticas, pero te garantizo que: uno) te darás cuenta de inmediato de que amo profundamente este país; dos) verás que tengo corazón, y tres) te prometo que te reirás unas cuantas veces durante la película. Y si después todavía quieres seguir llamándome capullo, está bien. Pero no creo que lo hagas.

Se calmó y hablamos durante al menos otros cinco minutos. Yo escuché sus quejas del mundo, y le dije que probablemente teníamos más puntos en común que de desacuerdo. Se relajó todavía más y al final le saqué una sonrisa. Por último, le dije que tenía que irme o íbamos a perdernos nuestra película.

—Eh, tío —dijo, tendiéndome la mano—. Lamento haberte dicho eso. Tienes razón, en realidad no sé nada de ti. Pero el hecho de que te hayas parado a hablar conmigo después de llamarte eso, bueno, me ha hecho pensar que en realidad no te conocía. Por favor, acepta mis disculpas.

Lo hice, y nos dimos la mano. Ya no habría más faltas de respeto o amenazas contra mí, y era esa actitud la que me puso a salvo, o tan a salvo como puede uno estarlo en este mundo. A partir de ahora, si te metes conmigo habrá consecuencias. Haré que veas una de mis películas.

Unas semanas después volví a *The Tonight Show* por primera vez en mucho tiempo. Cuando terminó y estaba bajando del escenario, el microfonista se acercó a mí.

—Probablemente no se acuerda de mí —dijo con nerviosismo—. Nunca pensé que volvería a verle o que tendría la oportunidad de hablar con usted. No puedo creer que haga esto.

¿Hacer qué?, pensé. Me preparé para recibir el impacto de la mano del hombre, que pronto estaría rota.

—Nunca pensé que me disculparía con usted —dijo, al tiempo que se le humedecían los ojos—. Y ahora aquí está, y tengo que decírselo: yo soy el hombre que arruinó su noche de los Oscar. Yo soy el tipo que le gritó «capullo» cuando bajó del escenario. Yo... yo... —Trató de calmarse—. Pensaba que estaba atacando al presidente, pero tenía razón. El presidente nos mintió. Y he tenido que cargar con eso durante todos estos años, con haberle hecho eso en su gran noche, y lo siento mucho...

En ese momento ya se estaba viniendo abajo, y lo único que pude hacer fue extender la mano y darle un fuerte abrazo.

—No pasa nada, hombre —dije con una gran sonrisa—. Acepto sus disculpas. Pero no ha de pedirme perdón. No hizo nada mal. ¿Qué hizo? ¡Creyó a su presidente! ¡Se supone que uno tiene que creer a su presidente! Si eso no es lo mínimo que podemos esperar de quien ocupa el cargo, estamos apañados.

—Gracias —dijo, aliviado—. Gracias por su comprensión.

—¿Comprensión? —dije—. No se trata de comprensión. Hace años que he contado esta anécdota sobre las dos primeras palabras que oyes cuando ganas un Oscar, y cómo conseguí una palabra extra. Hombre, no me quite esa historia. ¡A la gente le encanta!

Él rio y yo reí.

—Sí —dijo—, no hay muchas buenas anécdotas como esa.

Gateando hacia atrás

El primogénito de mi familia no llegó a nacer.

Y luego vine yo.

Hubo otro niño en camino, un año antes que yo, pero un día mi madre sintió un fuerte dolor y, en cuestión de minutos, Mike el Primero se lo pensó mejor antes de su muy esperado debut en la Tierra, gritó: «¡La cuenta, por favor!», y salió del útero antes de que el público, con su aplauso, decidiera quién era Reina por un Día.

Este repentino y desafortunado suceso entristeció sobremanera a mi madre, de manera que, para consolarla, mi abuela la llevó de peregrinación a Canadá para que rogara misericordia a la santa patrona de las mujeres de parto, la madre de la mismísima Virgen María, santa Ana. Santa Ana era también la santa patrona de Quebec, y se había construido un altar en su honor en la basílica de Sainte-Anne-de-Beaupré, en la provincia de Quebec. La basílica contenía algunos de los huesos de la santa además de otros objetos sagrados en los cimientos del santuario, cubiertos por la Escalera Santa. Se decía que si subías esos escalones de rodillas, la madre de la Santa Virgen te ayudaría a hacer lo que no hacen las vírgenes, concebir.

Y así pues, mi madre subió cada uno de los veintiocho escalones de rodillas; y en cuestión de semanas, con la misma seguridad con que Dios es al mismo tiempo mi testigo y mi especialista en fertilidad, yo fui concebido en una calurosa noche de julio, primero como idea y luego..., bueno, el resto, lo dejo a tu imaginación. Baste decir que en cuestión de nueve meses el óvulo fecundado se desarrolló en un feto y que, finalmente, se convirtió en un niño de casi cuatro kilos que nació con el cuerpo de un defensa de fútbol americano y la cabeza de Thor.

Sedaron a mi madre para que no experimentara de primera mano el milagro de la vida. Yo no fui tan afortunado. Tiraron, pincharon y empujaron y, en lugar de dejarme que yo me ocupara a mi debido tiempo, me agarraron y me sacaron a un mundo de luces brillantes y desconocidos que llevaban máscaras, obviamente para ocultarme su identidad.

Y antes de que pudiera sentir el amor que reinaba en la habitación, me dieron un buen azote de los años cincuenta en el trasero. ¡Ay! ¡Buaaaa! ¡Eso duele! Y luego, fijaos bien, cortaron mi órgano más importante, ¡el tubo de alimentación que me unía a mi madre! Simplemente me separaron de ella. Me di cuenta de que este no era un mundo que creyera en el consentimiento previo ni en mi necesidad de una fuente ininterrumpida de nutrición básica.

Después de que me separaran de manera permanente de la única persona que me había amado (una mujer buena y decente a la que habían drogado y asaltado y que todavía estaba fuera de combate media hora después), llegó el momento de la comedia. La enfermera bromeó con que pensaba que yo «era tan grande como dos gemelos». ¡Risas! El doctor subrayó que al menos tres de esos casi cuatro kilos tenían que estar en mi cabeza. ¡Menudas carcajadas! Sí, esos tipos eran la monda.

Reconoceré que tenía una cabeza inusualmente grande, aunque eso no era raro para un bebé nacido en el Medio Oeste. Los cráneos en nuestra parte del país estaban diseñados para dejar un poco de espacio adicional, con la finalidad de que el cerebro creciera si alguna vez teníamos la oportunidad de aprender algo situado fuera de nuestras vidas rígidas e insulares. Quizás un día estaríamos expuestos a algo que no comprendíamos del todo, como un idioma extranjero, o una ensalada. Nuestro espacio craneal adicional nos protegería de esos contratiempos.

Ahora bien, mi cabeza era diferente a las de otros bebés de Michigan de cabeza grande, no por su peso y tamaño real, sino porque no parecía la cabeza (o la cara) de un bebé. Daba la sensación de que alguien había pegado con Photoshop la cabeza de un adulto en el cuerpo de un bebé.

En la década de 1950, los hospitales se consideraban abanderados de la moderna sociedad de posguerra. Y convencían a las mujeres que entraban en ellos de que lo «moderno» era no dar el pecho a tu bebé: dar el pecho estaba pasado de moda y era malo. Las mujeres modernas usaban el biberón.

Por supuesto, «moderno» no era la palabra adecuada. Probemos con «maléfico». Convencieron a nuestras madres de que si un alimento viene embotellado —o en una lata o en una caja o en una bolsa de celofán— era mejor para ti que cuando lo recibes gratis a través de la madre naturaleza. Allí estábamos, millones de bebés con pañales y arrullos, y en lugar de acercarnos a los pechos de nuestras madres, nos pusieron biberones en las bocas. Y esperaban que encontráramos cierta dosis de placer en una falsa tetilla de goma cuyo color parecía el de la diarrea. ¿Quién era esa gente? ¿Tan sencillo era engañar a nuestros padres? ¿Si podían engañarlos tan fácilmente en esto, de qué otra cosa podían convencerlos? ¿De comprar crema de maíz en lata? ¿Fertilizante químico para el jardín? ¿Un Corvair?

A una generación entera nos presentaron en nuestra primera semana el concepto de que falso era mejor que real, de que algo manufacturado era mejor que algo que teníamos allí delante. (Después, esto explicó la popularidad de la comida rápida a base de desayuno con burritos, los *neocons*, las Kardashian, y por qué pensamos que leer este libro en una pantalla pequeña a la que le quedan tres minutos de batería es algo agradable.)

Pasé una semana entera en la sala de maternidad del St. Joseph Hospital de Flint, Michigan, y dejad que os diga que —lo sé por algunas de las conversaciones que tuve con los otros recién nacidos— nadie entendía los falsos pezones de plástico, y eso hacía que nos sintiéramos como un grupo desdichado y cínico, y la mayoría de nosotros ya ansiábamos el día en que devolveríamos el golpe a esta generación con nuestro pelo largo, ingentes cantidades de sexo prematrimonial y Malcolm X. El biberón creó Woodstock y la quema de banderas y PETA. Puedes citarme.

El día en que me soltaron del St. Joe, me sacaron por primera vez a la calle y el sol me dio en la cara. Fue fantástico. Era un día bastante caluroso para un mes de abril en Michigan, pero a mí no pareció importarme, todo envuelto en un arrullo azul nuevo y confortable, satisfecho de estar en brazos de mi madre. Ella y mi padre entraron en el asiento delantero de su sedán Chevrolet Bel Air de dos tonos de 1954. Mi padre arrancó el coche. Mi madre dijo que tenía «calor». Yo estaba bien.

Ella le pidió a mi padre que abriera los conductos de aire para enfriar el coche. Y cuando él obedeció, toda la porquería que se había acumulado durante el invierno salió escupida por las rejillas: una sustancia negra como el hollín que se extendió sobre mi arrullo azul y sobre mí. Tenía la carita ennegrecida, y empecé a toser, resollar y llorar. «¡Llévame otra vez al hospital!» Mi madre no pudo contener un grito de horror y mi padre enseguida apagó la ventilación y empezó a ayudar a limpiarme.

En cuestión de veinte minutos, estábamos en mi primer hogar, un pequeño apartamento de dos dormitorios encima de Kelly's Cleaners, una tintorería de lavado en seco del centro de Davison, Michigan. Davison era una pequeña población situada a nueve kilómetros de los límites de la ciudad de Flint. La familia de mi madre había vivido en la zona de Davison desde que Andrew Jackson era presidente; en otras palabras, desde mucho antes que nadie, salvo los nativos. La suya fue una de las primeras familias que fundaron la parroquia católica local. Mi padre, que procedía de una familia de origen irlandés de la parte este de Flint, disfrutaba del ambiente tranquilo y sencillo de Davison, completamente alejado de la existencia marginal a la que estaba acostumbrado en la ciudad. Su única experiencia anterior en Davison se remontaba a la vez en que su equipo de baloncesto del colegio secundario St. Mary de Flint vino a jugar contra los Cardinals de Davison, y la multitud empezó a hostigar a los jugadores con insultos anticatólicos («¡Eh, comedores de pescado!», era el mayor insulto que proferían los aficionados de Davison). Eso bastó para el padre Soest, el párroco de St. Mary. Se levantó, declaró el final del partido, se llevó a su equipo del gimnasio y se volvió a Flint. Por lo demás, a mi padre le gustaba Davison.

La tienda que ocupaba la planta baja de nuestro edificio era propiedad del padre de mi madre, mi abuelo el doctor Wall, quien durante medio siglo fue conocido como el «doctor del pueblo» de Davison. El doctor Wall y su mujer, Bess, vivían en la casa blanca de dos plantas en la que había nacido mi madre, dos puertas más allá. Cada día el buen doctor subía los veintiún escalones hasta nuestro apartamento para ver cómo le iba a su nieto. Creo que también estaba intrigado por el nuevo artefacto que teníamos en la sala: una televisión Westinghouse de diecinueve pulgadas, y se pasaba una hora o dos mirándola. Mi abuela comentaba que yo había salido a él, y al doctor le gustaba. Incluso tenía su propio nombre para mí —Malcolm— y componía canciones que luego me cantaba («Es un chico excelente, y un polvorilla, y arreglaremos su cochecito con una almohadilla»). Mi abuelo falleció antes de que yo cumpliera tres años, y solo tengo dos vívidos pero maravillosos recuerdos de él: construyéndome una tienda hecha de mantas en su sala de estar y la música animada que tocaba para mí con su violín irlandés mientras yo cabalgaba precariamente en su rodilla trotadora.

Según me contaron, mis primeras horas en mi nuevo hogar transcurrieron sin incidentes. Pero con el paso de la tarde empecé con un ininterrumpido ataque de llanto que, a pesar de las mejores intenciones de mi madre para consolarme, no cesó. Después de más o menos una hora, ella empezó a preocuparse y llamó a sus padres para pedirles consejo. La abuela Bess llegó enseguida y, después de inspeccionar al bebé llorón con la cabeza del tamaño de un adulto, preguntó:

—¿Cuándo ha sido la última vez que le has dado de comer?

—En el hospital —respondió mi madre.

—¡Pero si hace horas! ¡Este niño tiene hambre!

Gracias, abuela Bess, por decir esas palabras que todavía no tenía en mi vocabulario.

Mi madre encontró la bolsa que le habían dado en el hospital y buscó el biberón, pero no estaba. Ni biberón, ni leche preparada. Pero, espera un momento... ¿no hay ningún pecho en la habitación? ¡Hola!

Mi madre debió de oírme, y por eso intentó, siguiendo las instrucciones de su propia madre, darme el pecho. Pero o las cañerías no funcionaban o yo ya estaba enganchado al líquido azucarado con aspecto de leche, porque no me enteraba. El llanto continuó y Bess le pidió a su hija que despertara a mi padre (que ya estaba dormido; el primer turno en la fábrica empezaba a las seis de la mañana) y lo envió a Flint a comprar leche preparada en el único establecimiento de la ciudad abierto las veinticuatro horas.

En cuanto a mí, ¡estaba convencido de que esa gente intentaba matarme de hambre! ¡Y no sabía por qué! El llanto continuó. Diligentemente, mi padre se vistió y tomó la carretera de dos carriles que llevaba a Flint para comprar leche preparada y un biberón. Volvió al cabo de una hora, y enseguida prepararon el biberón y me lo dieron. Yo lo agarré con las pocas fuerzas que me quedaban. Y no dejé de tragar hasta que me lo terminé.

Por alguna razón, nunca encontré la senda llamada «normal» y tuve suerte de que la ciencia y la empresa todavía no hubieran conspirado para inventar formas de sedar y desensibilizar a un pobrecito como yo. Es una de las pocas veces en que doy gracias a Dios por crecer en los ignorantes e inocentes años cincuenta y sesenta. Aún tendrían que pasar unos años antes de que la comunidad farmacéutica descubriera cómo drogar a un bebé como yo y para que maestros y madres te enviaran al «rincón de pensar». Con frecuencia he imaginado lo que los pediatras de hoy en día me habrían hecho si hubieran vivido entonces y hubieran sido testigos de mi extraño comportamiento.

Por ejemplo, la forma en que me transportaba en mis primeros años. Gatear y luego caminar, como hacen la mayoría de los bebés, no bastaba para mí. Yo tenía otros planes. Para empezar, me negué a gatear. No gatearía por nadie. Mis padres me ponían en el suelo y yo hacía huelga. «No me muevo. No voy a ninguna parte. Os podéis quedar ahí mirándome hasta el día del juicio, pero no pienso moverme.»

Al cabo de un tiempo percibí su decepción, así que alrededor de mi noveno mes decidí gatear... hacia atrás. Me ponían en el suelo y yo simplemente iba marcha atrás. Nunca hacia delante, solo hacia atrás. Y quiero decir que, en cuanto tocaba el suelo, salía disparado en dirección contraria. Pero nunca choqué con nada. Era extraño, como si tuviera ojos en la parte de atrás del pañal. A mi pequeño cuerpo se le había atascado la marcha atrás, y si querías que fuera hacia ti, tenías que colocarme en dirección contraria para que pudiera retroceder.

Esto se convirtió en fuente de diversión para los adultos. «Demasiado divertido», pensé cuando la gente empezó a pasarse por casa para ver al bebé que gateaba hacia atrás, así que decidí cambiarlo. Lenta y metódicamente empecé a gatear hacia delante. No de manera despreocupada como la mayoría de los bebés, sino de manera muy decidida, reflexiva, con una mano delante de la otra, y no antes de sentir primero la textura del suelo (un poco aquí, un poco allí) y luego eligiendo el lugar exacto que era aceptable para mi estética y mi gusto. Y entonces gateaba. Si tenía ganas.

Caminar parecía sobrevalorado, y mientras observaba a los otros bebés del barrio levantándose y agarrándose a los muebles y a perneras de pantalón para equilibrarse antes de caer unos pocos cientos de veces, yo prefería retrasar esta fase de mi vida.

Se convirtió en el pulso de la casa. Ya había otro bebé en camino, e incluso después de que mi hermana Anne naciera y estuviera lista para gatear, yo todavía no caminaba. ¿Por qué? ¿Por qué tenía que malgastar energía? Ya había tenido ocasión de ver lo que implicaba la mayoría de la vida: un tercio de ella se pasaba tumbado en una cama, durmiendo. Otro tercio tenías que estar de pie en un sitio toda la jornada, en una cadena de montaje o sentado detrás de un escritorio. Y el tercio final del día se pasaba sentado a la mesa del comedor o en un sofá mirando la televisión. ¿Y para qué necesitaba caminar un bebé mientras hubiera cochecitos, patinetes, andadores, triciclos y padres que te llevaran? ¡Dame un respiro! Además, no es que tuviera ningún sitio al que ir ni un lugar en el que estar.

Esta actitud no me estaba granjeando muchos elogios de mis padres. Un niño de un año y medio necesita amor y adoración, y me daba la sensación de que esos sentimientos estaban apagándose rápidamente. Así que un día, en mi decimoséptimo mes, pensé que sería mejor levantarme y mostrarles de qué pasta estaba hecho. Me levanté como un gimnasta de Alemania del Este y caminé recto como una flecha hasta el ventilador para meter la lengua en él. Mis padres estaban encantados y horrorizados.

¿Queréis que camine? Pues así es.

Mi madre sabía que yo era diferente, así que decidió compartir conmigo un secreto cuando cumplí cuatro años. Me enseñó a leer. Este aumento de autonomía no tenía que producirse hasta al cabo de un par de años, y por una buena razón: si sabes leer, sabes algo. Y saber algo, sobre todo en los años cincuenta, era una receta para tener problemas.

Mamá empezó con el periódico del día. No con un libro infantil (de los que había un montón en la casa), sino con el *Flint Journal*. Primero me enseñó a leer la previsión meteorológica. Eso era información útil, y yo valoraba saber algo que los otros niños no sabían, como si iba a llover o a nevar al día siguiente. También me obsesionaba la concentración de polen. Podía decirle con orgullo a cualquiera que me cruzara por la calle cuál era la concentración de polen del día. Creo que Davison se convirtió en la población más competente en cuestión de polen gracias a mí. Hasta el día de hoy, tú vas a Davison, Michigan, y preguntas a alguien: «¿Eh, cuál es la concentración de polen?», y te la dirá bien contento, sin vacilación ni prejuicios. Eso lo empecé yo.

Después de la previsión del tiempo y la concentración de polen, mi madre me enseñó a leer los titulares de primera página, y más tarde, la previsión astronómica diaria y los resultados deportivos. No me enseñó el abecedario. Me enseñaba palabras. Palabras conectadas con otras palabras. Palabras que tenían significado para mí y palabras que me dejaban perplejo, pero ansioso por saber lo que significaban. Cada palabra de la página se convertía en un rompecabezas a resolver, ¡y era divertido!

Enseguida empezamos a ir a la biblioteca una vez por semana, y yo siempre sacaba el máximo permitido: diez libros. Normalmente trataba de colar un undécimo en la pila, y tuve la suerte de que las amables bibliotecarias o bien eran malas en matemáticas o, lo que es más probable, veían lo que estaba haciendo y lo último que querían era desalentar a un niño que quería leer.

Y de pronto comenzó el maltrato infantil: ¡mis padres me enviaron a la escuela! Me aburría como una ostra, pero me guardé muy mucho de dejar que los demás alumnos se enteraran de que sabía leer y escribir y hacer cuentas. Eso habría sido el beso de Judas, sobre todo con los niños, que me habrían pegado constantemente; por seguridad, traté de sentarme al lado de niñas listas como Ellen Carr y Kathy Collins. Si las maestras hubieran sospechado algo habrían recurrido a la Inquisición para averiguar quién me estaba enseñando todo eso de manera inapropiada.

Así que disimulé, y aprendí un talento adicional: actuar. Mientras los otros chicos cantaban «a, be, ce, de, e, efe, ge», yo me «esforzaba» con ellos al tiempo que leía en secreto los libros del Dr. Seuss que tenía en el cajón del pupitre. ¡Oh, los lugares a los que iría mientras la hermana Mary no se enterara!

—¿De dónde has sacado este libro? —me preguntó la amable monja el día que me pilló.

—Un niño de tercer curso me deja mirar los dibujos —dije, con cara tan seria que hasta *Beaver* Cleaver se habría sentido orgulloso.

Pero las monjas me tenían calado, y lejos de condenarme por saber leer, hicieron la única cosa razonable y educativa que podían hacer.

—Michael —me dijo un día la hermana John Catherine antes de que sonara el timbre de la mañana—, hemos decidido que ya sabes lo que estamos enseñando en primer curso, así que vamos a pasarte a segundo.

Mis ojos se abrieron en expresión de victoria.

—Pero mira, si te ponemos en segundo, no serás el niño más listo de la clase como aquí. ¿Te parece bien?

—¿Significa que no tendré que cantar más el abecedario?

—Exacto. Ya no habrá más abecedario. De hecho, tendrás que aprender caligrafía de inmediato. ¿Te parece bien?

—Sí, hermana, ¡gracias!

Fue como si el guardián le dijera al prisionero que lo iban a pasar de una celda de aislamiento a, no sé, Disneylandia. No podía esperar a llegar a casa para dar la buena noticia a mis padres.

—¿Que han hecho qué? —gritó mi madre, sin dar crédito a lo que acababa de contarle.

—¡Me han puesto en segundo curso! He pasado todo el día en segundo curso. ¡Ha sido genial!

—Pues vas a volver a primero.

—¿Qué? ¡No! ¿Por qué?

—Porque quiero que estés con niños de tu edad.

—Pero solo tienen un año más.

—Y son un año más grandotes y te llevan un año de ventaja, y si te quedas con ellos te perderás un año en tu educación.

No podía comprender esta lógica. Años más tarde, mi hermana Anne diría que era porque mamá era una republicana tradicional y pensaba: «Estoy pagando impuestos por doce años completos de educación. ¡Quiero que mi hijo curse los doce años completos!» Pero pagábamos para ir a una escuela católica. Si entonces hubiera sabido algo sobre economía familiar, habría señalado que saltarme un curso significaba que se ahorraría un año entero de educación. Claro que ella no quería que los niños mayores me pegaran.

—Voy a llamar a la madre superiora —anunció mientras se dirigía al teléfono de la cocina.

—No, mamá, ¡espera! No puedo estar en primero. Ya sé todo lo que están enseñando. La hermana te lo dirá. —Y a continuación usé la mejor baza, mi última esperanza—. La Iglesia católica dice que debería estar en segundo curso. ¡Has de obedecer a la Iglesia!

Ella se paró y se volvió durante una fracción de segundo, me fulminó con una mirada que decía «te estás quedando conmigo» y continuó hacia la cocina. Cogió el teléfono de la pared, pidió al vecino que estaba usando la línea compartida que por favor colgara y luego cerró la puerta corredera y llamó al convento. Escuché a través de la puerta corredera mientras ella, de manera respetuosa pero enérgica, informaba a la madre superiora de que no iban a subirme de curso. Hubo largas pausas durante las cuales la monja obviamente le estaba explicando de manera sensata y correcta por qué estaba aburrido y metiéndome en problemas y por qué debería estar en segundo curso (¡si no en tercero!).

Mi madre contestó que ya se había decidido, y eso fue todo. Terminó la conversación pidiendo educadamente a la madre superiora que no volviera a tomar de manera «unilateral» y sin contar con ella otras decisiones parentales. No sé bien qué quería decir eso, pero me hacía una idea por el tono. ¡Ay! No se habla así a la madre superiora. Yo pagaría por ello, seguro.

Las mentes ociosas o bien son obra del demonio o sirvientes de la revolución. Aunque todas las monjas y maestras seglares me querían, ellas serían las primeras en afirmar que yo era un pieza. Tenía mis propias ideas sobre lo que debería estar haciendo la escuela y sobre cómo deberían educarme. Contaba chistes en clase y hacía bromas si era necesario. Cuando estaba de monaguillo, ponía muecas a la gente durante la comunión mientras sostenía el plato dorado debajo de sus barbillas para que no se les cayera el Señor. Una vez, el padre Tomascheski me pilló haciendo eso. Detuvo la comunión y me dijo en voz alta para que lo oyera toda la congregación: «¡Borra esa sonrisita socarrona!» Fue la primera vez que oí esa palabra, «socarrona».

Tuve mi propio programa de televisión simulado en la escuela (con canción y todo), y hacía participar a los demás niños como personajes (les decía que había cámaras ocultas filmando el programa). Creé mi propio periódico y escribí poemas y obras de teatro. En octavo, me presenté voluntario para escribir la obra de Navidad para las festividades escolares. Cuando las autoridades vieron el ensayo de vestuario, se decidió que la obra no continuaría. En la escena clave de la representación, todos los roedores de la nación acudían a la escuela St. John de Davison para celebrar su convención anual en nuestro viejo salón parroquial. El problema con los roedores era tan grave en la escuela que, en segundo, un ratón subió por el hábito de la hermana Ann Joseph, lo cual la hizo saltar de la silla y bailar como una watusi para sacarse al animal de encima. Así que pensé que sería divertido escribir sobre eso. En el acto final, el salón de la parroquia se derrumba y mata a todas las ratas. Los estudiantes y las monjas se regocijan. Dios triunfa sobre los roedores. El alborozo reina en todo el país.

El sacerdote propuso que los de octavo simplemente se quedaran allí cantando villancicos en el escenario. Conseguí que la mayoría de los chicos se unieran a mí en la protesta de no cantar la primera canción. Nos quedamos con las bocas cerradas, mirando adelante. Fue una mala idea, porque justo delante teníamos la mirada del temor de Dios que emanaba de la madre superiora. La siguiente canción la cantamos todos, por supuesto.

Mi madre debería haberme dejado saltar un curso. Habría ahorrado muchos problemas a todos los implicados.

La partida

Pocas calles en Estados Unidos están estructuradas de manera que, tanto si giras a la derecha como si lo haces a la izquierda, terminas en un callejón sin salida.

Así era la calle en la que viví y crecí: East Hill Street, una sola manzana de polvo y gravilla sin salida por ninguno de los extremos. La única forma de llegar a este doble callejón sin salida era tomar otra calle sin asfaltar conocida como Lapeer Street. Lapeer se extendía desde las vías del tren hasta justo el centro de nuestra Hill Street, formando una T que constituía nuestro pequeño barrio apartado. Más allá de Lapeer Street había un campo que conducía a la única sala de cine de la ciudad, el Midway. Detrás de Hill Street comenzaba un bosque cenagoso, grande, misterioso, repleto de aventuras.

A principios de la década de 1950, el viejo señor Hill vendió sus tierras de labranza, y estas se convirtieron en veintisiete parcelas en aquellas dos calles anodinas y casi invisibles. Las casas, baratas, seguían el estilo de las de los barrios Levittown de posguerra: pequeñas, pintorescas, con lo indispensable. Sus ocupantes eran familias de una nueva clase media. Había esperanza y hostilidad en estas edificaciones de poco más de ochenta metros cuadrados. Contaban con grandes patios traseros que, en los primeros años, se entremezclaban, pero que finalmente hubo que separar con cercas y gruesos setos. El «nosotros» se convirtió en «yo» en menos de una década, pero durante un tiempo en todo el barrio se respiraba el ambiente de un gran campamento de verano.

A cada extremo de Hill Street se extendía un descampado. El situado al oeste servía de escenario a las peleas de terrones: el objetivo era elegir cachos de tierra compactada y lanzarlos a los ojos de tus amigos. Cada primavera cogíamos el cortacésped de mi padre y preparábamos un campo de béisbol, donde nos reuníamos todos los días del verano para jugar hasta que se ponía el sol. En el descampado del lado este de la calle instalábamos el «campamento», con tiendas improvisadas hechas con lonas y mantas viejas de nuestros padres. Era el cuartel general del barrio, donde se planeaban todas las gamberradas.

El bosque de detrás de nuestras casas de Hill Street era enorme y parecía extenderse tanto que ninguno de nosotros había encontrado nunca el final por más horas que caminábamos entre altos pinos, gruesos arces y blancos abedules. El «bosque», como lo llamábamos, era un parque de atracciones de la naturaleza donde podíamos pescar, cazar, poner trampas, acampar, perdernos. Para llegar a él tenías que atravesar los patios traseros abiertos de cuatro vecinos y a ninguno de ellos parecía importarle. Una ciénaga separaba los patios del bosque, y la ciénaga en sí nos subyugaba. Aprendimos a saltar de un árbol caído a otro para evitar empaparnos. El agua no llegaba más arriba de la rodilla, y no había bichos que pudieran hacernos daño. Vivían allí centenares de ranas, eso sí, y hacíamos todo lo posible para cogerlas, aunque normalmente las ranas eran más rápidas y más listas. Había flores de todas clases, y la requerida cantidad de mosquitos que apreciaban la presencia de pequeños bancos de sangre andantes, un manjar.

Después de cruzar la ciénaga, te encontrabas al pie de una colina que, al congelarse en invierno, se convertía en nuestra pista de trineos. En lo alto de la colina empezaba el sendero que se adentraba en la infinidad del bosque. Íbamos de excursión durante horas, aunque nadie usaba la palabra «excursión», porque eso implicaba una actividad planeada. Nada de lo que hacíamos en nuestro tiempo libre de niños estuvo nunca planeado o estructurado de ninguna de las maneras. Simplemente era así. Una hora de deberes y luego «largo y que te dé el aire» eran las órdenes de nuestros padres.

Perseguíamos ciervos, conejos y mapaches; teníamos pistolas de balines y arcos y flechas, y de vez en cuando los chicos vecinos traían su escopeta de perdigones para que pudiéramos disparar a los faisanes. Y teníamos diez años. El cielo. Los adultos nos dejaban solos, y hacíamos muchas expediciones en ese bosque, metiendo en la mochila carne enlatada que cocinábamos en nuestros hornillos caseros: latas vacías llenas de cartón bien apretado en el interior y cubierto con la cera que fundíamos para que goteara encima. Después, encendíamos los hornillos y el cartón encerado ardía con la suficiente lentitud para que pudiéramos cocinar nuestra carne enlatada. Más cielo.

Las niñas estaban excluidas de todas estas actividades, salvo del trineo. Nuestros padres nos obligaban a llevarlas con nosotros hasta lo alto de la colina y nos forzaban a bajarlas en los trineos. Al fin y al cabo, ¿quién sino un niño estaba cualificado para conducir? En realidad, disfrutábamos inmensamente de eso, como si fuéramos capaces de asustar a las niñas simulando dirigirnos hacia un árbol para desviarnos en el último instante. Normalmente. Siempre había algún choque y la hermana pequeña que lloraba, pero incluso eso nos daba gran felicidad.

Aparte de esas imágenes de trineos, no recuerdo haber visto a ninguna de las niñas del barrio en ninguna parte, y si me apretaran defendería que en el barrio no había ninguna niña. Años después, descubrimos que habían pasado mucho tiempo leyendo y tocando instrumentos y haciendo cosas y contándose historias unas a otras y a Barbie. Eso les iría bien una vez que dejaran atrás la infancia, pero por el momento eran invisibles a nuestra existencia, y supongo que pensábamos que estábamos mejor sin ellas. Los niños son niños y les gusta estar con otros niños. Y a algunos chicos les gusta mucho estar con ciertos chicos.

Sammy Good era diferente. En 1965, podías ser diferente —hasta cierto punto— y no estaba mal visto. Por ejemplo, podías tener ojos azules mientras que los demás chicos tenían ojos castaños. Podías ser pelirrojo mientras los demás tenían el pelo rubio u oscuro. Había niños altos, niños bajos, niños que iban en bici, niños gordos, niños flacos, incluso niños con viruela (y, sí, a todos les encantaban los perritos calientes).

Lo que no había era chicos que se enamoraran de otros chicos.

Por supuesto, había esos chicos, pero en quinto curso no lo sabíamos. No es que nadie se opusiera a la homosexualidad; simplemente no era necesario oponerse a ella, porque no existía. Sería como oponerse a unicornios o atlantes o a hombres sin tetillas; en resumen, no puedes odiar lo que no existe.

Esto reforzaba la importancia de que si eras un chico al que le gustaban los chicos (o una chica a la que le gustaban las chicas), más te valía guardar el secreto como si fuera tu Fort Knox personal, sellado a cal y canto e impenetrable. Tenías que comportarte sabiendo que eras un alienígena aterrizado desde otro planeta, pero con forma humana. Nadie sabía que eras un alienígena, y si descubrían quién eras en realidad, te aniquilarían. El conocimiento de que no eras «como los demás» daba tanto miedo que si te encontrabas con otro alienígena al que le gustaban los chicos, no podías dejar que ese homosexual supiera quién eras realmente.

Pero, por supuesto, el otro alienígena lo sabría. Aun así, no te atrevías a arriesgarte a establecer contacto, porque si te pillaba la Gente Normal podía arruinarte. En ocasiones, tenías que tomarla con uno de los tuyos solo para probar que no eras uno de «ellos». Con frecuencia era una existencia devastadora ser gay en los años cincuenta y sesenta (y en los setenta, y en los ochenta y...) y en ocasiones te hacía hacer cosas muy crueles e innecesarias a ti mismo y a los demás.

Ese era el caso del chico que vivía tres puertas más abajo,

en Lapeer Street. La familia Good parecía gente bien educada, lo cual inmediatamente los hacía destacar. Había muchos padres del barrio sin educación universitaria y algunos apenas habían pisado el instituto. Pero, en aquellos días, ser educado o listo no se consideraba un inconveniente. Era algo admirado, respetado, incluso algo a lo que se aspiraba.

Además, en ese tiempo, la clase educada y profesional no estaba separada de los que ganaban poco y los obreros de las fábricas. Como el diferencial de sus ingresos era escaso, vivían y compartían sus conocimientos con los demás. El profesor de universidad de la manzana enseñaba matemáticas a los niños del barrio, y a cambio el padre del garaje mecánico se presentaba en un santiamén a arreglar el carburador del profesor. El dentista estaba listo para arrancar un diente al niño del fontanero en caso de emergencia, y el fontanero estaba de guardia para reparar un escape en casa del dentista un domingo por la noche. Así eran las cosas.

Y así pues, esta es la gente que vivía en nuestras dos calles democráticas e igualitarias sin asfaltar, yendo de oeste a este: pastor presbiteriano, encargado de la tienda donde se vendía de todo, trabajador de la cadena de montaje (nuestro papá), obrero siderúrgico, jefe de la oficina de correos, vendedor de camisas, el osteópata y su madre. En la otra manzana: conductor de camión, pareja jubilada, encargado de grandes almacenes, profesor de instituto, conserje, persona mayor discapacitada, embolsador de supermercado, jubilado, concejal, madre soltera y su hijo, empleado de banco. Era la clase media americana. Ninguna casa costaba más de dos o tres años de salario, y dudo que los ingresos anuales (salvo en el caso del osteópata) superaran los cinco mil dólares. Y aparte del médico (que atendía a domicilio), los encargados de tiendas, el pastor, el vendedor y el banquero, todos pertenecían a un sindicato. Eso significaba que trabajaban cuarenta horas a la semana y tenían todo el fin de semana libre (además de entre dos y cuatro semanas de vacaciones pagadas en verano), amplia cobertura sanitaria y seguridad en el trabajo. A cambio de todo ello, el país se convirtió en el más productivo del mundo, y en nuestro pequeño barrio eso significaba que la caldera siempre estaba en marcha, que podías dejar los niños al vecino sin avisar, que podías pasarte por la casa de al lado para que te prestaran media docena de huevos y que las puertas de las viviendas nunca estaban cerradas, porque ¿quién iba a querer robar nada cuando ya tenía todo lo que necesitaba?

Pero, querido lector, antes de que empieces a tocar canciones de Stephen Foster o a entonar el himno nacional, he de recordarte lo que tal vez ya sepas: esta existencia idílica (tan bien documentada en programas como *The Donna Reed Show* y *Father Knows Best*) tenía su lado oscuro. Más allá del hecho de que las mujeres estaban a años de distancia de un movimiento de liberación, y más allá del hecho de que si una sola persona negra se hubiera mudado al barrio los carteles de «En venta» habrían proliferado como malas hierbas, estaba el hecho insalvable de que simplemente no podías querer a la persona a la que querías si la persona a la que querías tenía los mismos genitales que tú. Para empezar ni siquiera existías, y por lo tanto o bien te quedabas muy callado o te transformabas en un actor muy irritado que cada día subía al escenario heterosexual.

El señor y la señora Good tenían tres hijos: Sammy, Alice y Jerry. Si querías elegir una familia y enviarla por el mundo para que la gente de otros países viera qué aspecto tenía una bonita familia americana, esos eran los Good. El señor Good era director de los grandes almacenes locales. Sammy era el hijo mayor, me llevaba cuatro cursos en la escuela. Los Good lo habían adoptado cuando no sabían si la cigüeña vendría por propia decisión. Pero luego tuvieron a Alice, que era de mi edad, y a Jerry, que era tres años menor.

Los Good vivían en un encantador chalet con un gran porche y un jardín trasero que se extendía unos buenos cincuentas metros. Los ingresos del señor Good, solo ligeramente superiores (aunque no por mucho) a los del resto de la calle, le permitían tener una criada que iba a la casa una vez por semana a hacer la colada, planchar y limpiar. Era negra y cogía el autobús en el extremo norte de Flint. Su presencia no creó otra inquietud en el barrio que la de alimentar el deseo de la mayoría de las mujeres de tener una criada ellas también.

Los Good no eran gente ostentosa, y si había algún otro signo de que tenían algunos ingresos extra era que cada invierno el señor Good traía hombres que inundaban su jardín de atrás para crear una pista de patinaje gratuita para que todo el barrio la disfrutara, en cualquier momento del día o de la noche. Grandes focos iluminaban la pista de hielo, y si se les preguntara a los vecinos por sus más preciados recuerdos de las calles Hill o Lapeer, mencionarían a un hombre que cedía su jardín para que todos pudieran patinar allí durante un sinfín de horas.

El señor Good siempre conducía un coche nuevo, normalmente un Buick. Era amable pero reservado, un poco más bajito que el resto de los padres de la calle. Y era diferente por otras dos circunstancias: tenía un bigote negro en una calle carente de vello facial y era judío.

En algún momento del verano de 1964 se empezó a oír un sonido procedente de la casa normalmente silenciosa de los Good; un sonido de golpeteo, bajo, vibrante, que se producía con un ritmo repetitivo, como el compás de una canción, aunque nadie conocía la canción. BUM, bum, bum. BUM, bum, bum. BUM, bum, bum. BUM, bum, bum.

Podría haberse tratado del señor Good trabajando en algo con sus herramientas nuevas. O tal vez estuvieran instalando una cocina nueva. Quizás habían llamado a Hamaad para que erradicara unas molestas termitas o una zarigüeya que se había metido debajo de la casa.

Pero no, no era nada de eso. Era música de negros. En concreto, de The Supremes, un grupo del que ninguno de nosotros había oído hablar. La canción era «Where Did Our Love Go»... y fue a tres patios de distancia de Lapeer Street, a través de la ventana de nuestra sala y directamente hasta el dedo gordo de mi pie.

A Sammy Good le habían regalado un tocadiscos por Navidad; sí, los Good celebraban la Navidad, con su casa hermosamente decorada con luces de colores en el exterior y ángeles con trompetas de un blanco cegador. Lo mejor de que tu padre trabajara en los grandes almacenes era que siempre eras el primero en tener los chismes mejores y más nuevos: la primera secadora Admiral con programas distintos según la clase de ropa, la primera nevera Westinghouse sin escarcha o el primer magnetófono de bobina abierta Silverstone (que fue regalo de Santa Claus esa Navidad)

Cuando remitieron las nevadas invernales en mayo de 1964, Sammy sacó el equipo estéreo al porche junto con algunos discos de 45 revoluciones. La etiqueta del disco decía «Motown». Cada vinilo tenía una canción por cada cara. La Motown tenía muchas etiquetas y artistas, entre ellos The Miracles o The Marvelettes, The Vandellas y Little Stevie Wonder. Sammy decía que todos vivían cerca, en Detroit, un lugar que conocíamos porque íbamos a ver partidos de los Tigers y películas en el Music Hall Cinerama.

Mirábamos a través de los patios y veíamos a Sammy en el porche todos los días después de la escuela, poniendo sus discos de la Motown y... bailando. Habíamos visto esa clase de baile en la tele, en *American Bandstand* y *Shindig*. Pero nunca lo habíamos visto en persona. Y allí estaba él, bailando con energía, en un mundo propio: el Baile Vespertino de Sammy Good, en directo desde Lapeer Street.

Esto creó suficiente curiosidad entre el resto de los chicos del barrio para que nos acercásemos a mirar y escuchar. La música era pegadiza, pero parecía exótica, casi... alienígena.

Así pues, fueron los sonidos de la Motown y sus grupos de chicas los que delataron la orientación sexual de Sammy a los chicos mayores que sabían perfectamente lo que hacía. Enseguida empezó a notar el ocasional empujón o golpe o zancadilla en el patio de la escuela. Y la cosa fue *in crescendo*. Pero el baile de Sammy continuó. Una hemorragia nasal no iba a detener su pasión por The Supremes.

Un día Sammy nos invitó, algo que no nos esperábamos.

Los chicos mayores, los de su edad, de séptimo y octavo, normalmente no querían tener nada que ver con nosotros a menos que nos necesitaran para completar dos equipos en un partido de béisbol. Sammy nos mostró su pila de discos y algunas revistas de fans con fotos de cantantes y grupos. Era un mundo extraño para los pequeños, pero para Sammy era el país soñado. Cuando nos hablaba de esa tierra de Oz llamada Motown, sus manos hacían movimientos exagerados, como serpentinas a merced del aire, para que pudiéramos comprender no solo su importancia, sino también su belleza. Y si no lo hacíamos, nos desdeñaba con un rápido movimiento de la mano, como si su muñeca hubiera sufrido una catatonia instantánea. «Fuera, fuera, niños», decía cuando éramos demasiado estúpidos para entender lo que estaba dirigiendo. Trataba de educarnos en lo que todo eso significaba: todo era una cuestión de «ritmo» y de «imagen» y de «estilo», y todo era «fabuloso» para él.

Así que cuando oíamos la música íbamos corriendo para formar parte de esta fiesta de baile. No se permitía la entrada a las chicas, lo cual a nosotros ya nos iba bien. Pronto nos tuvo bailando con él y entre nosotros y, probablemente en el momento en que sacó el *rouge* y el delineador de su madre y nos enseñó cómo podíamos «arreglarnos», los chicos mayores de Davison, que desde lejos habían mantenido un ojo vigilante sobre estas reuniones, decidieron que ya bastaba. Era hora de acabar con la fiesta.

Los chicos del pueblo aumentaron su ofensiva contra Sammy. Se convirtió en víctima de múltiples bofetadas, puñetazos, palizas y «lavados de cara» con barro o nieve.

Sammy no se tomaba bien ese trato y siempre peleaba, algo que al parecer sorprendía a sus compañeros mayores. En primer lugar, se lanzaba directo a los ojos, como un gato atrapado en la naturaleza. Iba en serio en su intención de arrancar los globos oculares de sus cuencas. Siempre podía clavar en las mejillas del otro sus uñas más largas de lo normal y arañar hasta hacer sangre. Y daba patadas en cualquier parte del cuerpo que tuviera a su alcance. No era el boxeo de Sonny Liston al que aquellos chicos estaban acostumbrados. Los agresores se imponían al final, pero no sin pagar un precio. Enseguida los matones del barrio y la escuela consideraron que daba trabajo tumbarlo y que no merecía la energía (o las cicatrices) de someterlo por la fuerza. También descubrieron que, por más que lo intentaran, no podían quitarle la pluma. Seguro que si a uno de esos maricones le daban lo suficiente, una y otra y otra vez, le sacarían el gay que llevaba dentro y se volvería Normal. Pero eso no ocurría, así que los matones se rindieron y volvieron a la tradición más entretenida de la humillación a través de burlarse, ridiculizar e insultar a Sammy.

Todo esto llevó a Sammy a un lugar tenebroso. El odio extraordinario no hizo que él amara a los demás. Así que Sammy se volvió contra nosotros, los más pequeños. A nuestra edad, no estábamos muy seguros de por qué los chicos más mayores eran tan crueles con él, pero enseguida nos dimos cuenta de que Sammy nos veía como versiones más pequeñas de sus atormentadores, y nunca dejaba pasar la ocasión de dar a alguno de nosotros un buen bofetón.

Cualquier cosa lo sacaba de sus casillas —vernos mascando chicle, pantalones y camisa que no combinaban, intentos de cantar al son de los discos de 45— y se volvió cada vez más violento con nosotros. Nos daba puñetazos y nos tiraba al suelo. Un día ató al pequeño Pete Kowalski a una silla por «ser malo», y su madre tuvo que venir a soltarlo (después de darle a Sammy un buen bofetón en la cara). Enseguida dejamos de ir al Baile Vespertino, pero eso no detuvo a Sammy cuando veía a alguno de nosotros por la calle. Nos tiraba al suelo de un empujón o nos daba un buen tortazo cuando pasábamos. Al cabo de un tiempo, empezamos a hacer todo lo posible para mantenernos alejados de él. Éramos niños, no comprendíamos el dolor que acarreaba ni que necesitaba desahogarse. Incluso los adultos parecían incapaces de entender semejante concepto en 1965.

Una tarde de sábado, yo iba en mi bici por la acera de Lapeer

Street y Sammy venía caminando hacia mí. Traté de cruzar pisando el césped de su jardín, pero cuando lo hice me gritó:

—Sal de mi jardín.

Entonces cogió el palo que tenía en la mano y lo lanzó entre los radios de mi rueda delantera, lo que provocó que la bici se parara de repente y yo saliera disparado al suelo. Él se limitó a quedarse allí de pie gritándome:

—Nunca jamás pises mi jardín, ni siquiera lo mires ¡y cállate la boca!

A continuación empezó a reírse como loco mientras yo me sacudía la tierra y me iba corriendo a casa empujando la bici.

Cuando llegué, mi tía Cindy y su marido el tío Jimmy estaban allí con sus hijos de visita. Eran los parientes a los que conocíamos como los Mulrooney, y su prole estaba formada por tres niños muy duros, todos mucho mayores que yo. Vivían en la parte este de Flint, y estaba seguro de que a los tres les tenían miedo en su barrio. A mí mismo me daban pánico, ¡y eso que eran parientes!

Subí los escalones delanteros de la casa y entré con los codos arañados y sangrando, y con lágrimas resbalando por mis mejillas. Mis primos matones quisieron saber qué había ocurrido. Se lo conté y dijeron:

—Señálanoslo.

Yo miré por la ventana, y allí estaba Sammy todavía de pie en la calle.

—Es ese —dije, sabiendo perfectamente lo que iba a ocurrir a continuación.

Por desgracia, no sentí remordimiento, solo una sensación de justicia. Es decir, hasta que vi cómo se imponía la justicia.

Allí en la calle, los tres Mulrooney estaban dando una soberana paliza a Sammy Good. Primero formaron un círculo en torno a él. Sabía que el instinto de animal atrapado de Sammy se activaría de inmediato. Lanzó el primer bofetón, y después ya no volví a ver a Sammy. Los Mulrooney se le echaron encima como pirañas sobre carne cruda. Baste decir que los Mulrooney no eran de los que abofetean con la mano abierta, y la velocidad y ferocidad de sus puños alzándose en el aire y luego abatiéndose sobre Sammy era una imagen despiadada, algo similar a un especial del *National Geographic*. Se oían los gritos de auxilio de Sammy, y mientras mi tío Jimmy Mulrooney los escuchaba con placer, mi padre, quizá más tarde de lo que él mismo habría deseado, abrió la puerta y les gritó a mis primos que lo dejaran. Para entonces, el señor Dietering, que vivía en la casa de al lado de los Good, ya había salido para acabar con el asunto. Los Mulrooney descargaron unos cuantos golpes más y se volvieron triunfantes en nuestra dirección. Sammy se quedó tumbado en la calle, agazapado y llorando.

—¡Marica! ¡Peleas como una niña! ¡Vete a poner un vestido!

Fueron las frases con las que se alejaron de Sammy mientras el señor Dietering lo ayudaba a levantarse. Sammy no quería ayuda. Volvió cojeando a su casa. Yo estaba complacido de que mis primos se hubieran ocupado de él.

Mi padre no estaba tan contento.

—No puedes usar a tus primos para defenderte. Has de aprender a pelear. Voy a enviarte al Y a tomar clases de boxeo.

¿Qué? ¡No! Oh, Dios, habría preferido llevarme a mis hermanas en trineo ¡en julio! ¿Por qué me estaban castigando? Enviarme al centro de Flint para que chicos como los Mulrooney pudieran pegarme, ¿legalmente? Rogué a mi madre que intercediera.

—Lo que tu padre crea que es lo mejor —fue lo único que dijo.

Juro que nunca la había oído pronunciar esas palabras antes, porque, en nuestra casa, lo mejor siempre era lo que pensaba ella, y papá coincidía con esa línea de autoridad.

¡Todo eso porque había vuelto a casa llorando! ¡Porque vi el coche de los Mulrooney allí! Quería venganza. Sabía lo que harían. Lo único que me habría hecho más feliz habría sido que le hubieran roto todos y cada uno de los discos de The Supremes de su colección.

Unos tres meses después, alrededor de la diez de la noche, llamaron a la puerta. Era el señor Popper, un hombre corpulento y de voz pausada, que vivía enfrente de los Good.

—Frank, el chico de los Good ha desaparecido. Sus padres creen que puede ser que lo hayan secuestrado y lo hayan llevado al bosque. Han llamado a la policía, pero pensaba que podríamos ir a buscarlo. ¿Puedes venir?

—Claro —dijo papá, aunque a esa hora ya tendría que haberse acostado. Salió con una linterna y un bate de béisbol.

En cuestión de minutos la mayoría de los hombres del barrio se habían reunido en nuestro jardín, cada uno de ellos con linterna y un palo o una porra y vestidos con esa clase de chaquetas de cazador que lleva la gente en Michigan a finales de otoño. Mis hermanas y yo, que ya estábamos en pijama y en la cama, acudimos al salón para presenciar el desarrollo de la escena. ¿Qué estaba pasando? ¿Secuestro? Nos asustamos al instante. Era el único crimen inferior al asesinato cometido contra un menor por el que podían detenerte en esa época. No existía tal cosa como el «abuso de menores» o la «desatención» y casi todos los niños estaban acostumbrados a una sana dosis de zurras y bofetones, y cosas peores. Incluso la escuela lo imponía, y los maestros estaban autorizados a usar un arma grande de madera en la zona conocida como tu trasero.

La única cosa que no podías hacer como adulto era robarnos. Si no eras un padre o un pariente de la familia extendida, no podías llevarnos sin permiso. La línea tenía que trazarse en alguna parte, y se trazó ahí.

Se creía que a Sammy Good se lo había llevado (atraído) alguien que era «como él» pero «mayor». No sabíamos lo que eso significaba. Francamente, costaba imaginar a alguien capaz de reducir y transportar a Sammy a cualquier sitio, a menos que valorara muy poco los ojos que Dios le había dado.

Estaba decidido que si alguien iba a abusar de él («Mamá, ¿qué significa abusar?») probablemente lo haría en el bosque de detrás de casa. Y hacia allí se fue la partida de rescate. Una cosa que me sorprendió en todos esos hombres —la mayoría de los cuales probablemente no apreciaban el hecho de que Sammy fuera el homosexual del barrio— era lo auténticamente preocupados que estaban por la seguridad y el bienestar de Sammy, y lo mucho que esperaban encontrarlo sano y salvo. Las madres también habían salido, para poder calmar a la señora Good, que estaba de pie en la calle conteniendo las lágrimas. Los hombres le aseguraron que lo traerían de vuelta; al fin y al cabo, probablemente solo se había escapado y en ese momento incluso podría estar observándonos. Dijeron esto mientras agarraban con fuerza las porras y los bates de béisbol, preparados para entrar en acción o quizás asustados de internarse en el profundo y oscuro bosque. Sí, estaban dispuestos a correr cierto riesgo, y si soy capaz de resumir su sensación colectiva, esta era: «Bueno, puede que sea maricón, pero maldita sea, es nuestro maricón, y nadie va a tocarle ni un pelo.»

Cuando los hombres partieron en su búsqueda, mis hermanas se echaron a llorar, pensando que los secuestradores también podrían hacer daño a papá. Nuestra madre nos dijo que volviéramos a la cama y que, con más de una docena de hombres, no iba a pasarle nada a nadie. En ese momento, el jefe de policía apareció con uno de sus agentes y fue a dar alcance a la improvisada partida.

Yo fui con mis hermanas a su habitación, que ofrecía la mejor vista del bosque. Observamos a los padres atravesando los patios y rodeando la ciénaga hacia el bosque. Allí sus siluetas desaparecieron, pero el movimiento de barrido de doce linternas aún nos permitía conocer su posición exacta. El movimiento de esas luces parecía extrañamente coreografiado —Sammy se habría sentido orgulloso— al subir y bajar y recorrer los árboles, al entrecruzarse como las luces de las lámparas del carnaval de verano o las pujas de la subasta de Chevrolet del Cuatro de Julio.

Después de lo que parecieron horas, los padres volvieron, abatidos y con las manos vacías.

—Allí no está —oímos que le decía papá a mamá—. Ni idea de dónde está. Pero allí no.

La policía le dio la mala noticia a la señora Good, y ella se echó a llorar otra vez. Su marido le puso un brazo en torno a los hombros para calmarla, y los dos entraron lentamente en su casa, como hicieron todos los demás en las suyas.

Al día siguiente, Sammy Good fue encontrado cerca de Pontiac, Michigan. O bien había ido en autoestop o había cogido el autobús. Estaba vagando por las calles y tenía hambre, pero no quería volver a casa. Estaba cansado de los insultos y los matones y las palizas y de la imposibilidad de disfrutar en paz de su baile. Había llegado a más de medio camino de Hitsville, y más tarde se dijo, después de que escapara otra vez, que quería conocer a The Supremes y ayudarlas con su «estilismo». Estoy seguro de que podría haber hecho una contribución significativa, y estoy seguro de que le habría ido mejor en una ciudad más abierta y diversa como Detroit.

Nunca volvimos a ver a Sammy. Se fue a vivir con una tía, y eso fue lo último que nadie quería discutir sobre el tema. Un mes antes de su graduación en el instituto, Sammy llegó a Nueva York, quizás un lugar más tolerante e indulgente, y fue allí donde salió a pasear una noche por la calle 13 Oeste hasta el muelle 54 y se lanzó al río Hudson.

La canoa

Cuando era pequeño, mi abuela (la madre de mi madre), me sentó para contarme la historia de la familia. Tenía una libreta de notas vieja y anticuada y pilas de álbumes con fotografías amarillentas. Como yo era el mayor de los tres niños, mi abuela quería que conociera esta información para que pudiera transmitirla a futuras generaciones. Sin embargo, para mi abuela no se trataba solo de entregar el material impreso que le habían entregado a ella. También se trataba de la tradición irlandesa de sentar a los pequeños y dejar que estos te miren a la cara y a los ojos mientras les cuentas las «historias de tu gente». Mi abuela explicó que estas historias eran lo más parecido que teníamos a unas joyas de la familia. Hablaban de quiénes éramos, contaban de dónde veníamos, cómo se formaron nuestras vidas, valores y creencias. Las generaciones que nos precedieron comprendieron que su buena fortuna (o tragedia) no era solo una serie de sucesos aleatorios, sino el resultado de cómo uno se comportaba, de su integridad y del esmero con que cada uno de ellos tomaba las decisiones que tomaba.

Estas historias familiares se contaban y recontaban sin la ayuda de ordenadores ni otros dispositivos digitales. La historia de una persona se guardaba en su propio cerebro. Ahora la memoria se guarda en un USB de Sony. Pero como la tecnología cambia cada año (véase: Beneficio), perdemos fotos familiares en las numerosas transferencias. El disquete de hace quince años, en el que tenías almacenada la historia de la familia, es difícil de recuperar ahora, y si le pides ayuda a un niño, te encontrarás con una expresión de perplejidad o una risita silenciosa. Si lo almacenaste en 1995 ya es historia antigua, sus unos y ceros se han borrado.

Muchas de las historias contadas por mis padres y abuelos se han perdido, y no por un documento mal archivado, sino porque yo no siempre estaba escuchando. La televisión estaba encendida, yo quería una barrita de chocolate, quería salir a jugar, ¿qué tenía eso que ver con las posibilidades de los Tigers? Lo único que importaba era el ahora mismo, el aquí mismo, yo.

Por consiguiente, en una sola generación se borraron muchas historias por falta de atención y por un nulo sentido del deber o la responsabilidad. Me encantaría oír esas historias ahora, y lamento no haber respetado en mi juventud el poder, la energía y la belleza que poseían. He tratado de recomponer muchas de ellas con lo que mis hermanas y primos recordaban, pero me doy cuenta de que nunca volverán a estar completas.

Sin embargo, hubo una historia que seguí recordando mucho después del fallecimiento de mi abuela. Era la historia de su abuelo y de cómo llegó a ser uno de los primeros colonos de la zona de Flint (del condado de Lapeer para ser exactos). En esa época era una zona habitada por los pueblos nativos. Su padre (mi bisabuelo) fue uno de los primeros bebés blancos nacidos en el municipio conocido como Elba. Como yo era de una de esas primeras familias que se asentaron en esta zona, comprendía que aquello en lo que Elba, Davison y Flint se convirtieron tenía algo que ver con lo que hicieron esos primeros pobladores.

Una de estas personas era Silas Moore, el abuelo de mi abuela, un hombre nacido en 1814, cuando James Madison era presidente. Un día, a principios de 1830, a Silas Moore, que entonces vivía en Bradford, Pensilvania, se le ocurrió un plan que quiso compartir con su suegro, Richard Pemberton (Silas estaba casado con Caroline, la hija de Richard). El plan consistía en irse de Bradford y trasladarse al oeste, a las zonas salvajes y sin colonizar de un lugar llamado Michigan. Ello supondría viajar primero a Buffalo, embarcarse, cruzar el lago Erie y remontar el río hasta Detroit.

—Podemos llevar a la familia y las pertenencias esenciales en una carreta de bueyes por Kill Buck y Springville y luego a Buffalo —explicó Silas a su suegro—. Tardaremos casi una semana en llegar. Luego venderemos el buey en Buffalo y embarcaremos en el vapor que nos llevará a través del lago Erie a Detroit. En Detroit podemos ir a la oficina de tierras y comprar una hacienda por un dólar veinticinco el acre.

—¿Un dólar veinticinco? —preguntó Pemberton—. Eso es un precio un poco alto para una tierra que no hemos visto. ¿Y quién dice que quedará algo cuando lleguemos? He oído que Detroit se rompe por las costuras, hay demasiada gente allí.

—Sí —repuso Silas—. Es una ciudad grande. He oído que hay más de dos mil personas.

—¿Dos mil? —Pemberton estaba consternado.

—Es un territorio enorme —le tranquilizó Moore—. Hay mucha tierra para todos. No somos los únicos de Bradford que queremos ir. Podemos ayudarnos unos a otros.

Había corrido la voz en Bradford (un pueblo de Nueva York), igual que en el resto del oeste del estado, de que el territorio de Michigan se había abierto a los colonos y pronto sería admitido en la Unión. La tierra era barata en el «oeste» y en su mayor parte sin colonizar, y para los que tenían el gusanillo del pionero parecía una idea atractiva.

Los Pemberton y los Moore eran inmigrantes que habían pasado los cien años anteriores desplazándose hacia el oeste, después de desembarcar en América desde Irlanda e Inglaterra y establecerse en Hartford, Connecticut, y Pawtucket, Rhode Island. Un pariente de Pemberton llegó a ser el primer gobernador colonial de Connecticut. El padre de Silas Moore había luchado con la brigada Vermont en la guerra de 1812. Su abuelo había combatido en la guerra revolucionaria, primero con Ethan Allen en la batalla de Fort Ticonderoga, y luego con George Washington en Valley Forge.

Después de la independencia, los Moore y los Pemberton siguieron desplazándose al oeste, primero a Albany, luego a Elmira y, finalmente, cruzando la frontera de Pensilvania, a los condados de Tioga y Bradford en los montes de Allegheny. Ayudaron a establecer poblados y participaron de manera activa en política, pero sobre todo cultivaban la tierra. Creían en la cooperación con los indios, y se decía que estaban orgullosos de «no haber levantado nunca una mano o una pistola contra ellos».

Tanto Richard Pemberton (al que le gustaba señalar que había nacido el mismo año en que George Washington alcanzó la presidencia) como Silas Moore se estaban cansando de cultivar en los Allegheny. Querían probar suerte en tierras vírgenes, donde se decía que el terreno era plano y el suelo rico, y que el agua fresca era tan abundante como en ningún otro lugar de la tierra. Silas y Caroline Pemberton Moore (la hija de Richard) eran recién casados y parecía un momento tan bueno como otro cualquiera para clavar estacas en una tierra nueva y criar una nueva familia en un estado nuevo.

Así que los Moore y los Pemberton, junto con unos pocos de sus vecinos, vendieron sus tierras, reunieron a sus familias y se marcharon. Entre ellos estaban Richard Pemberton y su mujer, Amelia, así como sus otras cinco hijas. Con su buey y dos carros, empezaron un lento y agotador viaje en la primavera de 1836.

Seis días después llegaron a la abarrotada metrópolis de Buffalo. Había gente por doquier y tantas tiendas que podías abastecerte para un año entero solo pasando un día en la que ya era una de las ciudades más grandes de Estados Unidos. Había tanta actividad y alboroto que Pemberton alentó a todos a quedarse cerca y no perder de vista sus pertenencias. El canal Erie se había abierto en la última década, y eso había atraído a muchos colonos y comerciantes a Buffalo, que ahora se conocía como «la puerta a los Grandes Lagos». El canal, que se extendía desde el río Hudson, al este de Nueva York, permitía embarcar mercancías y personas desde el océano Atlántico hasta los ríos del oeste, incluido el Misisipí. Silas no podía creer lo que se afirmaba en carteles situados en torno a la ciudad: «Vete de Buffalo hoy; llega a Detroit mañana.» Anunciaban nuevos barcos de vapor de gran capacidad que podían literalmente sacarte de Nueva York y ponerte en los Territorios del Oeste al caer el día siguiente. Parecía sencillamente imposible.

Los Moore y los Pemberton pagaron ocho dólares por cabeza y embarcaron en el primer barco de la mañana, uno de los cuatro que zarpaban a diario entre abril y noviembre. Al día siguiente, llegaron a Detroit. Silas y Richard fueron a la oficina de tierras para tratar de comprar propiedades cerca de Detroit. Les habían dicho que podían comprar tierra en una parcela llamada Grand Circus por treinta y cinco dólares. Sin embargo, cuando los hombres examinaron la tierra descubrieron que era pantanosa e inadecuada para el cultivo. En cambio, compraron sin verla una gran parcela cerca de un lago, a unos ochenta kilómetros al norte de Detroit —«en el lejano y salvaje oeste», les dijeron—, en un lugar cerca de Lapeer.

Los Moore y los Pemberton tomaron una diligencia hasta Pontiac, donde compraron bueyes y continuaron hacia el condado de Lapeer. Menos de ocho años antes no había hombres blancos en el condado. Ahora ya había varios centenares, pero no muchos en la zona próxima a la tierra adquirida por Silas Moore. Había al menos trescientos indios que vivían cerca. Cuando llegó, Silas fue recibido por el jefe de la tribu neppessing de los indios chippewa. Silas explicó que había comprado tierra a unos kilómetros de distancia. El jefe y sus hombres, que conocían al hombre blanco y su concepto de «propiedad de la tierra», les mostraron el lugar que estaban buscando: el lago Neppessing. El jefe y su tribu vivían en la orilla oeste del lago. Ahí llevó a Silas a su parcela. El jefe luego condujo a Moore a su pueblo para darle la bienvenida. Al cabo de un tiempo, Silas decidió trasladarse al este del lago Neppessing. La idea de vivir al otro lado del lago de los trescientos indios no parecía preocupar a los Moore.

Estos primeros colonos decidieron llamar a su pueblo Elba, por la isla del Mediterráneo, cerca de la costa de Italia, donde habían desterrado a Napoleón veinte años antes. Pero estos colonos, que valoraban el conocimiento y la educación y habían aprendido a leer a los clásicos, también sabían que Elba era la isla de la mitología griega visitada por los argonautas en su búsqueda de Circe (Medea los había enviado en este viaje). Este tipo de referencias a los clásicos no eran raras entre gente de los estados de Nueva Inglaterra, donde la educación se consideraba una necesidad. La ignorancia estaba mal vista, y llegar a un nuevo territorio que no tenía ni una sola escuela les horrorizó (ni franceses ni ingleses consideraban necesario construir escuelas en Detroit o el resto del territorio). Pero una vez que se abrió el canal Erie, los neoyorquinos que llegaron a Michigan (donde llamaron a sus poblados Rochester y Troy y Utica como sus amados pueblos natales de Nueva York) también trajeron consigo ciertas sensibilidades de Nueva Inglaterra: democracia municipal, una fuerte ética del trabajo y fe en una educación liberal que era vital para una sociedad civilizada. En los carros de bueyes y en las maletas de los barcos de vapor no había solo ollas, cacharros y reliquias de familia; también había libros, muchos libros. Durante las décadas de 1830 y 1840 otras ideas radicales de Nueva York empezaron a impregnar Michigan gracias a los nuevos colonos, ideas como el concepto de dejar que las mujeres votaran o la abolición de la esclavitud. Sus fuertes tradiciones cuáqueras y Brethren, junto con sus compañeros congregacionales y católicos, llevaron al gobierno de Michigan a convertirse en el primero del mundo de habla inglesa en abolir la pena capital, en 1846. Ese era su talante.

A principios del verano de 1837, Silas y Caroline anunciaron que iban a tener un bebé hacia finales de noviembre. La noticia causó gran alegría a su familia y amigos de Bradford, porque el bebé sería uno de los primeros no indios nacidos en la zona.

Silas preparó su cabaña para el primogénito. Esperaba que

hubiera cristal para las ventanas, pero este escaseaba y no había llegado nada desde Pontiac para que él lo usara. Así pues, para mantenerse al abrigo de los elementos, se construyó una contraventana de madera. No era hermética, el viento aullaba y encontraba su vía de paso entre las rendijas, pero se adaptaba a sus necesidades. No es que no supieran lo que era el invierno, siendo de Pensilvania y el condado de Nueva York.

El 30 de noviembre, Caroline se puso de parto. Como entonces Lapeer tenía médico, Silas decidió ir a buscarlo para que asistiera al alumbramiento. La madre y hermanas de Caroline se quedaron con ella hasta que Silas volviera con el doctor. Ya era tarde y viajar de noche podía ser difícil, pero Silas no quería correr riesgos con su primogénito, así que se puso en camino hacia Lapeer.

Unos indios que pasaron por allí se fijaron en que Silas estaba dejando a su mujer a punto de dar a luz. Los chippewa se habían interesado por el embarazo de Caroline y paraban con frecuencia para ofrecer mantas o hierbas o abalorios especiales que, explicaron, mantendrían alejados a los espíritus.

El parto iba más deprisa de lo que nadie había previsto y, con el sol bajando, los indios oían los gritos de Caroline. En cuestión de minutos, un grupo de ellos estaba ante su puerta.

—Por favor —dijo la hermana de Caroline, exasperada ante la posibilidad de tener que ser ella la única que asistiera el parto—. Todo está bien. No necesitamos ninguna ayuda.

—Lobos —dijo uno de los indios en su precario inglés—. Lobos.

—Sí, lobos. Ya sabemos que hay lobos en el bosque. Estamos bien.

—Lobos huelen sangre. Vienen aquí —dijo, señalando la ventana sin cristal—. Huelen sangre. No bien.

Entonces dijo algo a sus dos amigos y se fueron. En cuestión de minutos volvieron con mantas.

—Yo pongo mantas ahí para ti. Lobos no huelen.

Procedió a colgar mantas bien ajustadas en torno a la ventana y la puerta para que los lobos no captaran ningún rastro de sangre.

—Nosotros fuera —dijo al salir.

Los tres chippewa salieron y montaron guardia delante de la cabaña para asegurarse de que los lobos se mantenían alejados.

Al cabo de una hora, Silas regresó y vio a los indios en torno a un fuego que habían encendido fuera de la cabaña. Al verlos le preocupó que algo hubiera ido mal. Él y el doctor que lo acompañaba entraron corriendo en la cabaña, justo a tiempo para que naciera el niño. Lo llamaron Martin Pemberton Moore. Era el padre de mi abuela.

Caroline le explicó a Silas que los chippewa habían montado guardia en el exterior y que habían puesto mantas en ventana y puerta para que los lobos no atacaran.

Al día siguiente, Silas visitó al jefe y le dio las gracias a él y a los miembros de su tribu por proteger a su mujer y a su hijo recién nacido. El jefe dijo que era su deber proteger toda la vida de la zona. Le dio a Silas una talla de madera en honor del nacimiento de su hijo. Silas estaba agradecido y otra vez le dio las gracias al jefe y a sus hombres.

No todos los hombres blancos de la zona mantenían las mismas relaciones amistosas con los indios que Silas Moore. Algunos estaban muy asustados de ellos y no querían tener ninguna relación con las «bestias rojas». Otros hablaban entre dientes de lo mucho mejor que sería Elba sin ellos. Silas no escuchaba nada de eso, y le irritaba esa clase de comentarios. Esto, a su vez, provocó que algunos recelaran de Silas, y cuando se celebraron las primeras elecciones en Elba al año siguiente, Silas se encontró en el bando perdedor.

El otoño siguiente, los indios de la orilla oeste del lago Neppessing sufrieron el sarampión. Si había una amenaza contra la que los pueblos nativos tenían escasa defensa era contra las enfermedades que trajeron consigo los hombre blancos. Sarampión, paperas, varicela, gripe, tuberculosis, viruela... mataron tanto a blancos como a indios sin clemencia, pero en el siglo XIX los europeos ya habían desarrollado ciertas inmunidades, de manera que muchos podían resistir una gripe o un sarampión.

No ocurría lo mismo con los indios americanos. Como no habían pasado siglos desarrollando esa inmunidad, los indios enseguida caían cuando un virus se extendía en su tribu. Cuando los británicos, que no deseaban indios en la nueva tierra, vieron la facilidad con la que enfermaban estos, consideraron que no era una violación de su código moral poner mantas o agua usadas por contagiados con esas enfermedades para acabar con campamentos enteros de indios.

Cuando corrió la voz en Elba de que los chippewa tenían sarampión, los colonos inmediatamente establecieron una cuarentena y prohibieron que cualquier persona blanca tuviera contacto con los indios. Esto no le sentó bien a Silas.

Los indios enviaron mensajeros a la línea de cuarentena y rogaron ayuda. Su gente estaba muriendo. Necesitaban comida y medicinas. Los colonos blancos les dijeron que la gente de Elba no podía hacer nada salvo rezar por ellos.

Silas creía en la plegaria, pero no solo en la plegaria. Desobedeciendo el edicto, se adentró con su canoa hasta el centro del lago Neppessing. Una vez allí, saludó y gritó a los indios de la otra orilla. Los que estaban sanos salieron de sus cabañas y devolvieron el saludo. Él les hizo una seña para que vinieran a su encuentro en el lago. Dos de los chippewa, uno de los cuales era el jefe, subieron a una canoa y remaron para reunirse con Silas. Al aproximarse, él les hizo una seña para que no se acercaran más.

—He venido a ayudar —dijo, levantando la voz para que pudieran oírle—. He venido a ayudar. ¿Cuántos enfermos tenéis?

—Muchos —dijo el jefe—. Algunos muertos. El resto necesitamos víveres y provisiones.

—Veré qué puedo hacer. Reunámonos aquí mañana a esta hora.

Silas volvió a su orilla del lago y le contó a Caroline el apuro en el que se encontraban los indios.

—Voy a ver qué puedo reunir de los demás —dijo.

Silas fue a visitar a las familias de la zona de Elba para recoger comida y provisiones para dárselas a los indios. La mayoría contribuyeron, incluso aquellos que habían hablado mal de la tribu antes. Había quienes pensaban que Silas estaba corriendo un riesgo innecesario, y le advirtieron que si sospechaban que volvía con sarampión lo enviarían a vivir con los indios a la zona de cuarentena.

Al día siguiente, Silas remó hasta el centro del lago Neppessing. Detrás de él arrastraba otra canoa llena de comida y provisiones. El jefe y media docena de hombres ya estaban esperando en el lago.

—Dejaré esto aquí. Cogedlo todo.

Los indios remaron hacia allí y descargaron las provisiones en sus propias canoas.

—Dentro de dos días, traeré más comida. Nuestro médico también envía nuestra medicina. Será mejor que la probéis.

Dos días después, Silas metió todo lo que pudo en su canoa y volvió a reunirse con los chippewa, que habían llevado la canoa vacía otra vez al centro del lago. Cuando Silas llegó a la canoa vacía que se hallaba entre él y los indios, tuvo mucho cuidado de no tocarla para no entrar en contacto con la enfermedad.

Siguieron compartiendo esta canoa durante unas semanas. Los vecinos arrimaron el hombro en las tierras de Silas para que no se atrasara con sus cultivos, y la mayoría continuaron contribuyendo a sus esfuerzos de salvar a los indios. Pero nadie se unió a sus viajes a través del lago.

La mayoría de los chippewa se recuperaron y durante años no olvidaron la generosidad de Silas Moore. Cuando su hijo Martin estuvo en edad escolar, en lugar de enviarlo a la escuela de Elba (que estaba muy lejos), Silas lo envió a la escuela india que el condado había establecido cerca de su casa. En años posteriores, insistió en que Martin y sus otros cuatro hijos fueran a la escuela secundaria en Lapeer. Martin fue después a la universidad y volvió para abrir un comercio en Elba. Desem-

peñó muchos cargos electos en la comunidad —administrativo, tesorero, supervisor—, pero se decía que ninguno era más
importante para él que el puesto de «supervisor del pobre». Él
contó la historia de los indios y su padre Silas a su hija, Bess, y
ella se la contó a su hija, mi madre.

Y mi madre me la contó a mí.

Pietà

Me había perdido.

Había hecho una pausa tal vez demasiado larga para inspeccionar las estatuas en los pasillos de la Rotonda, representaciones en bronce y mármol de un extraño surtido de grandes y no tan grandes estadounidenses: Will Rogers, Daniel Webster, George Washington, Robert La Follette, Robert E. Lee, Jefferson Davis, Brigham Young, Andrew Jackson.

Y de pronto vi la estatua de Zachariah Chandler. No demasiado conocido fuera del estado de Michigan (ni tampoco allí), Chandler fue senador de Estados Unidos durante cuatro legislaturas a mediados del siglo XIX. Historiadores con simpatías por la Confederación le atribuyen el mérito de empezar la guerra de Secesión. El 11 de febrero de 1861, dos meses antes de que los rebeldes dispararan en Fort Sumter, Chandler pronunció un inflamado discurso en el Senado donde arrojó el guante y pidió «derramamiento de sangre» para purgar la nación de sus sentimientos proesclavistas. En otras palabras, una vez que matáramos a unos cuantos de esos propietarios de esclavos, el resto recibiría el mensaje de que la esclavitud había terminado. El sur lo tomó como una declaración no oficial de guerra y continuaron preparándose para el derramamiento de sangre que ellos iniciarían.

A Chandler también se le considera uno de los fundadores del Partido Republicano. El 6 de julio de 1854, encabezó la primera iniciativa de la nación para formar un partido antiesclavista de escala estatal. Llamó a los abolicionistas a reunirse bajo un roble gigante en Jackson, Michigan, y seis cortos años después vieron al candidato republicano, Abraham Lincoln, llegar a la Casa Blanca.

A los once años yo estaba fascinado con la historia y la política. De eso, lo mismo que de las demasiado tempranas lecciones de lectura, hay que culpar a mi madre. Su padre (mi abuelo) fue un dirigente del Partido Republicano en nuestra población de Davison durante la primera mitad del siglo XX. Siendo inmigrante de Canadá, el doctor William J. Wall aportó cierto sentido común canadiense y un interés entusiasta por los «tejemanejes» de la política. También creía que los libros y la música eran compañeros necesarios en la búsqueda de la felicidad.

Will, nacido y educado en una granja situada entre Sarnia y London, Ontario, tenía diez hermanos. Al llegar a la edad adulta, consiguió su propia pequeña granja junto a la de su hermano Chris, y juntos cultivaban la tierra durante el día y tocaban el violín irlandés por la noche. Los hermanos Wall y sus violines pronto estuvieron muy solicitados en los bailes y juergas locales. Se juntaban para tocar el violín incluso durante la pausa del mediodía de su trabajo en el campo.

Al cabo de un tiempo, le pidieron a Will, que estaba bien considerado entre la gente del pueblo, que enseñara en la escuela de una única aula durante los meses de invierno. Aceptó la oferta y pronto le gustó tanto la enseñanza que cedió la granja a su hermano.

Al cabo de unos años de dar clases, Will decidió que quería ser médico. La facultad de medicina más cercana se encontraba al otro lado del río St. Clair, en el estado de Michigan. En 1898, la carrera de medicina duraba un año, porque no se necesitaba más tiempo para enseñar todo lo que se sabía entonces para curar al ser humano. Después de terminar la facultad de medicina en Saginaw, Will viajó «haciendo dedo» por

Michigan y apareció en un pueblo llamado Elba, a unos veinte kilómetros de Flint. Le gustaba la gente de Michigan y le gustaban los estadounidenses, y aunque seguía orgulloso de sus raíces canadienses, veía Estados Unidos como un lugar lleno de gente con curiosidad, inventiva e ideas progresistas. Decidió establecerse en Elba.

En septiembre de 1901, el doctor Wall viajó otra vez a Ontario para visitar a su familia y, en el último minuto, decidió tomar el tren a Buffalo para ver la muy esperada Exposición Panamericana. Esta exposición, con su Ciudad de la Luz, era la comidilla de la nación, porque sería una de las primeras veces en que una zona tan grande se iluminaría con luz eléctrica. Hubo fascinantes exposiciones en las que se exhibió la primera máquina de rayos X y numerosos inventos más del cambio de siglo, que asombraron y entusiasmaron al público. Incluso había un trayecto que simulaba el Primer Viaje a la Luna.

La exposición también proporcionó al doctor Wall la ocasión de ver a un presidente de Estados Unidos. Y fue allí, a las cuatro de la tarde del 6 de septiembre de 1901, mientras mi abuelo Wall esperaba vislumbrar al presidente William McKinley, donde sonó un disparo en el Templo de la Música. Leon Czolgosz, un anarquista de Detroit (nacido en Alpena, Michigan), disparó dos tiros en las costillas y el abdomen del presidente McKinley. El guardaespaldas de McKinley reconocería después (en un temprano y trágico caso de prejuicio racial) que se había distraído al vigilar al hombretón negro que estaba de pie detrás de Czolgosz. Fue ese hombretón negro, James Parker, quien en realidad tiró al suelo a Czolgosz e impidió que este siguiera disparando.

Mi abuelo, puesto que era médico, trató de abrirse paso entre la multitud que había bajado al Templo de la Música desde los terrenos de la exposición cuando sonaron los disparos. Al cabo de unos minutos llegó una ambulancia, y aunque Will anunció que era médico y podía ayudar, ya habían metido al presidente en la ambulancia y lo estaban llevando al hospital provisional que formaba parte de la exposición. Pese a que había luces eléctricas en toda la exposición, nadie había pensado en poner ninguna en la sala de urgencias del hospital improvisado. Los cirujanos tuvieron que operar al presidente pidiendo que las enfermeras colocaran bandejas de metal orientadas a las ventanas para que reflejaran suficiente luz sobre las heridas. Los médicos, incapaces de encontrar una de las balas, decidieron volver a coser a McKinley.

De manera notoria, como suele ser el caso después de una operación, William McKinley se recuperó con rapidez y se mostró animado. Lo trasladaron a la casa del presidente de la exposición para que pudiera recuperarse. Sin embargo, al cabo de seis días, McKinley murió por gangrena y acumulación de fluido. A pesar de que la exposición anunciaba nuevos inventos como la aspiradora eléctrica, el telégrafo sin hilos, el kétchup embotellado y la máquina de rayos X, no se sabía mucho de la infección ni de cómo impedir que esta se extendiera.

El doctor Wall regresó a Michigan. La violencia de la que había sido testigo (ningún primer ministro canadiense había sido asesinado; ese era el tercer asesinato de un presidente estadounidense en treinta y seis años) no lo disuadió de convertirse en ciudadano estadounidense. Como McKinley, también se hizo republicano. Conoció a su mujer, mi abuela, cuando paró en la tienda del padre de esta para preguntar sobre algún local en alquiler donde establecer su consultorio. Martin Moore estuvo más que encantado, porque Elba necesitaba un médico. Invitó a Will a cenar en su casa y, al entrar, este vio a la hija de Martin, Bess, tocando el piano. Preguntó si podía tocar con ella si traía el violín. Ella dijo que sí. Al cabo de un par de años los dos se casaron y se trasladaron a la vecina Davison.

Las paredes de su casa estaban llenas de libros en lugar de papel pintado. Ni siquiera estoy seguro de que hubiera paredes. Había un piano en el salón, y la consulta del doctor Will se encontraba en la parte de atrás de la casa y contaba con una entrada separada. En la década de 1920, había una gran radio en el suelo de la sala de estar, y fue allí donde los Wall escuchaban la música de Caruso y Rudy Vallee, programas de noticias y partidos de béisbol y *El llanero solitario*. Como no había imágenes tenían que figurárselas. Al doctor Wall le encantaba imaginar las calles de Nueva York, la guarida del Avispón Verde o los desfiladeros por donde cabalgaban el Llanero Solitario y Tonto. Enfrente de la casa de los Wall estaba el cine local, donde la película principal cambiaba dos o tres veces por semana. El doctor del pueblo se aseguraba de no perderse nunca ninguna, y siempre se quedaba allí sentado esperando que los recién nacidos fueran tan amables de tomarse su tiempo hasta que terminaran los títulos de crédito.

Mi abuelo disfrutaba estando en el meollo de la política, y los republicanos locales se reunían en su casa para planear sus campañas. A su hija menor, mi madre, Veronica, se le metió el gusanillo de la política y nunca la abandonó. Y por consiguiente, fue en nuestro garaje, en el otoño de 1960, donde yo, entonces un niño de primer curso, oí a mi madre y a mi padre discutiendo por primera vez.

—El presidente Eisenhower —dijo mi madre al entregarle a mi padre una caja de ropa vieja para que la guardara en el altillo— ganó la guerra, y a pesar de que no hace campaña por él, apoya a Nixon. ¿Qué más necesitas?

—Sí —respondió mi padre—, me gusta Ike. Pero Kennedy... ¡nuestro primer presidente católico!

Con eso bastaba para mí, pero no para mi madre.

—Es demasiado joven, no tiene experiencia... ¡y es demócrata!

—¡Eso es un plus! Los Moore hemos votado a los demócratas desde Roosevelt.

—Oh, bah.

¿Bah? Sí, decía mucho, bah. Y frigorífico (nunca nevera). Y baúl en lugar de maleta. La Biblia del estante, del lado materno de su familia, era de la década de 1840. El volumen de las obras completas de Shakespeare también era de 1800, de su padre. El lenguaje y modales de mi madre también eran del siglo XIX. Y estaba claro que su imagen del Partido Republicano estaba alojada en algún lugar perdido en el tiempo. Mi padre siempre se sintió orgulloso de recordar a su mujer qué partido estaba en el gobierno cuando la nación se hundió en la Gran Depresión. Mi madre desdeñaba esas minucias porque eran irrelevantes para ella. Su padre, siendo el médico del pueblo, cobró durante la Depresión en pollos, huevos y leche, por no mencionar una máquina de coser usada aquí o un cambio de aceite allá. Mi padre, en cambio, tenía recuerdos de tiempos mucho más difíciles, y si había algo de lo que estaba seguro era de que sería demócrata hasta el día que muriera.

Y así, durante septiembre y octubre de 1960, escuché estas disputas matrimoniales durante la gran campaña presidencial de Nixon contra Kennedy. Mis hermanas y yo apoyábamos a papá (mi hermana menor solo tenía tres años y medio, así que se limitaba a asentir cuando yo se lo decía). Me sentía mal por mamá, pues no solo se enfrentaba a nosotros cuatro, sino también a Dios, porque la Iglesia católica era la única Iglesia verdadera. Las monjas y los curas apenas podían contener su entusiasmo ante el hecho de que 170 años de intolerancia anticatólica estuvieran a punto de concluir. Decíamos cada día nuestras oraciones, rezábamos rosarios y novenas y hacíamos todo lo que podíamos para implorar al Todopoderoso que pusiera al católico en la Casa Blanca. Al final, el valor de la plegaria católica se reveló muy poderoso y Kennedy, «milagrosamente», alcanzó la presidencia. Pasarían otros veinte años antes de que mi madre diera por fin la espalda a los republicanos. «Mi padre no reconocería a estos republicanos», dijo (y por eso he de darle las gracias a Ronald Reagan).

El amor de mi madre por este país, su gobierno y sus instituciones políticas siempre fue evidente. Veía como parte de su responsabilidad materna enseñarnos los valores de una república democrática, sobre todo de esta: los Estados Unidos de América.

Cuando terminé quinto en el verano de 1965, mi madre nos metió a mis hermanas y a mí en nuestro Buick y nos llevó a la capital de nuestra nación en nuestras vacaciones de verano. Mientras los otros chicos del barrio iban «al norte» o a un campamento de *scouts* o de recreo, a nosotros nos obligaron a ver los documentos originales de los Padres Fundadores, la primera bandera cosida por Betsy Ross, el avión en el que Charles Lindbergh cruzó el Atlántico. Hicimos la visita del FBI en el Departamento de Justicia, nos fotografiamos delante de la estatua de Iwo Jima y nos arrodillamos en Arlington para rezar ante la tumba de nuestro presidente católico asesinado. Recorrimos la avenida Pennsylvania de punta a punta, subimos los 896 escalones hasta el monumento a Washington y visitamos a nuestros congresistas para darles la mano y hacerles saber que un día seríamos votantes.

Y fue mientras estaba allí, dentro del edificio del Capitolio, cuando me encontré separado de mi madre y hermanas y de nuestra prima Patricia. Íbamos de camino a sentarnos en la galería del Senado donde tenía que debatirse una ley que proporcionaría sanidad gratuita a todas las personas del país mayores de sesenta y cinco años. Pero yo me distraje con las estatuas y hablando de la vida de Zachariah Chandler a quien quisiera escucharme.

Al final caí en la cuenta de que estaba solo. Mi madre y hermanas no estaban a la vista. Empecé a sentir pánico. ¿Adónde habían ido? ¿Por qué me habían dejado ahí? Puede que me considerara un chico listo, pero no tenía ni idea de dónde estaba, dónde estaban ellas ni cómo encontrarlas. A los once años, la rotonda del Capitolio me parecía un planeta o, peor, un vórtice de mármol blanco gigante que giraba enfurecido y lo absorbía todo. Traté de calmar mi respiración y empecé a caminar deprisa en cualquier dirección que me parecía la salida.

No sé bien cómo, terminé en el lado del Senado del edificio y bajé por una escalera buscando frenéticamente cualquier señal de mi familia. Al darme cuenta de que no iba a llegar a ninguna parte, entré corriendo en un ascensor cuando ya se estaban cerrando las puertas.

Dentro del ascensor, empecé a llorar. Había un único hombre en el rincón, apoyado contra la barandilla, con la cara cubierta por el periódico que estaba leyendo. Me oyó sollozar y bajó el periódico para ver el origen del alboroto.

Como me habían educado bien en todas las cuestiones políticas y católicas, reconocí a ese hombre al instante. Era el senador más reciente de Nueva York, Robert Francis Kennedy.

—¿Qué te pasa, jovencito? —dijo en una voz que me tranquilizó lo suficiente para contener las lágrimas. Al fin y al cabo, nadie me había llamado jovencito antes.

—He perdido a mi madre —dije con timidez.

—Vaya, eso no puede ser bueno. Vamos a ver si podemos encontrarla.

—Gracias —dije.

—¿De dónde eres?

—De Michigan, de al lado de Flint.

—Ah, sí. A mi hermano le gustaba ese desfile del Día del Trabajo. Un gran desfile.

Las puertas del ascensor se abrieron, me puso un brazo en el hombro y me acompañó hasta el agente de policía más cercano al Capitolio.

—Parece que este jovencito de Michigan... —Se volvió hacia mí—. ¿Cómo te llamas, hijo?

—Michael. Moore.

—Michael ha perdido a su madre, y quizá podemos ayudarle.

—Sí, señor senador. Nos ocuparemos de esto. —El agente le dijo al senador que se ocuparía del asunto a partir de ese momento para que el senador pudiera continuar con el resto de sus obligaciones, mucho más importantes.

—Bueno, me quedaré un par de minutos para asegurarme de que está bien.

Yo estaba pensando lo estúpido que tenía que ser para perderme, y encima estaba interrumpiendo a Bobby Kennedy y el trabajo del Senado de Estados Unidos para que todo el mundo pudiera buscar a mi mamá. Sí, diantre, estaba avergonzado.

—¿Qué edad tienes, Mike? ¿Puedo llamarte Mike? —preguntó Kennedy.

—Tengo once. Es la primera vez que vengo al Capitolio —contesté, esperando parecer un poco menos idiota.

—Bueno, ya has subido en el ascensor del Senado. ¡Eso casi te convierte en senador! —El irlandés que había en él ya se había instalado, y destelló esa sonrisa de Kennedy.

Yo también sonreí.

—Eh, nunca se sabe —dije, y enseguida quise retirar ese comentario de listillo.

—Bueno, ya tenemos dos buenos demócratas de Michigan, los senadores McNamara y...

—... Hart —salté como si se tratara de un concurso.

—Conoces a tus senadores. ¡Fantástico! Y prometedor —añadió haciendo un guiño al agente.

—Tenemos a su madre —chirrió una voz desde la radio que sostenía el policía—. Quédate ahí. Ya viene.

—Bueno, parece que todo ha salido bien —proclamó el senador de Nueva York—. Buena suerte, jovencito, y nunca pierdas de vista a tu madre.

Y dicho eso se marchó, antes de que tuviera la oportunidad de darle las gracias o recitarle mis pasajes favoritos del discurso de investidura de su hermano.

En cuestión de minutos, llegaron mi madre, hermanas y prima y, después de una mirada severa y una o dos palabras, salimos para sentarnos en la galería del Senado y escuchar a noventa y ocho hombres y dos mujeres debatiendo la aprobación de una nueva ley que pagaría las facturas médicas de todos los ciudadanos mayores de sesenta y cinco años, una idea radical, sin duda alguna. Lo llamaron Medicare, y la idea pareció gustarle a la hija del doctor presente en la galería. A la mayoría de los senadores también les gustaba la ley, aunque había algunos que dijeron que era el primer paso hacia algo llamado «socialismo». Mis hermanas y yo no teníamos ni idea de qué era eso; solo sabíamos que era una palabra fea.

—Esta ley también ayudará a la gente pobre —añadió nuestra madre, y aunque nosotros no lo fuéramos, por los principios de la Iglesia se consideraba bueno, pese a que entrara en conflicto con los principios del Partido Republicano de mamá.

La ley se aprobó, y un senador proclamó que los jubilados nunca tendrían que volver a preocuparse por arruinarse pagando facturas médicas.

Cuando volvimos unos días después para sentarnos en la galería del Congreso, se discutía una nueva ley: la ley de Derecho al Voto de 1965. De ver las noticias de la tarde y porque me habían enseñado a leer el diario, sabía que a la «gente de color» la trataban injustamente e incluso la mataban. Unos meses antes, en marzo de 1965, un ama de casa blanca de Detroit, Viola Liuzzo, ofendida por lo que había estado viendo en televisión en relación con el salvaje trato a los negros, tomó una decisión visceral y se dirigió a Selma, Alabama, para marchar con el reverendo Martin Luther King. Yo sabía que King era el hombre negro que estaba al frente del movimiento por los derechos civiles, y en la ciudad donde yo vivía su nombre rara vez se mencionaba, y cuando se hacía, normalmente llevaba anexas otras palabras desagradables.

La señora Liuzzo, madre de cinco hijos, fue brutalmente asesinada por el Ku Klux Klan cuando trabajaba de voluntaria llevando y trayendo manifestantes a Selma. El suceso causó una honda impresión a la mayoría de la población de Michigan y oí que se discutía sobre eso en la barbería. Jesse el barbero informó a quienes se cortaban el cabello ese día que la habían encontrado con un «negro» en el coche, una mujer casada que no iba a hacer «nada bueno metiendo las narices donde no debe». La barbería de Jesse era el lugar donde acudías en busca de información en Davison, y el local siempre estaba lleno. Jesse era un hombre de baja estatura y pelo corto, y siempre llevaba un par de tijeras y una larga navaja en la mano. Esto era problemático porque llevaba gafas de culo de botella, como las que usan aquellos que la ley considera ciegos, y yo me asustaba al sentarme en su silla mientras él recibía a la corte y usaba instrumentos afilados para hacer diversos signos de puntuación en el aire.

Durante muchas noches después del asesinato de la señora Liuzzo no pude dormir, y cuando lo hacía, soñaba con que encontraba a mi madre muerta en el coche en una carretera de Alabama. Se lo conté a mis padres y ellos me propusieron que dejara de leer las noticias durante una temporada, pero seguí sintonizando a Walter Cronkite todas las noches.

Fue desconcertante para mí y mis hermanas, sentados en la galería del Congreso, escuchar a hombres que hablaban de que determinar quién tenía que votar «no es asunto del gobierno federal».

—¿Por qué no quieren que vote la gente? —le pregunté a mi madre.

—Alguna gente no quiere que alguna gente vote —me dijo, tratando de protegerme del hecho de que incluso senadores de Estados Unidos podían pensar como los hombres que habían matado a Viola Liuzzo.

Al día siguiente hicimos un largo y abrasador viaje en coche a Monticello, el hogar de Thomas Jefferson. Este lugar histórico, situado a unas dos horas al suroeste de Washington, en lo más profundo del estado de Virginia, nos llevó a las estribaciones del «sur real», como lo llamaba mi madre. La visita a Monticello fue poco memorable, salvo por los umbrales demasiado bajos que indicaban que la gente de doscientos años atrás no era tan alta, y por la flagrante omisión de cualquier mención de los esclavos de Jefferson.

En el camino de regreso a Washington paramos a poner gasolina y para ir al lavabo. Yo rodeé con mi madre la parte de atrás de la gasolinera, donde había dos puertas. En la una ponía BLANCOS y en la otra DE COLOR (aunque parecía que alguien había intentado borrar el cartel de la segunda puerta, sin éxito). Yo me quedé mirando esos carteles, y aunque sabía lo que significaban, quise oír la explicación de mi madre.

—¿Qué es esto? —pregunté.

Ella miró los carteles y se quedó un momento en silencio.

—Ya sabes lo que es —dijo cortante—. Entra, haz lo que tengas que hacer y sal.

Yo me metí en el aseo para los «de color» y ella en el de los «blancos». Cuando salimos, me condujo otra vez al coche.

—Entra ahí y quédate con tus hermanas.

Entonces se dirigió a la gasolinera con la clase de andares que los niños sabíamos que significaba que rodarían cabezas. Nos asomamos por las ventanillas con la esperanza de escuchar lo que le decía al hombre del mostrador, pero solo podíamos ver la expresión de labios apretados en la cara de mi madre y los contados movimientos que hacía con el dedo índice. El hombre también hizo unos pocos gestos, incluido un encogimiento de hombros. Mi madre volvió a encaminarse hacia el coche y entró sin decir nada.

—¿Qué has estado haciendo? —pregunté.

—Ocúpate de tus asuntos —dijo ella, cortándome—. Y cierra la puerta con el seguro. (Sería la única vez en mi vida que oiría esa petición cuando solo había gente blanca alrededor.) Nunca supimos lo que le dijo al hombre, o lo que él le dijo a ella, y años después me gustaba pensar que le había explicado su opinión respecto al hecho de que sus hijos tuvieran que ser testigos de semejante inmoralidad en el país que ella tanto amaba. Puede que él le dijera que todavía no habían tenido tiempo de cambiarlo (la Ley de Derechos Civiles que prohibía tales cosas se había aprobado doce meses antes) o quizá le dijo que quitara su culo pronegro de ahí. O tal vez mi madre solo se estaba quejando de que en el lavabo de mujeres no quedaba papel higiénico. Siempre quise preguntarlo, pero nunca lo hice. Ella no era Viola Liuzzo, y supongo que yo estaba agradecido de eso, porque me gustaba que mi madre estuviera viva.

El viaje a Washington para aprender cómo funcionaba nuestro gobierno estaba terminando, pero nuestra madre había programado una «segunda parte» de nuestras vacaciones de verano: íbamos a ir a Nueva York y a la Feria Mundial. Cuando ella tenía dieciocho años, sus padres la llevaron a la Feria Mundial de 1939 en Nueva York, y fue allí donde vio por primera vez inventos como la televisión y atisbó el «mundo del mañana». Ahora tendríamos un atisbo de nuestro futuro en esta nueva feria. Cinco horas después llegamos a la casa de nuestra tía en Staten Island.

La Feria Mundial de Nueva York de 1964-1965 era una experiencia desconcertante. Situada en 260 hectáreas en el barrio de Queens, la feria albergaba más de 140 pabellones y exposiciones de todo el mundo. La mayor parte, para nuestros ojos infantiles, era una mirada apasionante a lo que pensaban los adultos de esa época que sería el mundo del siglo XXI. El pabellón de IBM nos presentó lo que los ordenadores podrían hacer por nosotros y, aunque nunca se propuso que algún día poseeríamos nuestros propios ordenadores, alimentó la imaginación y creó una excitación sobre el mundo audaz del siguiente milenio.

En el pabellón de Pepsi vimos un espectáculo muy entretenido llamado «Es un mundo pequeño», precursor de la moda del «We Are the World» de la década de 1980; aunque Pepsi estaba menos preocupada por la desnutrición en África que por superar a Coca-Cola.

No había nada que rivalizara con el enorme edificio patrocinado por General Motors en la feria. Lo llamaron Futurama, y puesto que todos éramos del mismo lugar que la empresa, nos enorgullecimos mucho de entrar. Nos sentamos y de repente las sillas empezaron a moverse. Nos llevaron a un viaje a través del futuro: coches voladores, ciudades bajo los océanos, colonias en la Luna y gente feliz por todas partes. Era un mundo de paz, donde todos tenían un buen trabajo y no había pobreza ni contaminación ni nada que pudiera inquietarnos. Eso estaba bien. Volvimos a entrar, y esta vez tomé notas. General Motors estaba haciendo una promesa muy generosa, y yo quería poder contárselo a los chicos cuando volviera al barrio.

Muchos estados y países también instalaron sus propios pabellones. El estado de Nueva York montó tres torres desde las cuales se divisaba la zona de los tres estados. La más alta tenía un enorme vestíbulo con un mapa de Nueva York de un millón de dólares extendido sobre baldosas exóticas (y una estrella sobre la situación de cada gasolinera Texaco del estado). En lo alto de la torre había un restaurante que giraba. El nuevo estado de Alaska organizó una exposición, lo mismo que Wisconsin (¡degustación de queso gratis!), y británicos, franceses, canadienses y decenas de otros países estaban bien representados.

Pero las colas más largas estaban reservadas al pabellón de Ciudad del Vaticano, porque era en el interior de ese edificio donde se encontraba una obra de arte de la basílica de San Pedro que el Papa había enviado al extranjero por primera vez. Y no era una obra de arte cualquiera, sino una de las esculturas más famosas de la historia de la humanidad: la *Pietà* de Miguel Ángel.

La *Pietà* mostraba a la Santa Virgen María, la madre de Jesús, sosteniendo el cuerpo de su hijo muerto después de que lo bajaran de la cruz. Medía aproximadamente un metro ochenta de alto y otro tanto de largo, y era solo la tercera escultura de un joven y en cierto modo desconocido Miguel Ángel, de veinticuatro años, natural de Florencia, Italia.

Para ver la *Pietà* tenías que hacer una larga cola y, una vez dentro, te ponían en una cinta móvil mediante la cual podías ver la obra a dos kilómetros por hora. No se permitían fotografías y se esperaba en todo momento silencio y reverencia.

Al pasar junto a la *Pietà* me quedé petrificado de asombro. Nunca había visto nada semejante. De repente, todas las exposiciones que mostraban el futuro se convirtieron en un recuerdo distante, porque esa pieza de mármol de hacía cuatrocientos años me dejó anonadado. El pasillo rodante avanzaba demasiado deprisa para mí, y al pasar estiré el cuello hacia atrás todo lo que pude, hasta que la cinta me depositó en el exterior de la sala.

—¡Quiero volver a entrar! —le dije a mi madre.

—¿En serio? Hum, está bien. Niñas, volvamos a la cola.

Volvimos a ponernos en la cola, y al cabo de una hora estábamos otra vez en el pasillo rodante.

Esta vez observé como a cámara lenta y me empapé de cada centímetro de la *Pietà*. Allí estaba María sosteniendo a su hijo —su amado hijo—, pero ¡no estaba triste! Su rostro era joven y suave y su expresión... contenta. ¿Qué podría ser peor en la vida de alguien que perder a un hijo? ¿Y que ocurriera de una manera tan violenta y bárbara, y encima tú, la madre, eras obligada a observar toda esa experiencia escalofriante? Y aun así no había ninguna señal de violencia en la *Pietà*, solo una madre mirando a su hijo mientras este dormía en sus brazos. Y así aparecía Jesús: serenamente dormido en sus brazos. No había sangre de las espinas de la corona, ni herida en su costado de la lanza del romano. Era como si pudiera despertarse en cualquier momento, y ella lo sabía. Allí había muerte, pero también había vida.

No podía ir más allá de eso —o sea, ¡tenía once años!—, pero era una sensación profunda y la cabeza me daba vueltas, y ¡quería verla otra vez!

—No, hemos de seguir adelante —respondió mi madre a mis ruegos.

Mis hermanas también la tomaron conmigo, porque querían volver a partes más divertidas de la feria.

—Pero quiero hacer una foto. Hemos de enseñársela a papá.

Eso venció la disputa: algo para papá, que estaba en casa, agotándose en la fábrica. Y por fortuna, mamá no había visto los carteles que prohibían hacer fotos. Así que volvimos a entrar por tercera vez, mi madre con la película casera Bell & Howell de 8 milímetros y yo con la Kodak Brownie en la mano.

En el tercer paso (donde nos reprendieron por las cámaras, y esto molestó a mi madre, a la que no le gustaba que nadie le dijera lo que tenía que hacer), yo me concentré por completo en el rostro de la madre María. En un momento me volví para mirar la cara de mi madre y decidí que el parecido era lo bastante significativo para garantizar que la tratara mejor en las siguientes semanas.

Antes de salir del pabellón de Ciudad del Vaticano, me acerqué a un grupo de monseñores con sotana que estaban al lado de la Guardia Suiza. Había dos preguntas que quería hacer. Un sacerdote de aspecto amable con acento irlandés y nariz tan roja como la del reno Rodolfo me ofreció su ayuda.

—Había algo escrito en la ropa de María —pregunté inocentemente—. ¿Sabe lo que dice?

—Dice *Michaela[n]gelus bonarotus florent[inus] faciebat*; lo ha hecho Miguel Ángel Buonarroti de Florencia. Lo grabó allí porque, cuando esperaba a que se desvelara la escultura, oyó que gente del público daba el mérito a otro famoso escultor de la época diciendo: «Tal y tal tiene que haberlo hecho.» Miguel Ángel se disgustó, así que esa noche entró en la basílica de San Pedro y grabó la inscripción en la túnica de María. Pero, cuando volvió al día siguiente, se avergonzó por haber manchado su propia obra de arte por su orgullo y vanidad. En ese momento, como muestra de arrepentimiento, juró no volver a firmar ninguna otra escultura suya. Y nunca más lo hizo.

Yo me tomé un momento para comprenderlo, y me pareció una lección buena, digna de aprender.

Mi otra pregunta era más sencilla.

—¿Qué significa *Pietà*?

—Es italiano —dijo el sacerdote.

—Significa «piedad».

—Quiero ver dónde estaban las torres —dijo ella, y no se dejó convencer de lo contrario.

Yo no quería llevar a mi madre al bajo Manhattan. No quería que ese fuera el último recuerdo de la ciudad que amaba, una ciudad que formaba parte de ella y de su imaginación y recuerdo y constituía para ella una fuente de alegría permanente cada vez que pisaba esta isla. Ese lugar mágico estaba todavía humeante, pues los fuegos subterráneos continuaban ardiendo diez semanas después del atentado. Todavía se sentía el olor a muerte, y el progreso de peinar 220 plantas de acero retorcido y hormigón pulverizado en busca de los fallecidos era minuciosamente lento.

—Quiero verlo.

Días antes, había ido al aeropuerto de LaGuardia en nuestro Volkswagen Escarabajo para recoger a mis padres, que habían venido a pasar con nosotros el fin de semana de Acción de Gracias. De pie detrás de la recién hermetizada zona de seguridad del aeropuerto vi que los dos se acercaban por el pasillo de la terminal de Northwest Airlines. Mi madre no se encontraba bien, y su salud se deterioraba con cada mes que pasaba. Sin embargo, allí estaba, caminando tres pasos por delante de mi padre como si fuera veinte años más joven que él, con la clase de cadencia que solo Nueva York podía darle. También me localizó antes, mucho antes, que mi padre y empezó a saludarme con entusiasmo. Yo le devolví el saludo.

El «bajón» que había dado en casa no era evidente una vez que estuvo firmemente plantada en Manhattan. Ya no tendría que tomar el transbordador y el bus para llegar a la ciudad desde la casa de su hermana en Staten Island, ahora estaba como una reina en nuestro apartamento del West Side. Al entrar en nuestro edificio, mi padre comentó que vivía a todo tren. Iba más allá que nada que él pudiera haber imaginado en la planta de la fábrica de AC Spark Plug, y mientras disfrutaba de los placeres y la vista de la ciudad, mantuvo el escepticismo apropiado de un hombre de su posición.

La noche anterior al día de Acción de Gracias, mi mujer y yo los llevamos a la esquina de la 80 Oeste y la Primera y por Central Park West para que pudieran ver cómo inflaban los globos para el gran desfile que organizaban los almacenes Macy para la festividad. Hacía frío y los abrigamos lo mejor posible, y durante un rato disfrutaron de estar con miles de neoyorquinos que se maravillaban del Snoopy desinflado y del Bart Simpson a medio inflar y tendido en el suelo (aunque no tenían ni idea de quién era este último). Era un atisbo desde detrás del telón, uno de los muchos que habían disfrutado, debido a mi «vida después de Flint»: un viaje al festival de cine de Cannes con un ascenso por la escalera del Palais, un asiento en la gala de los premios Emmy al lado de Sid Caesar la noche que ganamos, una oportunidad de que gente como Rob Reiner les dijera que «la película de su hijo tiene el impacto de *La cabaña del tío Tom*»; eso solo ya merecía la pena si eras un padre, y resultaba ligeramente embarazoso si eras el hijo.

Pero ahora mi madre quería ver la Zona Cero, el lugar de la reciente masacre de 2.752 personas. Yo accedí y, pensando que el día de Acción de Gracias habría menos gente reunida allí, los metí en el Escarabajo y nos dirigimos por la autopista del West Side.

A mediados de noviembre de 2001, las autoridades habían abierto al tráfico más calles de Tribeca, y se podía llegar en coche hasta el perímetro de la antigua ubicación del World Trade Center. El lugar era la zona catastrófica que había sido durante los pasados dos meses, y aún se divisaba el humo que se elevaba de las ruinas.

Yo frené para que pudieran verlo mejor. Miré a mi madre, que estaba sentada a mi lado en el asiento delantero. Había lágrimas en sus ojos, y tendría que remontarme a la muerte de su hermana para recordar una expresión similar de tristeza en su rostro. Era como si sus músculos faciales hubieran perdido la fuerza. Bajó la mirada y luego la apartó, y después contempló de nuevo la destrucción. No era el Nueva York de Ed Sullivan o el Rainbow Room ni el de *Recuerdos de Broadway*.

Era el futuro no prometido, su mundo del mañana, y yo lamentaba que lo viera.

—Mike. ¡Mike!

Estaba sentado en el salón de nuestra casa del norte de Michigan, planeando a qué película iba a llevar a la familia en la siguiente media hora. La duda era entre *Men in Black II* o *Clan Ya-ya*. Era el fin de semana del Cuatro de Julio de 2002, y mi hermana Veronica había volado desde California con sus hijos para estar con mi esposa e hija y con nuestros padres. Era sábado, a media tarde, y habíamos pasado el día en el lago, llevando a los niños en neumáticos y dando una vuelta a mamá y papá en la barca. Mi madre se aferró a su sombrero, se rio y me riñó para que frenara cuando los niños del neumático gritaban que querían ir más deprisa.

Después, antes de cenar, me senté con mi madre en las sillas de exterior, en lo alto de la pequeña colina con vistas al lago. Ella se subió los pantalones para que le diera un poco el sol en las piernas y cerró los ojos: se notaba que se sentía bien.

Hacía tres semanas que había dejado el trabajo para ir a Davison y quedarme con ellos. Los llevé a una cena de aniversario de boda, e hicimos visitas en coche a todos los lugares favoritos de sus años de juventud en la zona de Flint. Visitamos las tumbas de todos nuestros antepasados, algunas de cuyas fechas de nacimiento se remontaban a finales del siglo XVIII. Plantamos flores, visitamos el servicio legal gratuito ofrecido por United Auto Workers (querían actualizar sus testamentos) y fuimos al partido de béisbol de los Tigers en Detroit. Fueron, sin lugar a dudas, tres de las mejores semanas que pasé con ellos. Aunque mi madre estaba perdiendo energía, participó en todo. Sin embargo, me fijé en que cada vez pasaba más tiempo en el cuarto de baño. Mi padre se quejaba por ello, y yo coincidí en que deberíamos llevarla al médico para hacerle un chequeo.

—Mike. ¡Mike! —Era la voz de mi madre, pero no procedía del interior de la casa donde estábamos el resto. Procedía de la terraza trasera. Salí a ver qué necesitaba.

Cuando salí, estaba claro que ella estaba muy, muy enferma.

—He de ir al baño...

En ese momento vomitó, y lo que vomitó era un líquido negro. Para entonces mi padre ya había salido a ver qué pasaba, y entre él y yo la ayudamos a levantarse y la llevamos dentro. Mi mujer llamó al hospital local para ver qué proponían.

—Pepto Bismol —dijo mi mujer, transmitiendo el mensaje.

No parecía un problema para un líquido rosa. Mi madre continuó vomitando.

—Creo que deberíamos llevarla al hospital —dije. No quería llamar a una ambulancia porque tardaría mucho (la más cercana estaba al menos a doce kilómetros).

La acompañamos muy despacio hasta el Ford de papá, y mi mujer y mi hermana la acomodaron en el asiento de atrás. Yo me puse al volante y me dirigí por el largo sendero hasta la carretera. Vivíamos en medio de ninguna parte (en 2002, nuestra calle todavía no estaba conectada a la televisión por cable).

Al llegar al final del sendero, tenía que tomar una decisión: ¿la llevaba al hospital más cercano o la llevaba al mejor hospital? El hospital más cercano estaba en una pequeña ciudad situada treinta y cinco kilómetros al norte. El mejor hospital, el mejor del norte de Michigan, estaba en dirección opuesta, a setenta kilómetros, el doble de recorrido. Así que ese era el dilema. Tu madre está gravemente enferma, no sabes por qué, pero no tiene buena pinta. ¿La llevas a que le proporcionen una ayuda inmediata o, si está mucho peor de lo que crees, conduces una larga distancia para terminar con un mejor grupo de médicos e instalaciones?

¿Qué harías? La llevarías al hospital más cercano, ¿verdad? ¿Verdad? Es lo que hice. La llevé al hospital más cercano.

Llegué allí en un tiempo récord —en menos de veinte minutos—, hicimos el ingreso, les explicamos la situación y conseguimos que la visitaran de inmediato. Solo había un médico de guardia, pero no tardó en verla.

—Parece que tiene el tracto intestinal bloqueado. Vamos a hacerle unos rayos X.

Y, claro, los rayos X confirmaron las sospechas del doctor.

Le dieron unos líquidos que dijeron que ayudarían. No lo hicieron. Le pusieron un gota a gota intravenoso y dijeron que serviría. No sirvió. Mientras esperábamos a ver qué procedimiento daría los resultados esperados para luego no ver resultados, iban pasando las horas; ya era más de medianoche.

—Muy bien —dijo el doctor—. Esto es lo que vamos a hacer. Le daremos una serie de cuatro o cinco enemas y la mantendremos toda la noche en observación. Esto debería funcionar, y si es así podrá volver a casa mañana.

Fuimos con ella a la habitación que le habían asignado y nos quedamos hasta que estuvieron listos para empezar con el proceso de los enemas. En ese momento la enfermera propuso:

—Son casi las tres de la madrugada, ¿por qué no se van a dormir y vuelven por la mañana?

Nuestra madre estuvo de acuerdo.

—Lleva a tu padre a casa y que descanse. Yo estaré bien. Os veré por la mañana.

Por razones que después no pudimos explicarnos, seguimos su consejo y, de manera asombrosa —sorprendente—, la dejamos sola en ese pequeño hospital. Nos fuimos a casa y enseguida nos quedamos dormidos, y con la misma rapidez nos despertaron unas horas después.

—¿Es Michael Moore? —dijo la voz al teléfono—. Soy el doctor Calkins, el cirujano del hospital. Los enemas no han funcionado y su madre ha empeorado. Hemos de operar. ¿Cuándo pueden estar aquí?

En menos de veinte minutos estábamos allí. Mamá parecía avergonzada y arrepentida por todos los problemas que estaba causando.

—¿Habéis dormido? —Era lo único en lo que podía pensar.

—No te preocupes por nosotros —dije—. ¿Cómo estás tú?

—Bueno, parece que nada funciona. Quieren operar —dijo con voz débil.

Yo llevé al médico aparte y le pedí que me explicara qué estaba ocurriendo.

—Los intestinos de tu madre están cerrados —dijo como si tal cosa—. Lo más probable es que tengamos que cortar una parte.

—¿Está seguro de que es necesario?

—Si no lo hacemos, podría sufrir un *shock* séptico. Es posible que las bacterias atrapadas allí hayan empezado a filtrarse a través de la pared intestinal. Es un procedimiento común; lo he hecho muchas veces. No debería durar más de una hora o dos. Irá bien.

—¿Seguro? ¿Cuántas operaciones de estas dice que ha hecho?

—Hago una o dos al año, y hace treinta y pico años que las hago. Tal como están las cosas, soy el único que tiene aquí, y creo que deberíamos empezar.

Volvimos a la habitación y la enfermera trajo unos papeles para que mi padre los firmara. Después le pidió a mi madre que firmara el formulario de autorización.

—¿Puedes firmarlo por mí, Frank? —le preguntó ella a mi padre.

Papá cogió la tablilla y firmó, lentamente. Apretamos la mano de mamá y le dijimos que todo iría bien. Fue ella la que nos aseguró a nosotros que todo iría bien. Yo me esforcé por no llorar. Se la llevaron y fuimos al salón a esperar una hora o dos.

Cuatro horas después el cirujano no había salido y la desazón cundió en la sala. Fuera cual fuese la noticia, no iba a ser buena.

Por fin apareció el doctor.

—Creo que ha ido bien —dijo—. Ahora se está recuperando bien. Hemos tenido que cortar unos treinta centímetros de intestino. Diría que las posibilidades de una recuperación plena son del noventa por ciento.

Uf. Uno ha visto muchas veces salir al médico por esas puertas en programas de televisión y películas —un millar de veces—, y rara vez es para dar buenas noticias. Nos explicó que probablemente tendría que quedarse en el hospital casi toda la semana. No veía ninguna filtración a través de la pared intestinal y todos sus signos vitales eran buenos. De hecho, podríamos verla en cuestión de una hora, en cuanto se despertara.

Le dimos las gracias al cirujano, con sensación de alivio, y volvimos a la unidad de cuidados intensivos. Bueno, no había «unidad» ni sala en aquel hospital. Tenían una pequeña zona de cuidados intensivos con dos habitaciones. Eso estaba bien, correcto. ¡Mamá estaba bien!

Cuando entramos en la habitación de nuestra madre, la vimos conectada a los monitores y sondas intravenosas habituales, pero estaba despierta y alerta y muy contenta de vernos.

—Aquí estoy —dijo, afirmando lo obvio.

Me gustó oír eso: primera persona, tiempo presente.

—Bueno, el doctor dice que te ha ido de fábula —le expliqué, al tiempo que acercaba una silla al lado de la cama.

Mi hermana, mi mujer y mi padre estaban igualmente animados en la valoración de su estado.

—Te pondrás bien, mamá —dijo Veronica, dándole un beso en la frente—. De hecho, tienes muy buen aspecto.

Nuestra única preocupación hasta ese punto había sido la de los efectos de sedar a una persona muy mayor. Sabíamos de amigos con historias no muy buenas sobre lo que les había ocurrido a sus padres tras aplicarles anestesia. En ocasiones no recuperaban la memoria, al menos de inmediato. Decidí hacer un concurso.

—Eh, mamá, ¿sabes qué día es?

—Claro —dijo—, es domingo.

—¿Adónde fuisteis papá y tú de luna de miel?

—A Nueva York. Boston. Albany. (Sí, Albany, ya lo sé, no preguntes.)

Y ahora la pregunta final del concurso. Era una familia que adoraba ir al cine.

—¿Dónde viste por primera vez *Sólo ante el peligro*?

—Cheboygan, Michigan. Mil novecientos cincuenta y dos —respondió sin pensárselo.

Uf. Crisis superada, títulos de créditos.

Todos acercaron una silla y pasamos las siguientes horas hablando de los buenos tiempos y de hacerse mayor y del doctor Wall y de cuando se quedó «atascado» justo antes de la boda y él también tuvo que ir al hospital y casi no lo cuenta. Nunca las discusiones sobre enemas habían sido tan alentadoras.

El médico y las enfermeras de guardia entraban de vez en cuando para ver cómo estaba mi madre, cambiarle las bolsas de suero, inspeccionar la zona donde se le había realizado la cirugía. Ella se adormilaba de vez en cuando, porque su cuerpo necesitaba recuperarse después del *shock* de la cirugía.

A las 21 horas se decidió que haríamos turnos y nos quedaríamos con ella mientras permaneciera en el hospital. Yo me ofrecí para el primer turno, hasta la mañana. Veronica y mi mujer llevaron a papá y los niños otra vez a casa. Me puse cómodo con un libro y mi inseparable libreta, anotando los últimos cambios que quería hacer a mi película antes de que se estrenara en otoño.

De vez en cuando, mi madre se despertaba y charlábamos.

—Tengo mucha suerte de tener la familia que tengo —dijo.

—Tenemos mucha suerte de tenerte —le dije, poniéndole un paño tibio en la cara como ella había hecho por nosotros muchos años antes.

—Tengo sed —dijo.

No le permitían tomar comida ni líquidos, ni siquiera agua, durante las primeras veinticuatro horas. Lo único que yo podía hacer era dejar que chupara de un hisopo húmedo. Le acerqué uno a los labios y ella sorbió con cierta desesperación.

—Estoy agostada.

Sonreí. Nadie decía esa palabra en este siglo, ni en el anterior.

—Deja que lo haga yo —dije, cogiendo otro hisopo y frotándolo en torno a sus labios.

Como un niño que busca el pezón de la madre, ella se agarró al palito con la boca, con la lengua, con los dientes, buscando cada vez más.

—Tengo sed.

—Creo que es lo único que podemos hacer por ahora, mamá. Me quedaré sentado aquí contigo y lo volveremos a hacer dentro de un ratito.

Me senté en la silla de al lado de su cama y me puse cómodo.

—Toma —dijo ella, al tiempo que levantaba la cabeza de las almohadas y yo trataba de alcanzar una de ellas—. Coge una de mis almohadas.

No podía creerlo, en el estado en el que se hallaba y se preocupaba por el hecho de que yo no tuviera una almohada. Incluso en su máximo sufrimiento, su instinto seguía siendo el de una madre: cuidar de su hijo, asegurarse de que estaba bien, de que se quedara dormido, de que durmiera apacible y cómodamente. Sobre su almohada.

—Estoy bien, mamá —dije sonriendo, tratando de contener la risa—. No necesito una almohada. Quédatela. —Coloqué la almohada en su lugar, y la cabeza de mi madre se acomodó en ella.

—Adoro a mis hijos. Tengo buenos hijos —dijo con una sonrisa dulce y tenue.

Le puse la mano en la cara y le peiné suavemente el cabello con los dedos.

—Nosotros también te queremos, mamá. —Me sentía afortunado de tenerla por madre.

Al cabo de un momento llegó la enfermera del turno de noche con un ayudante y dijo que tenía que ponerle a mi madre potasio en el gota a gota y cambiar la sábana de arriba de la cama. Por el pudor e intimidad de mi madre, la enfermera me pidió que saliera unos minutos. La enfermera llevaba el pelo recogido en una larga trenza que se extendía por su espalda, de las que se ven en una comunidad religiosa. Sus gafas tenían un aspecto de finales de los años setenta y enmarcaban un rostro que parecía congelado en el tiempo.

Salí de la habitación y fui a esperar al pasillo. No tardé mucho en oír puro pánico humano.

—No, dale la vuelta. ¡Ahí! ¡Para! ¡Tenemos un problema!

Volví a entrar corriendo en la habitación y me encontré a mi madre en lo que luego supe que era una parada cardíaca. La enfermera estaba presa del pánico y confundida y yo propuse ir a buscar al médico YA.

—Sí, sí. —Cogió el intercomunicador y marcó el número del único médico de urgencias.

Mi madre estaba pugnando por respirar: boqueando, boqueando, boqueando, con los ojos clavados en los míos como diciendo, por favor, ayúdame.

—Todo irá bien, mamá, aguanta.

Me volví hacia la enfermera y exigí acción.

—¡Necesitamos al doctor aquí ahora! ¿He de ir yo a buscarlo?

Entró el doctor y enseguida vio cuál era el problema.

—Necesita respirar. ¿Dónde está el respirador?

La pequeña UVI de ese hospital de ciudad pequeña no tenía un respirador en la unidad en ese momento.

—¡Trae el portátil! —gritó el doctor.

La enfermera fue a buscar un pequeño artefacto de plástico que sacó de una bolsa y trató de introducirlo en la boca de mi madre. Lo tenía al revés.

—Dámelo —exigió el doctor. Se lo quitó, lo metió en la boca de mi madre, colocando el tubo recto en la garganta—. Ponte aquí, bombea así.

Cielo santo, ¿qué demonios estaba pasando? ¿Tenía que enseñarle a una enfermera cómo meter aire en los pulmones de una paciente? Era una locura. Quería intervenir, ayudar, hacer algo, un masaje cardiorrespiratorio, lo que fuera, cualquier cosa, por favor, Dios, ¡esto no está pasando!

Mientras la enfermera bombeaba, el médico le dijo al auxiliar que fuera a la sala de urgencias a coger el único respirador artificial del hospital. Él le dio a mi madre una inyección de algo, masajeó algo, y la única buena noticia en ese momento era que el monitor cardíaco nunca se paró, nunca se puso plano. El corazón aún estaba latiendo, había oxígeno en la sangre.

Yo cogí el teléfono y llamé a casa. Contestó mi hermana.

—Será mejor que vengáis ahora —dije, tratando de disimular mi pánico—. Ha ocurrido algo. No os matéis por el camino. Está viva, pero algo va mal. ¡Venid ahora!

Otra enfermera trajo el respirador, y el médico no perdió tiempo poniendo el tubo recto en la garganta de mi madre. Sus ojos ya no me miraban. Estaban abiertos, congelados, mirando hacia arriba y aparentemente inconscientes de lo que le estaba ocurriendo. En ese momento un relámpago iluminó la habitación del hospital. No me había fijado en que en los últimos quince minutos se había desatado una tormenta que ahora estaba en plena furia. Un trueno estalló ensordecedoramente cerca, y los rayos continuaron iluminando la habitación. Miré al reloj: las doce y cuarto. Por alguna razón, con todo lo que estaba pasando, se me ocurrió que yo había nacido a las doce y cuarto, pero del mediodía. ¿Cómo lo sabía? Durante cada año de mi vida adulta, sin que importara dónde estuviera, justo a las doce y cuarto, mi madre me llamaba para decirme que era la hora en que me había dado a luz. Y ahora, ahí estaba, desmoronándome, indefenso y perdido, débil e inútil e impotente en ese momento crítico en el que yo era el responsable de darle vida a ella, o al menos de salvarla. La voz en mi cabeza seguía resonando: tú te equivocaste. Sí, había elegido el hospital más cercano, no el mejor hospital donde seguro que no estaría siendo testigo de una versión de Mack Sennett de los cuidados intensivos donde los policías de Keystone encontraban por fin el único respirador artificial en el cuarto de la fregona y al sacarlo se preguntaban entre sí cómo funcionaba ese cacharro moderno. Estaba mareado, muy mareado, y quería vomitar.

Me acerqué al lado de mi madre y apoyé las manos en ella. Le susurré al oído:

—Aquí estoy. Estás bien. Todo irá bien. Quédate conmigo. No me dejes. ¡Papá y Veronica están en camino!

Bajé la cabeza y recé una oración y le pedí al Señor que la salvara, que no se la llevara, que la dejara vivir. ¡No era su momento! Le pedí que me quitara todo, todo lo que tenía, todas mis posesiones, mi carrera, lo que fuera... Lo habría entregado todo en ese mismo momento para que ella pudiera vivir. Era una petición descabellada, ilógica e innecesaria. Dios —o la naturaleza o mi madre misma— iba a decidir si su cuerpo aguantaría. Pero yo lo decía en serio de todos modos, y me habría encantado que se aceptara mi oferta.

Llegaron mi padre, mi hermana y mi mujer, ligeramente agitados por lo que dijeron que era la peor tormenta bajo la cual habían tenido que conducir. Se acercaron a su lado y le hablaron, y aunque hubo el ocasional parpadeo en los ojos de mi madre, no había garantía de que pudiera oírnos.

Su corazón latió toda la noche y hasta la mañana. Nuestra

otra hermana, Anne, se apresuró a tomar un vuelo nocturno desde Sacramento y enseguida llegaría para estar con nosotros. Cada hora que pasaba, los signos vitales de mi madre se estabilizaban y luego bajaban ligeramente. La enfermera nocturna de la trenza se fue sin decir una palabra y llegó una nueva enfermera del turno de día. Se detuvo cuando me vio, y no se esforzó mucho en contener «esa expresión» que había visto miles de veces en aquellos que habrían preferido no verme. Por supuesto, las otras enfermeras y médicos compensaron con creces su actitud, e hicieron todo lo posible para que mi madre estuviera cómoda y el resto de nosotros tranquilos. El médico de guardia reconoció que si mi madre estuviera estable la trasladaría a otro hospital con mejores instalaciones y donde podrían cuidar mejor de ella. Pero el trayecto sería demasiado peligroso en este punto, dijo. Tendríamos que jugar con las cartas que nos habían tocado.

A las dos de la tarde (a veinticuatro horas de la cirugía) su progreso continuaba cayendo de forma continuada. La presión sanguínea era de 60-35. Llamé a Jack Stanzler, un médico amigo de Ann Arbor, para que me diera unos consejos, y él a su vez telefoneó a un médico amigo del norte de Michigan por si había algo que pudiera hacer. Los ojos de nuestra madre siguieron abiertos con nulo o escaso movimiento. Todos seguimos susurrándole palabras de aliento con la esperanza de que ayudaran.

Me di un momento de descanso y pasé por la sala de enfermería, donde me encontré a la enfermera que no se alegraba de verme. Me miró a la cara, y con un tono de desagrado que ni siquiera tuvo la decencia de ocultar, murmuró lo siguiente:

—¿Por qué no deja de molestar ahí? Su madre está muerta. Y nadie tiene agallas para decírselo. Se ha ido y no hay nada que pueda hacer para recuperarla. —Y dicho esto se alejó.

Pensaba que me ahogaba. Sabía que no era así, pero sentía que tenía la mano de la enfermera en la garganta, estrangulándome.

—¡Espere un minuto! —grité cuando recuperé el aliento—. ¿Quién es usted? ¿Por qué dice algo así? Está enferma. ¡Enferma!

Me quebré. Los que estaban en la habitación me oyeron, y mi mujer salió. Entre sollozos, le conté lo que acababa de decir la enfermera.

—Tu madre no está muerta. Esos monitores no mienten. No sé por qué ha dicho eso. Vuelve a la habitación.

En lugar de volver a la habitación, fui al teléfono y llamé al cirujano. Le conté lo que acababa de ocurrir. Me dijo que no hiciera caso de la enfermera y que el médico de guardia se estaba ocupando de la situación y que eso era lo que contaba.

—Y su madre aún está viva.

A lo largo de la siguiente hora, nos turnamos pasando unos momentos íntimos con mi madre, diciendo cosas que cada uno de nosotros quería decirle en privado. Alrededor de las cuatro de la tarde, todos nos reunimos en la habitación en un círculo en torno a su cama, y cada uno de nosotros ofreció una plegaria o un recuerdo y un agradecimiento a esa mujer que nos había traído al mundo y educado, que se había ocupado de nosotros y nos había animado a abrazar el conocimiento y el bien y la amabilidad y a no retroceder si pensábamos que estábamos haciendo lo que nos dictaba nuestra conciencia. Nadie pudo acabar lo que estaba diciendo sin emocionarse.

A las 16.30 horas y treinta segundos del 8 de julio de 2002 mi madre abandonó este mundo. Una pena intensa, profunda se adueñó de la habitación, y hubo demasiadas lágrimas para poder contarlas. Lloramos durante casi media hora, y uno por uno, después de un largo silencio, cogimos nuestras cosas para marcharnos. Yo fui el último en salir. Me incliné sobre mi madre y la abracé. Estaba dormida, el doctor le había cerrado los ojos. La besé en la frente y cuando me retiré me fijé en que tenía un largo cabello gris suyo en mi camisa. Cogí suavemente el cabello, el cabello que para mí todavía estaba vivo, todavía lleno de su ADN, de los veintitrés cromosomas que la hacían ser quien era, que ayudaron a hacer de mí quien era, un parte de ella (aunque era solo un cabello). Me guardé el cabello en el bolsillo de la camisa, la miré una última vez y salí de la habitación.

Hasta el día de hoy, ese último cabello gris está en el mismo bolsillo de la camisa, doblado en una bolsita en mi vieja habitación de la casa donde crecí, escondido, intacto, en el estante de arriba, junto a una estatuilla de plástico que ella me compró en la Feria Mundial de Nueva York, la *Pietà* de Miguel Ángel.

Tet

No recuerdo muy bien cuándo me volví contra la idea de la guerra, pero estoy seguro de que tenía algo que ver con el hecho de que no quería morir. Desde sexto curso en adelante, me posicioné clara y firmemente contra la posibilidad de morir.

Sin embargo, hasta entonces, pasé muchos años muriendo con brío en nuestro barrio. El juego favorito en nuestra calle era la guerra. Era mucho mejor que el asesinato sangriento porque teníamos armas. El asesinato sangriento era solo un juego del escondite (cuando encontrabas a alguien le gritabas «Asesinato sangriento» y todos tenían que correr a tocar la «casa» antes que te pillaran).

La guerra iba en serio, y las niñas no podían jugar. Las reglas eran sencillas. Un grupo de chicos, de edades comprendidas entre los cuatro y los diez años, se dividían en dos grupos: americanos y alemanes. Todos teníamos nuestras ametralladoras, rifles y bazucas de juguete. A mí me admiraban mucho por mi buen alijo de granadas de mano a las que no les faltaba la anilla que podías sacar antes de arrojarla, acompañando el lanzamiento con una atronadora «explosión» que salía de mi boca.

A ninguno de nosotros nos importaba si nos habían elegido para ser alemanes o estadounidenses, ya sabíamos quién iba a ganar. No se trataba tanto de vencer como de que se te ocurrieran formas creativas y entretenidas de matar y ser matado. Estudiábamos *Combat* y *Rat Patrol* en la tele. Pedíamos ideas a nuestros padres, pero ninguno de nosotros recibió mucha ayuda, porque los padres no parecían tener muchas ganas de hablar de sus experiencias bélicas. Todos imaginábamos a nuestros padres como condecorados héroes de guerra, y se daba por sentado que, si alguna vez teníamos que ir a la guerra, siempre seríamos los bravos defensores de la libertad que ellos habían sido.

Yo era particularmente bueno muriendo, y a los otros chicos les encantaba ametrallarme. Sobre todo cuando hacía de alemán; resistía en pie lo más posible, encajando el mayor número de sus balas que podía, y luego, mucho antes de que Sam Peckinpah entrara en escena, caía en una agonía en cámara lenta que hacía que todos los demás niños se entusiasmaran por acabar con mi lamentable culo de nazi. Y cuando tocaba el suelo, rodaba un par de veces y expiraba en un ataque de espasmos. Allí tendido, con los ojos abiertos, inmóvil, sentía una extraña sensación de satisfacción por desempeñar un papel importante para que otro nazi repugnante mordiera el polvo.

Pero cuando hacía de americano trataba de permanecer vivo el mayor tiempo posible. Encontraba alguna manera de infiltrarme detrás de las líneas del enemigo, escondido en un árbol, para eliminar al máximo número de alemanes. Sobre todo me encantaba lanzar granadas desde arriba; era terrible para los niños nazis que no podían adivinar de dónde procedían estas pequeñas bombas. Me aseguraba de dejar vivos a uno o dos de ellos para que pudieran dispararme. Y entonces moría la muerte de un héroe, desaparecido en la flor de la vida, tal vez llevándome por delante a un último nazi al caer sobre él, tirando de la anilla de mi última granada, reventándonos a los dos al tocar el suelo.

Pero en 1966, cuando las imágenes de las noticias de la noche no se parecían en nada a lo que representábamos en nuestra calle de tierra, jugar a la guerra se volvió cada vez menos divertido. Los soldados de la tele estaban muertos de verdad, ensangrentados y muertos, cubiertos de barro y luego tapados por una lona, sin ningún heroísmo en cámara lenta. Los soldados que seguían vivos tenían aspecto asustado, despeinados y confundidos. Fumaban cigarrillos y ninguno daba la impresión de estar pasándolo bien. Uno por uno, los niños del barrio dejamos de lado nuestras pistolas de juguete. Nadie dijo nada. Simplemente lo dejamos. Había que hacer deberes y tareas de casa, y las chicas parecían interesantes en la distancia. Los americanos ganaron la gran guerra que importaba, y con eso bastaba.

En verano, después de séptimo curso, nuestra familia dejó la calle de tierra y se mudó a una asfaltada, la misma calle en la que vivíamos cuando yo nací. Empecé a pensar mucho en la guerra de Vietnam ese verano, y la mayoría de las cosas en las que pensaba no eran buenas. Hice las cuentas y comprendí que estaba a solo cinco años de la edad de alistamiento. Y empezaba a quedar claro que esa guerra no iba a terminar pronto.

La señora Beachum era nuestra profesora laica de la tarde en octavo. Nuestra monja, como era también la madre superiora de la escuela, solo nos daba clases por la mañana. Pasaba las tardes dedicándose a labores administrativas e impartiendo las medidas disciplinarias necesarias a los que nos salíamos del redil.

La señora Beachum era negra. No había más profesoras negras y solo dos niños negros en toda la escuela, y quizá porque se apellidaban Juanrico nos convencimos de que en realidad no eran negros sino probablemente cubanos o puertorriqueños. Uno se llamaba Ricardo y el otro Juan. Ya ves, ningún nombre negro. Eran populares y sus padres siempre estaban en todos los eventos, ayudando en todo lo que podían.

La señora Beachum era negra sin el menor género de dudas. No había forma de llevarse a engaño. Su piel era casi tan negra como el carbón y hablaba en un dialecto del sur con el cual ninguno de nosotros estaba familiarizado. No pasaba ni un solo día sin que le dijera a alguno de nosotros con su característico acento sureño: «No seas guasón, niño.» No teníamos ni idea de lo que eso significaba, pero nos encantaba cómo sonaba. Tenía un cuerpo que no estaba cubierto por un hábito de monja y no me sorprendería que, en 1967, no fuera el único chico de nuestra clase que tuvo la fortuna de que la señora Beachum desempeñara un papel destacado en su primer «sueño».

Pero en nuestras horas diurnas no la sexualizábamos, porque ninguno de nosotros quería enfrentarse a eso en el confesionario. Además, la madre superiora mantenía una vigilancia estricta sobre nuestra pubertad y su progreso, y se aseguraba de dedicar mucho tiempo a recordarnos a cada sexo de la clase cuánto podíamos fiarnos del sexo opuesto, lo cual, por decirlo llanamente, no era mucho. Desde quinto, los dos sexos de nuestra clase hacían lo posible para imponerse o ridiculizar al otro, y cuando teníamos trece o catorce años habíamos desarrollado un vocabulario y una veta de maldad suficientes para machacar al bando opuesto con convincente entusiasmo. Las niñas estaban encantadas de señalar a los chicos que tenían problemas de higiene, y dejaban de manera anónima un desodorante en la taquilla del chico culpable para que todos lo vieran. Los chicos siempre se fijaban en la sensibilidad de las chicas con el crecimiento (o escaso crecimiento) de sus pechos. Un chico había robado los rellenos de su hermana y los dejábamos sobre los escritorios de las chicas que no habían madurado lo bastante rápido para compararse con lo que veíamos en las *Playboy* de Mike McIntosh.

Así pasábamos las mañanas en octavo, combatiendo el calor interior con fría crueldad aprobada por la Iglesia; todo ello, estoy seguro, hecho con la buena intención de mantenernos alejados del peligro y de los nacimientos fuera del matrimonio.

Después de comer, la cosa cambiaba.

La señora Beachum no participaba para nada de ese rollo de chicos contra chicas. Ella creía en el «amor» y en «estar enamorado», y aunque entonces no podíamos identificarlo demasiado, años después supimos que también era la única profesora de la escuela que hacía el amor (o eso queríamos creer). Cuando nos enseñaba historia, hacía que los personajes cobraran vida.

—¡Qué sabéis del escándalo de Teapot Dome! —decía sin jamás formularlo como una pregunta. No teníamos ni idea sobre Teapot Dome, pero sabíamos que íbamos a oír una historia interesante al respecto.

—Warren G. Harding, ajá. ¡Menudo! ¿Escándalo? Caray, si él escribió el manual sobre eso.

Todas las clases eran así.

—Vamos a escuchar un poco de poesía delicada hoy, niños. ¿Quién ha escrito un poema solo para mí?

Oh, creedme, escribíamos poemas. Nos tenía a todos haciendo rimas, nos enseñaba ritmos y, en ocasiones, cogía nuestro poema y lo cantaba con nosotros. De vez en cuando, la madre superiora asomaba la cabeza para ver qué estaba pasando. No protestaba, siempre y cuando los chicos estuvieran sentados en un lado del aula y las chicas en el otro. Su aprobación tácita de los métodos de la señora Beachum hacía que nos preocupáramos menos por ella, y el ambiente del aula se relajó hasta el punto de que el día que la señora Beachum presentó su Gran Idea, sorprendentemente hubo escasas protestas entre nosotros.

—Creo que ya es hora de enseñaros modales. ¿Alguna vez habéis oído hablar de la «etiqueta»?

Habíamos oído hablar de ello, pero desde luego no la practicábamos.

—Bueno, chicos y chicas, creo que es hora de que todos vayamos a comer juntos para aprender cómo se comporta la gente educada. Chicos, quiero que cada uno de vosotros elija a una chica para que sea vuestra pareja en la comida. Luego, durante las próximas tres semanas, todos aprenderemos modales en la mesa. Cuando estemos preparados, iremos a Frankenmuth para comer uno de sus famosos platos de pollo frito.

Por supuesto, ella no estaba pensando en enseñarnos modales o etiqueta. Iba a enseñarnos a pedir una cita. Estoy seguro de que tuvo que vender la idea a las autoridades sin pronunciar la palabra «cita», y supongo que las monjas no vieron nada malo en que supiéramos cuál era el tenedor de la ensalada y comprendiéramos que soltar gases tóxicos durante la comida no era la forma en que Dios esperaba que disfrutáramos de los frutos de su tierra.

A los veintisiete alumnos de la clase de la señora Beachum nos acababan de decir que las puertas de la naturaleza podían abrirse. Durante unos minutos todos reímos y nos retorcimos y... y, vaya, ¡nos gustó la idea! Fue notable lo deprisa que todos aprendimos este concepto de «salir» con alguien de la clase que no tenía nuestros mismos órganos reproductivos. (Al cabo de unos años, me pregunté cómo tuvo que ser la experiencia para los no heterosexuales: por fin una oportunidad de reconocer sentimientos sexuales, pero, maldición, con el sexo equivocado. Supongo que para ellos se convirtió en una primera lección del disimulo.)

El orden propio del mundo enseguida se situó en su lugar cuando cada chico de la clase corrió a pedir una cita a la chica apropiada para él. La estrella del baloncesto se lo pidió a la fiera del *softball*. El pianista a la bailarina. El escritor a la actriz. El chico del parque de caravanas pidió la cita a la chica del parque de caravanas. El chico con problemas de higiene se lo pidió a la chica con problemas de higiene.

Y yo se lo pedí a Kathy Root. No estoy muy seguro de cómo explicar la pareja, pero quizá la forma más fácil sea decir que era la chica más alta de la clase y yo era el chico más alto. Por mi parte, no podría haberme preocupado menos por nuestra estatura: no le había quitado los ojos de encima durante los últimos tres años. Tenía piernas largas y bronceadas y una sonrisa constante y era muy amable con todos. Y era lista como un lince. Era la chica a la que la mayoría de los chicos —incluido yo— habrían tenido miedo de pedírselo, así que ella me facilitó las cosas y cruzó el aula hasta donde yo estaba, petrificado en mi pupitre.

—Bueno, supongo que somos tú y yo —dijo en voz baja para que no me lo hiciera encima.

—Claro —respondí—. Sí. En serio. Será divertido.

Y eso fue todo. Yo tenía lo mejor del aula. La chica que en

el instituto sería elegida reina de ex alumnos iba a ser mi cita en nuestra comida de etiqueta.

Sin embargo, al día siguiente se produjo la tragedia.

—Michael —me llamó la señora Beachum en el pasillo después de la comida—. ¿Puedo hablar un momento contigo?

Me llevó a un rincón para que nadie nos oyera.

—Solo quería que sepas que probablemente eres el único chico de la clase al que pediría este favor.

Tenía los ojos más alentadores. Su cabello hacía que pareciera la cuarta Supreme. Sus labios... bueno, no sabía mucho de labios a los trece, pero lo que sabía, en ese momento en que estaba más cerca de ella de lo que lo había estado nunca, me confirmó que no había labios más incitantes que los de la señora Beachum.

Los labios se separaron y ella empezó a hablar.

—Ya he hablado con tu cita, con Kathy Root, y dice que por ella está bien si tú estás de acuerdo.

Sí, adelante. Por favor, no dejes que el tic en el lado izquierdo de mi cara te distraiga.

—Hay trece chicos y catorce chicas en la clase. Así que todas las chicas tienen cita menos Lydia.

—Lydia.

Era Lydia Scanlon. «Lydia la Idiota» era el nombre por el que la llamaban la mayoría de los chicos de la clase. Lydia era el cero a la izquierda de la clase. Nadie se sentaba a su lado, y nadie sabía nada de ella. Nunca hablaba, ni siquiera cuando la llamaban a la pizarra, y no la habían llamado desde quinto. Siempre hay un estudiante o dos con los que los profesores han de tomar una decisión; solo hay un número determinado de minutos en la jornada escolar, y si no te van a seguir, has de continuar enseñando a los otros. Cinco años de intentar que participara era suficiente, y por eso la mayoría de nosotros ni siquiera sabíamos que todavía estaba en nuestra clase, aunque estaba allí todos los días, en el último pupitre de la fila más alejada de nuestra realidad.

El uniforme de escuela católica de Lydia no le quedaba bien, probablemente como resultado de haber sido llevado antes por otras dos o tres chicas de la familia. Se decía que su higiene era peor que la de un chico y su corte de pelo..., bueno, al menos tenía acceso a un espejo mientras se lo estaba cortando.

No fue ninguna sorpresa que ningún chico hubiera descrito una trayectoria curva hacia ella para pedirle una cita.

—Necesito que le pidas a Lydia que te acompañe en la comida —dijo la señora Beachum.

—¿Eh? —fue lo único que pude murmurar.

Al instante se me hizo un nudo en la garganta, porque ¡me estaba pidiendo que renunciara a mi cita con la futura reina de la belleza de piernas bronceadas! Había ganado la medalla de oro y me estaban pidiendo que la devolviera. ¡Como Jim Thorpe! ¡Eso no se puede hacer!

No hubo necesidad de que dijera nada de lo mencionado, la señorita Beachum me lo leyó en la cara.

—Mira, cariño, sé que querías ir con Kathy, pero sé que sabes que nadie se lo pedirá a Lydia, y eso no está bien. Es una buena chica. Solo un poco lenta. Alguna gente es rápida y otra lenta. Todos son hijos de Dios. Todos. Sobre todo Lydia. Lo sabes, ¿verdad?

—Sí, señora Beachum.

Sí, lo sabía, y de hecho incluso lo creía. Pero ¿acaso las piernas más largas y bronceadas de la escuela no eran también algo en lo que merecía la pena creer?

—Sabía que esa sería tu respuesta —dijo la señora Beachum con orgullo—. No se lo podía pedir a otro de los chicos. ¡No señor! Solo a ti. Gracias, chico.

Agh. ¿Por qué no? ¿Por qué no preguntárselo a ellos? ¿Por qué a mí?

—Además, suponía que, como estás pensando en ir al seminario el año que viene, no necesitarás muchos de estos modales que te estoy enseñando, ¿verdad?

Al parecer la madre superiora había compartido mis planes de ordenarme sacerdote con la señora Beachum. Y, por supuesto, para lo que le sirve el sexo a un cura, mucho menos los «modales», mucho menos aquellos labios gruesos rosa que estás usando para darme la peor noticia de mi vida.

—Claro, está bien. Pero ¿qué pasa con Kathy? —pregunté.

Sí, ¿qué pasa con Kathy? No estás considerando el dolor que va a experimentar al no poder ser mi pareja.

—Como he dicho, ya he hablado con ella. Ella está contenta de hacer algo especial por Lydia. Me ha dicho que tú también lo harías.

Decidí intentarlo por última vez.

—Pero, pero entonces, ¡Kathy estará sola en la comida!

—No, chico, esto es lo que haremos. Lydia se sentará frente a vosotros dos. Se sentará con los dos, al lado de Lydia. En cierto modo, Kathy seguirá siendo un poco tu pareja.

Un poco. (Esto se convertirá en la historia de las citas de mi vida. Mucho después.)

—Pero oficialmente estás allí con Lydia y le prepararás la silla para ella y hablarás con ella y le harás sentir que, que...

Un atisbo de lágrimas empezó a abrirse paso en sus ojos, pero la señora Beachum parpadeó con rapidez para contenerlas y terminó la frase.

—... que la quieren. ¿Puedes hacer eso, Michael?

Que la situación se había elevado de repente más allá de una lección de etiqueta, más allá de una cita, hasta una llamada de misericordia y posible santidad, bueno, eso era todo lo que necesitaba oír.

—Sí, puedo hacerlo. Quiero hacerlo. ¡Puede contar conmigo! Tiene razón, de todos modos no serviré de nada a las chicas después de este año.

¡Exactamente! Señora Beachum, solo estará desaprovechando conmigo todas estas lecciones. ¡Voy a empezar una vida monacal!

Tenía un dolor en la boca del estómago.

Salí del aula y le pedí a Lydia que fuera mi pareja. Aunque traté de decirlo en voz lo más baja posible para que no me oyera ninguno de los chicos, no tardó en correrse la voz de que había renunciado al primer premio por Lydia la perdedora; y estos hombrecitos con los pantalones por encima de la cintura pasaron mucho tiempo en el recreo rascándose la cabeza y tratando de adivinar qué era exactamente lo que me había ocurrido.

—No tiene sentido, Mike —dijo Pete, negando con la cabeza—. ¿Cómo vas a soportar estar a su lado?

—No lo sé —fue lo único que acerté a responder. ¿Cómo iba a sentarme a su lado? Aj.

Llegó la gran noche de ir al Frankenmuth, y Lydia iba recién duchada y su vestido era sencillo pero bonito. Abrí la puerta para ella, dejé que me tomara del brazo, separé la silla de la mesa para ella y, en un acto momentáneo de rebelión contra mi inminente celibato de toda una vida, también aparté la silla de Kathy. Kathy habló con Lydia, y luego yo hablé con Lydia y Lydia habló con nosotros. Escuchamos la historia de que su hermano había muerto y su padre tenía dos empleos porque su madre padecía problemas de salud, y ella se pasaba las horas en la habitación escribiendo poemas. Lydia era tímida, pero no un cero a la izquierda. Era divertida, y tenía una risa de resoplido que al cabo de un rato resultaba simpática y contagiosa. Los compañeros de clase miraban desde el otro lado de la mesa para ver qué tramábamos nosotros tres, y un par de chicos se unieron a la charla con la recién interesante Lydia. Eso nos dio a Kathy y a mí una oportunidad para hablar, lo cual también era nuevo para mí, porque hasta ese momento ella solo había sido un objeto a observar, y lo más vigorosamente posible.

—Has sido un buen chico al hacer esto, Mike —me susurró.

—¿De verdad? Eh, bueno, ¿sabes que voy a ir al seminario?

—Claro. Lo he oído.

—Así que esta clase no era para mí.

—Bueno, ha sido divertido, ¿no te parece?

—Claro. ¿Me das tu pastel si no te lo vas a comer?

Después de la primera noche de citas en la Bavarian Chicken House de Frankenmuth, no hubo vuelta atrás a la guerra de los sexos. Gracias a la señora Beachum, todos descubrimos que nos gustábamos unos a otros, y mucho. Y mientras los demás contemplaban sus siguientes movimientos en una vida de citas, yo tuve tiempo de ponderar cuestiones como la clase de problemas que tendría la señora Beachum por haber terminado con la política de retraso de la pubertad implementada por la Iglesia. Los chicos dejaron de molestar a las chicas y las chicas dejaron de reírse de los chicos. Nos ayudamos unos a otros con los deberes. Dejamos que las chicas jugaran a baloncesto. Todo parecía mejor y estábamos agradecidos a la señora Beachum por su entusiasmo y su deseo de enseñarnos algo más que las capitales de los cincuenta estados. Ansiábamos las tardes con ella, la mejor parte del día para nosotros. Así que cuando volvimos de comer para asistir a la clase de la señora Beachum el 5 de febrero de 1968 nos sorprendió descubrir que no se había presentado en la escuela. Tampoco lo hizo al día siguiente. Ni al otro. Nos dijeron que nadie sabía dónde estaba, que había desaparecido. Al principio, confiamos en que se había quedado dormida y que simplemente no se había presentado a trabajar durante unos días. La madre superiora la sustituyó. Pero al continuar la semana, la expresión de preocupación en el rostro de la madre superiora era evidente y sus intentos de seguir los planes de lecciones de la señora Beachum eran torpes, porque sin duda estaba distraída. No nos dio ninguna información, y al quinto día de ausencia de la señora Beachum, muchos de nosotros nos habíamos quejado a nuestros padres y les habíamos pedido que llegaran al fondo de lo que estuviera ocurriendo.

Las noticias de la noche en televisión esa semana eran espeluznantes. Era el Año Nuevo vietnamita (el Tet) de 1968, y aunque esa fue la primera vez que cualquiera de nosotros se enteraba de que los vietnamitas tenían un segundo año nuevo, la única razón de que lo supiéramos fue que Chet Huntley y David Brinkley nos explicaron por qué el Vietcong y los norvietnamitas habían lanzado la mayor ofensiva de la guerra. NBC News fue especialmente gráfica (en esos días la tele mostró la guerra sin censuras). Su cámara captó a un general survietnamita agarrando a un sospechoso del Vietcong en la calle, poniendo su pistola en la sien del hombre y volándole los sesos de manera que estos literalmente salieron por el otro lado de su cabeza. Eso hizo que la cena de carne congelada se digiriera más fácil ante la tele.

La ofensiva del Tet de 1968 mandó a la opinión pública americana una onda expansiva contraria a todo lo que nos habían contado respecto a que Estados Unidos enseguida ganaría la guerra: «Ya vemos la luz al final del túnel.» De hecho, la ofensiva mostró lo poderoso que era el oponente y hasta qué punto estábamos perdiendo. El Vietcong se encontraba en todos los rincones de Saigón, incluso en la puerta de la embajada de Estados Unidos. No estábamos a punto de ganar nada. Esa guerra iba a acompañarnos mucho tiempo. Encendí la tele y me alegré de que fuera a ingresar en el seminario al año siguiente. Si estabas en el seminario no podían movilizarte. Una razón más para no necesitar el servicio de citas de la señora Beachum.

Finalmente corrió la voz entre los padres de que la señora Beachum se había esfumado. No había noticias oficiales de la parroquia, pero se dijo lo siguiente: «El marido de la señora Beachum ha desaparecido en Vietnam y se lo da por muerto. Nadie sabe dónde está la señora Beachum, pero probablemente se ha ido a casa para estar con su familia.»

Nunca volvimos a saber nada de la señora Beachum. Nadie. Se dijo que estaba demasiado consternada para hablar con nadie del St. John y, de haberlo hecho, nadie habría sabido qué decirle. Otros contaron que había sufrido un ataque de nervios cuando recibió la noticia de lo ocurrido a su marido y que se había marchado para estar lejos, muy lejos, para estar sola y rehuir este mundo cruel. Un feligrés comentó que se había suicidado, pero ninguno de nosotros lo creyó, porque si había una persona a la que le emocionaba estar viva esa era la señora Beachum. Terminamos el año con una profesora sustituta que se esforzó todo lo posible, pero nunca nos pidió que cantáramos un poema.

Fue entonces, en la primavera de 1968, después de las muertes en Vietnam del sargento Beachum y un chico del instituto, además de los asesinatos de King y del hombre amable del ascensor del Senado que me ayudó a encontrar a mi madre, cuando me decidí: bajo ninguna circunstancia, fuera cual fuese la cantidad de coerción, amenazas o tortura, nunca, nunca cogería un arma y dejaría que mi país me enviara a matar vietnamitas.

Y si alguna vez alguien me preguntaba por qué me sentía así, simplemente lo miraría y le diría: «No seas guasón, chico.»

Quizá la señora Beachum esté leyendo eso. En ese caso, quiero decir: siento lo que fuera que la alejó de nosotros. Lamento no haber tenido la oportunidad de despedirme. Y siento mucho no haber podido darle las gracias por enseñarme todos esos modales maravillosos.

Navidad de 1943

Mi padre había notado hacía años que yo ya no quería pistolas. Había reparado en que los chicos del barrio habían dejado de jugar a la guerra. Yo no sabía gran cosa del tiempo que pasó como marine en el sur del Pacífico durante la Segunda Guerra Mundial. Las únicas pistas que teníamos mis hermanas y yo era que ponía a los perros los nombres de las batallas en las que había participado: *Peleliu*, *Tarawa*, etc. En el desván guardaba recuerdos de la guerra: una bandera japonesa, una espada y la pistola que había arrebatado a un soldado japonés. Un día, sin dar explicaciones, papá decidió que ya no quería tener esos objetos en casa. Salió en silencio y fue a buscar una pala al garaje, reunió el botín de guerra y se lo llevó al gran sauce llorón del patio de atrás. Cavó un hoyo —un hoyo muy, muy profundo— y enterró la pistola y la bandera a la sombra de ese árbol. Cuando terminó y volvió a colocar la tierra, se quedó allí de pie, mirando al suelo, sumido en sus pensamientos o rezando o quién sabe qué. Yo lo observé por la ventana de mi habitación.

—Quiero contarte una historia de la guerra —me dijo un día—. Quiero que sepas por qué cada día es precioso y por qué doy gracias por cada día que estoy aquí.

Mi padre y sus seis hermanos vivieron en doce casas distintas en dieciocho años. Se desplazaron mucho, escapando de caseros que venían a cobrar un alquiler que no podían costearse. La Gran Depresión no había sido particularmente amable con la familia Moore de Kansas Avenue / Franklin Avenue / Kensington Avenue / Bennett Street / Kentucky Street / Illinois Street / Caldwell Avenue / Jane Street y otras vías públicas del lado este de Flint, Michigan.

Francis (o Frank, como lo conocían) era el cuarto hijo de la familia, y ahora, de repente, a los veintidós años, toda su vida —su caída por la chimenea a los dos años, agarrado desesperadamente al estribo del coche de su padre, ser expulsado del equipo de baloncesto del instituto un partido antes del campeonato estatal para que el entrenador pudiera dejar sitio a un jugador más joven que vendría al año siguiente, ser despedido el primer día de conducir el camión de reparto de Coca-Cola porque reconoció que no le gustaba mucho la Coca-Cola, ser puesto en un orfanato por su madre a los diez años junto con su hermano porque simplemente no podía mantener a siete hijos—, todo esto, pasó ante sus ojos mientras permanecía tumbado en lo alto de la colina 250 en una isla miserable del sur del Pacífico, observando al avión que lanzaba munición trazadora, que les disparaba directamente a él y a sus compañeros marines el día de Navidad de 1943. Y eso que los aviones, como él, eran americanos.

Cómo se encontró Frank en la colina 250 de la isla de Nueva Bretaña tenía tanto sentido para él como el hecho de que su propio bando estuviera tratando de matarlo con tanta tranquilidad. Para empezar, nadie le explicó quién puso sus nombres a esas colinas; no es que hubiera que escalar otras 249 para llegar a la colina 250. De hecho, el mero hecho de llamarlas «colinas» parecía la idea de un chiste de algún cartógrafo del Departamento de Guerra. Quizá llamarlas colinas haría que un marine se sintiera más como en casa, y si tenían que morir por esa colina, bueno, al menos sentiría que moría por... su tierra. Su tierra tenía colinas. Colinas con árboles y flores silvestres con nombres como Sandalia de la Virgen o Jack en el Altar o Estrellas Fugaces. Colinas con senderos agradables. Colinas donde esconderse. Colinas para recoger bayas. Colinas donde los vagabundos podían encontrar un lugar apacible para pasar la noche. Colinas donde tú y tu amada podíais encontrar un sitio tranquilo para encender una hoguera y hacer el amor a su lado.

Lo que condujo a Frank a esta colina en particular fue una guerra a escala mundial que no tenía nada que ver con su mundo. El suyo era un mundo de trabajo duro y deportes y noches de sábado en la sala de baile Knickerbocker. Aunque vivieron la pobreza compartida por muchos en los peores días de la Depresión, los hermanos Moore —Bill, Frank, Lornie y Herbie— se esforzaron mucho en conservar siempre un traje limpio y bien planchado, un buen corte de pelo y monedas suficientes en el bolsillo para invitar a una chica guapa a la primera copa, si no a la segunda.

Tomaron lecciones de baile después de dejar la universidad, suponiendo de alguna manera que al sexo débil le gustaba ir a bailar. Como los otros jóvenes de la ciudad tardaron más en darse cuenta de este hecho, los Moore siempre eran los primeros en salir a la pista de baile, y esto impresionaba a las señoritas. Como mínimo mostraba a las chicas que no tenían miedo, y eso de por sí resultaba muy atractivo. A Lornie, dieciséis meses más joven que Frank, se lo conocía como el rey de la pista, y enseguida se encontró dando clases de baile en un estudio del centro. Comprendió que de hecho estaba ayudando al enemigo al enseñar a otros hombres a bailar bien el *jitterbug*, pero Lornie tenía un alma amable y un espíritu generoso, y le gustaba ver a más gente bailando toda la noche.

Las cosas habían ido mejorando en Flint en 1941. La política de Roosevelt de volver a poner a todo el mundo a trabajar, unida al inicio de la producción industrial en previsión de la participación de Estados Unidos en una guerra que había empezado dos años antes en Europa y el Lejano Oriente, bastó para impedir que una ciudad fabril como Flint, Michigan, se derrumbara por completo. Bill, Frank y Lornie consiguieron trabajos de la Works Progress Administration nada más salir del instituto (un hecho que trataban de ocultar cuando hablaban con las chicas). En el verano de 1941, Frank ya había realizado numerosos trabajos, desde repartir folletos para una verdulería a conducir un camión de huevos o (brevemente) conducir un camión lleno de las botellas de Coca-Cola más grandes que había, las de 6 onzas, tintadas de verde. Todos los chicos terminaron antes o después en la anhelada cadena de montaje de General Motors. Frank, al que no le gustaba la monotonía y repetición de colocar el mismo electrodo en una bujía 4.800 veces al día, tomó clases nocturnas para aprender mecanografía, con la esperanza de conseguir un empleo de administrativo en la oficina de la fábrica. Pero no podía escribir tan deprisa como las chicas y lo relegaron a la planta 7, cadena 2, inserción de electrodos.

Finalmente, sus tres hermanos vieron un mundo más amplio en su futuro y dejaron la fábrica («Ventas, Frank, ahí es donde está el dinero»). De esta manera, sus ingresos combinados en 1941 alcanzaron para pagar el alquiler de la casa de su madre y poner fin al constante trastorno de mantenerse siempre dos pasos por delante del casero y su mejor amigo, el sheriff del condado.

E incluso después de pagar el alquiler, la comida y el carbón, quedaba suficiente para un billete de autobús al Knickerbocker. O, si era un fin de semana especial, al auditorio de la Asociación Mutual Industrial, donde gente como Tommy Dorsey y Frank Sinatra tocaban en su gira por el Medio Oeste. Era, para jóvenes trabajadores, una versión —una «versión»— del paraíso.

Así que fue una decepción que el emperador decidiera interferir con sus vidas la mañana del 7 de diciembre de 1941. El ataque, la destrucción de la casi totalidad de la flota del Pacífico, fue una sacudida para la nación. Al día siguiente, el presidente Roosevelt hizo un llamamiento a las armas y los jóvenes acudieron en masa a centros de reclutamiento como el de Flint,

Michigan, que se había instalado apresuradamente en una gran escuela primaria del lado este de la ciudad. Los hermanos Moore, en cambio, no estuvieron entre los que se alistaron ese día, ni la semana siguiente, ni el mes siguiente, ni dos, tres o seis meses después. No es que no estuvieran ofendidos con Hirohito ni que fueran menos patriotas o estuvieran menos ansiosos de patear culos del Eje. Al fin y al cabo, en el St. Mary's High no se los conocía como «bailarines». Eran irlandeses, y nunca se escabullían de una pelea.

Es solo que esta nueva guerra, bueno, estaba mal programada. Bill acababa de casarse y a Frank le gustaba la chica que había leído el discurso de graduación de su clase en Flint Northern. Ella planeaba ir a Ann Arbor, a la Universidad de Michigan, a estudiar medicina, lo cual en esas fechas significaba que sería enfermera. Frank tenía ambición de una educación superior, pero las recientes conquistas del sindicato en General Motors tuvieron la consecuencia de que ganaba un buen dinero, y decir Ann Arbor era lo mismo que hablar de la Luna. Sin embargo, la chica merecía la pena, así que la guerra no fue bien recibida.

El padre de Frank había servido en la infantería de marina en la Primera Guerra Mundial, y su tío Tom había sido soldado en las trincheras de Francia durante la misma guerra. Después de que lo gasearan los alemanes, Tom tenía problemas de salud y vivía con Frank y la familia en Flint. Frank había visto de cerca el efecto que la guerra sucia había tenido en esos dos hombres buenos. Ninguno de los dos podía explicarle por qué Estados Unidos había entrado en la contienda en 1917, y por lo tanto, cuando los tambores de guerra empezaron a sonar otra vez, Frank quiso conocer exactamente qué se jugaba en el nuevo conflicto. Sí, bastaba con que hubieran atacado a la nación, pero ¿había algo más que deberíamos saber? ¿Algo? ¿Alguna cosa? Muy bien, que esos cabrones hubieran destruido nuestra flota bastaba para Frank. Estaba preparado para luchar.

Esperó hasta el último momento, hasta que las noticias de movilización empezaron a llegar en julio de 1942. Decidió que no quería que lo reclutaran en el ejército —«todo hombre está solo en esa operación», decía— y así el primero de agosto de 1942 Frank fue al centro de reclutas de la gran escuela primaria y se alistó a los marines. ¿Un marine? «Los marines luchan como un equipo —les contó a sus amigos—. Cuidan unos de otros.» Pero sus hermanos (todos los cuales pronto se alistarían: Bill en la fuerza aérea, Herbie en la marina y Lornie en los paracaidistas, donde moriría víctima del disparo de un francotirador en el último mes de la guerra) le dijeron:

—A los marines los envían en las peores situaciones. Te matarán en los marines.

—Puede ser —dijo Frank—, pero los marines nunca dejan a un hombre atrás.

Después de trece años de aplastante Depresión, Frank ya estaba cansado de que lo dejaran atrás.

El oficial de reclutamiento le preguntó cuándo podría arreglar sus asuntos para embarcar.

—¿Cuál es la última fecha posible? —preguntó Frank.

—El treinta y uno de agosto —respondió el oficial.

—Me quedo con ese día.

Frank pasó ese mes final disfrutando de la vida que tenía: trabajar, ir al Knickerbocker, ayudar a su madre. El día que hizo el petate, se marchó en silencio y se fue solo a la estación de autobús. Cuando llegó se encontró esperando en un banco con otros quince reclutas de los marines. Un fotógrafo del *Flint Journal* tomó una instantánea de ellos y la publicó con el texto: «¡Preparados!» La cara de Frank en la foto expresa cualquier cosa menos estar preparado, pero al parecer el redactor no reparó en ello y dejó que el irónico pie de foto se imprimiera al día siguiente. Para entonces, Frank estaba en un tren, de camino a la instrucción básica en las afueras de San Diego, California.

El retraso en el alistamiento no solo concedió a Frank unos meses adicionales de paz, también hizo que se perdiera el primer gran desembarco anfibio de los marines en la guerra, en la isla de Guadalcanal. Más de 7.000 marines y soldados murieron, hubo 29 barcos hundidos y una sorprendente cifra de 615 aviones perdidos. Frank no llegaría al Pacífico Sur hasta el final de la campaña de Guadalcanal, y de esa forma evitó una de las peores masacres de la guerra. Pero habría muchas más oportunidades de morir en los siguientes tres años.

—Soldado Moore —susurró el sargento—. Le busca el capitán.

Fue alrededor de las 23.00 horas de la Nochebuena de 1943. Frank Moore no estaba seguro de si era Nochebuena o Navidad, y no le importaba mucho eso que llamaban línea internacional de cambio de fecha, que significaba que siempre iba un día por delante de su vida, de la vida que había dejado en casa. En lugar de hacer las cuentas, decidió mantenerse en la «hora de Flint». Más fácil. Más agradable.

A él y a un millar de marines más los habían embutido esa noche en el barco de transporte y los habían enviado a la batalla en Nueva Bretaña, una isla que formaba parte de Papúa-Nueva Guinea, a unos cientos de millas de la costa de Australia. No hubo mucha celebración navideña, aunque sin duda sí que hubo muchas, muchas oraciones. Alrededor de las 7 de la mañana los subirían en vehículos de asalto anfibio y los dejarían en el océano Pacífico, a una milla de la costa del cabo Gloucester, Nueva Bretaña. Pero por el momento, el capitán Moyer quería ver a Frank.

—He oído que sabes escribir a máquina —dijo Moyer al joven soldado.

—Sí, más o menos —replicó Frank, sin comprender muy bien qué tenía eso que ver con matar japoneses o con la Navidad.

—Quiero que te quedes aquí en el barco —dijo Moyer—. Necesito a alguien que pueda escribir los informes de bajas.

—Pero, señor...

—Escucha, esto es importante. Hemos de ser precisos y tenemos que rendir cuentas. Si no con el cuartel general, al menos con las familias de estos hombres.

Frank comprendió que le estaban ofreciendo una tarjeta como las del Monopoly: «Salga libre de la muerte.» Quedarse en el barco. No morir en la andanada de balas y fuego de mortero que barrería los pechos, los cuellos y las cabezas de sus amigos y compañeros marines. Vivir otro día. Pero no había ninguna garantía de vivir en los días o semanas venideros.

Había descubierto en los meses previos de combatir en Nueva Guinea que el teatro del Pacífico Sur era un matadero. Se preguntó si en ese momento estaría en algún lugar del Mediterráneo si se hubiera alistado en el ejército en lugar de hacerlo en los marines. Suponía que era imposible que alemanes e italianos pelearan con uñas y dientes como aquellos japoneses. Claro, el enemigo en Europa quería vencer, pero no a costa de que murieran todos los miembros de su unidad. Al fin y al cabo, ¿qué sentido tiene vencer si todos los tuyos mueren? Quería preguntarle eso a un soldado japonés, pero nunca tuvo ocasión de hacerlo, porque ninguno de ellos era capturado, y ninguno se rendía.

La oferta del capitán Moyer parecía tentadora, pero Frank sabía que quedarse en el barco solo significaba retrasar lo inevitable. Si ha llegado tu hora, lo mismo puedes morir el día del cumpleaños de Cristo.

—Capitán, preferiría quedarme con mi batallón. Si no le importa, señor, déjeme estar con mis compañeros.

A Moyer le había impresionado el soldado Moore y que se presentara voluntario a ayudar al capellán durante la misa, sirviendo de monaguillo. Aunque Moyer era episcopaliano, con frecuencia asistía a los servicios católicos, lo bastante parecidos para que contaran, y observaba la reverencia con la que Moore trataba la ceremonia completa, incluso si esta se celebraba en el tocón de un cocotero caído. Pensó que le daría a Moore la oportunidad de vivir otro día, pero el chico no mordió el anzuelo.

—De acuerdo —le dijo al soldado—, puedes irte. Ve a dormir un rato.

—Gracias, señor. —Frank regresó a su litera y por primera vez en mucho tiempo no tuvo problemas en conciliar el sueño.

A las 5 de la mañana, el ruido atronador de las armas de artillería de los destructores americanos vecinos hizo que Frank se preguntara si había cometido un error al rechazar la oferta del capitán. Alguien mencionó que Moyer y una partida de reconocimiento habían alcanzado la bahía dos horas antes con la intención de desembarcar antes de la invasión, al abrigo de la oscuridad, para descubrir a qué iba a enfrentarse la Primera División de Marines.

Metido en su vehículo anfibio con otros treinta marines, Frank rezó una última plegaria antes de que la compuerta se abriera y los depositara a todos en agua salada que les llegaba hasta el pecho. No eran más que bolas de una caseta de tiro al blanco para los japoneses. La primera cosa en la que se fijó Frank fue en que era casi imposible caminar, que era imposible disparar su arma, y aunque era un objetivo humano para los francotiradores japoneses necesitados de un poco de práctica a primera hora de la mañana, Frank se concentró en objetivos a muy corto plazo: un pie adelante, luego el otro pie. Mantener el arma por encima de la cabeza para que no se moje. Ahora otro pie adelante. Le dio la sensación de que tardaban una hora o más (tardaron menos de cinco minutos), y Frank no dejaba de preguntarse cómo es que aún estaba vivo. Dumbroski, un sargento que había sido el mayor bravucón de la unidad hasta ese momento, estaba petrificado, llorando, incapaz de moverse. Sigue adelante. Pierna. Pie. Rifle. Seco.

Y de repente se encontró en la playa. Una playa de arena volcánica negra. La sangre roja en la arena negra creaba una extraña mezcla; ambas capturaban la luz del sol de la mañana y tenían un brillo más vivo del que merecían. La maleza de la selva estaba a solo unos metros de distancia y aparentemente ofrecía la mejor oportunidad de ponerse a cubierto de los proyectiles disparados desde un acantilado situado a un kilómetro y medio de distancia. En cuestión de un par de horas, la mayoría de los marines habían desembarcado y las bajas no eran tan

elevadas como se había previsto. Los japoneses habían decidido no librar esa batalla en la playa, quizá porque los marines habían lanzado bombas de humo para que el enemigo tuviera dificultad en ver a los invasores americanos.

El batallón de Frank salió por el flanco izquierdo para dirigirse a un territorio más elevado, mientras otros batallones avanzaban en línea recta por la selva. A Frank y sus hombres les sorprendió otra vez la ausencia de artillería o resistencia japonesa. En cuestión de una hora, avanzando deprisa, empezaron a escalar la colina 250. Parecía demasiado fácil.

Tenían razón.

Por algún motivo habían encontrado una rendija mágica en sus propias líneas del frente y, sin darse cuenta, se colaron a través de ella sin que nadie se fijara. Ahora estaban en territorio japonés, mil metros por delante de lo que todos creían que era la línea del frente del Cuerpo de Marines de Estados Unidos.

Su mapa indicaba que aquello era la colina 250. Se cree en general que durante una batalla es mejor estar en lo alto de una colina que abajo. No has de haberte graduado en West Point para comprenderlo. Así que Frank y los demás empezaron a subir la colina. Los japoneses de lo alto de la colina no querían ninguna compañía ese día, así que lanzaron todo lo que tenían sobre el batallón perdido. Luego, de repente, descargó una lluvia de monzón que impedía ver más allá de unos pocos metros. El clima proporcionó a los marines la cobertura y la ventaja que necesitaban, y enseguida subieron a la colina 250. Con granadas, ametralladoras de 37 milímetros y pura fuerza de voluntad, tomaron la colina. Los japoneses que estaban en lo alto no tenían forma de saber que solo se trataba de una pequeña unidad de marines; supusieron que se enfrentaban a una horda invasora de centenares, si no miles, de americanos. Así que retrocedieron por la otra ladera, donde aguardaba la mayor parte del ejército japonés.

Mientras los marines consolidaban su posición en el risco, dejó de llover. La primera victoria fue una sensación agradable, no tan agradable como para plantar una bandera (apenas habían avanzado en la isla de ciento cincuenta kilómetros de longitud), pero muy buena, y lo asombroso era que no hubo bajas.

Fue entonces cuando oyeron ruido de aviones. Fue un sonido grato, porque era el dulce zumbido del motor Weight Cyclone de un B-25, el sonido que decía: «Aquí estamos, chicos. ¡La caballería al rescate!» La infantería había despejado la colina, era el momento de que la aviación interviniera y se ocupara del valle.

Pero cuando Frank entrecerró los ojos para ver los aviones ahora iluminados desde atrás por el castigador sol tropical, vio un penacho de humo procedente de uno de ellos. Le habían dado al avión. ¿Cómo era posible? Venían de atrás, venían de territorio en manos de los americanos, ¿quién había disparado a un avión americano desde atrás?

De hecho, eran americanos de la cabeza de playa los que habían disparado a aviones americanos, pensando (erróneamente) que eran bombarderos japoneses. Los aviones americanos, a su vez, pensaron que los japoneses les habían disparado (dos de los B-25 cayeron envueltos en llamas), y así, cuando miraron hacia abajo y vieron a los «japoneses» que pensaban que les habían disparado en la colina 250, llegó el momento de devolver el golpe.

Pero, claro está, no había japoneses en la colina 250, sino los hombres de la unidad de mi padre.

Pasando casi a la altura de la copa de un árbol, los B-25 ametrallaron la colina 250 con sus balas. Frank y sus hombres no tuvieron tiempo de señalar que estaban del mismo lado. No había ningún lugar al que correr para ponerse a cubierto. Se echaron al suelo y rezaron. Frank vio las balas trazadoras procedentes de los aviones dirigiéndose directamente hacia ellos. Aceptó que era el final de su vida, y cerró los ojos mientras esa vida, con todas las escenas de alegría y pobreza y familia, pasaban ante sus ojos en un instante. Sabía que el instante siguiente sería el último.

Cuando Frank abrió los ojos, su vida no había terminado. Sin embargo, la escena que tenía delante nunca habría querido verla. A su lado yacía uno de sus amigos. Su rostro había desaparecido. Frank miró por encima del cadáver y vio a una docena de hombres de su unidad tendidos allí, acribillados, hombres pidiendo auxilio a gritos, algunos vivos, otros quizá muertos, con manchas cada vez más grandes de la sangre que manaba de numerosas heridas. En total, había catorce marines heridos y uno estaba muerto. Solo Frank estaba ileso. Por un momento estuvo convencido de que también él estaba muerto, porque simplemente no era posible sobrevivir a tantas balas disparadas desde tan cerca, balas que no solo penetraron los cuerpos de sus camaradas sino que también levantaron la roca volcánica que los rodeaba. ¿Cómo era posible? ¿Por qué estaba ileso? ¿Y por qué en nombre de Dios ese buen marine que tenía a su lado había muerto a manos de otros americanos?

Frank recordaba poco de lo que ocurrió a continuación. Aparentemente los marines de la línea del frente, detrás de él, habían sido testigos de todo el incidente asombroso. Llegaron hasta la posición de Frank y los demás mientras mi padre trataba de administrar primeros auxilios a sus compañeros. Llamaron a médicos y camilleros y, después de que atendieron a los heridos, Frank fue llevado otra vez al punto de escala, al lado de la orilla.

—Estoy bien —dijo Frank después de unas horas de descanso—. Estoy listo para volver.

—Pronto será de noche —le dijo un cabo—. Creo que está bien que te quedes aquí con nosotros.

Pensó que quizás alguien querría hablar con él para hacer un informe o algo. Pero había una guerra en marcha, una guerra real, y después de que le preguntara a un teniente por qué había ocurrido este trágico error, le dijeron que eso ocurría constantemente en la guerra.

—Has de seguir adelante y vencer.

Después de eso, Frank no volvió a preguntar al respecto.

Al día siguiente, se corrió la voz de que el capitán Moyer y los cinco hombres que lo acompañaban habían muerto en una misión de reconocimiento. Frank comprendió que así iban a ser las cosas. Muerte, y luego más muerte. Pronto apareció otro capitán de la línea del frente con dos soldados que se habían «rajado» por la dureza de la situación.

—Estos tipos son mis radiotelegrafistas —dijo el oficial al mando—. Ahora no me sirven. Cámbiemelos por uno de sus hombres.

El teniente miró a Frank.

—Este hombre es ametrallador. Se lo cambio.

—No necesito un ametrallador, necesito un radiotelegrafista. Alguien que pueda llevar bobinas de cable de radio, correr deprisa y agacharse.

—Este hombre sabe cómo agacharse. Créame.

—¿Telegrafista? —preguntó Frank—. ¿Transportar y utilizar la radio desde la línea del frente al puesto de mando?

—Sí.

—¿Y no volver a disparar un arma?

—No. No puedes disparar un arma y llevar cables al mismo tiempo. Te dispararían. Primero buscan a los tipos de la radio para que no puedan hablar con el cuartel general. Si aceptas el puesto, será mejor que tengas agallas y unos buenos movimientos de baile para esquivar a estos japos.

¿Agallas? ¿Movimientos de baile? ¿Por qué no habían empezado por ahí?

—Fui telegrafista el resto de la guerra —dijo mi padre al terminar su relato—. Nunca volví a llevar una metralleta. Me dispararon una y otra vez, pero yo no podía devolver los disparos porque tenía que llevar los cables. Fue una decisión descabellada.

Le di las gracias por contarme todo esto, pero yo tenía trece años y, al final, estaba nervioso y mirando el reloj. Quería salir y estar con los amigos. Mi padre no se fijó en nada de eso, porque su mente seguía en 1943.

—Cada Navidad pienso en ese día. Sobreviví, en cierto modo tuve suerte, supongo —dijo, y su voz se fue apagando.

—Papá, eh, ¿puedo irme ya? A lo mejor puedes contarme otra historia de guerra luego.

Pasaron años hasta que oí otra.

Jueves Santo

—¡No te quedes ahí que vienen los negros!

Walter tenía doce años, y solo estaba tratando de ser amable.

—¿Qué estás diciendo? —pregunté de pie en su sendero de entrada con mi guante de béisbol y un bate, con la esperanza de jugar algún partido antes de que anocheciera.

—¡Los negros de Detroit se han rebelado! Mi padre dice que ahora mismo vienen para aquí. ¡Nos vamos al norte!

Y vaya si lo hicieron. No perdían tiempo y estaban llenando apresuradamente la furgoneta con comida, provisiones y escopetas. La madre de Walther, Dorothy, gritaba órdenes a sus seis chicos sobre lo que tenían que cargar y lo que tenían que dejar atrás. Yo me quedé allí sobrecogido por la ingeniería de precisión de esta operación. Era como si hubieran hecho el ejercicio muchas veces antes. Me fijé en que, unas puertas más abajo, otra familia estaba haciendo lo mismo. Empecé a asustarme.

—Walter, no lo entiendo. ¿Por qué hacéis esto? ¿Vais a volver?

—No lo sé. Nos largamos. Papá dice que los negros de Detroit están en camino y que llegarán en cualquier momento.

¿En camino hacia dónde? ¿Hacia aquí? ¿Vienen a Hill Street?

—Walter, creo que Detroit está muy lejos de aquí.

—No, no, no está lejos. ¡Papá dice que pueden llegar en cualquier momento! —Walter chascó los dedos, como si así pudiera hacer aparecer por arte de magia a un negro para que diera fe de sus palabras—. Se van a reunir con los negros de Flint y entonces vendrán a matarnos a todos.

Aunque nunca había oído nada tan fantástico antes, no me resultaba desconocida esa clase de actitud en la ciudad de Davison cuando se trataba de la cuestión de la «gente de color». Los negros —a los que se referían con palabras de desprecio— simplemente no eran bien recibidos. Que yo supiera, no había ni una sola persona negra entre los 5.900 habitantes de la ciudad de Davison. Considerando que estábamos al lado de Flint, una ciudad con cincuenta mil personas negras, no era casualidad. Desde hacía muchos años, los agentes inmobiliarios sabían qué hacer cuando los negros trataban de trasladarse de Flint a Davison. Y existía un pacto no escrito, aunque no siempre no hablado, entre los residentes de la ciudad para no vender nunca la casa a una familia negra. Eso mantuvo las cosas bonitas y ordenadas y blancas durante décadas.

Esta actitud no existía un siglo antes. En las décadas de 1850 y 1860, Davison era una parada del Ferrocarril Subterráneo, una serie de destinos secretos que se extendían desde el valle del río Ohio hacia el norte a través de Indiana, Ohio y hasta Michigan, hasta la frontera canadiense, donde los esclavos negros que escapaban encontrarían su libertad. Había más de doscientas paradas secretas a lo largo del Ferrocarril en el estado de Michigan. Los miembros del Partido Republicano de Michigan trabajaban mucho en el Ferrocarril Subterráneo, ayudando a los esclavos fugitivos, ofreciéndoles corredores seguros y escondiéndolos en sus casas.

Sin embargo, la ley federal permitía a los cazarrecompensas del sur ir a estados como Michigan, secuestrar legalmente a todos los esclavos que encontraran y llevarlos otra vez a casa con sus amos. Era una de las muchas concesiones que el norte había hecho a lo largo de los años para mantener a los estados esclavistas contentos y en el seno de la Unión. Por consiguiente, un esclavo no era libre simplemente por escapar a un estado libre; tenía que llegar hasta Canadá.

Así que centenares de ciudadanos de Michigan corrieron cierto riesgo al proteger a las víctimas de este sistema cruel y bárbaro. Una de esas personas era el propietario de la casa de la esquina de Main y la Tercera en Davison, a solo noventa y cinco kilómetros de la frontera con Canadá. Se decía en los últimos años que la familia de esta casa tenía un escondite en la bodega y que la gente mantenía el secreto ante la horda de cazarrecompensas que merodeaban por el pueblo. (Esa casa se convertiría en la casa de mis abuelos.)

En Davison se convirtió en una cuestión de orgullo que el pueblo participara en algo importante, histórico. Muchos de los chicos de la zona pronto partirían hacia la guerra de Secesión, y cuando terminó la esclavitud, la gente de Davison estaba orgullosa del pequeño papel que desempeñaron para que eso ocurriera.

Ese no era el ambiente en un sofocante día de agosto en el verano de 1924, cuando veinte mil personas se reunieron en el hipódromo de Rosemore en Davison para asistir a una concentración de los Caballeros Benévolos del Ku Klux Klan. Mirando las fotos de ese día, con miles de ciudadanos con túnicas blancas, uno se pregunta el calor que pasarían, sobre todo con esas capuchas puntiagudas. Aunque muchos no llevaban las capuchas. No había razón para ocultar su identidad ya que parecía que todo el mundo formaba parte de esta magnífica organización dedicada a aterrorizar y linchar a negros.

Sin embargo, en el verano de 1924, la cuestión no era tanto los negros de Flint (la mayoría de los cuales habían aprendido el lugar que les correspondía y a no protestar). No, el problema al que se enfrentaba el Klan en esa tarde de domingo eran los «papistas», los católicos. Al parecer, los católicos habían empezado a presentarse a cargos políticos. Se estaban trasladando a barrios protestantes, y esto no parecía el orden natural de las cosas. Los católicos también habían empezado con los matrimonios mixtos, lo cual había creado una sensación repulsiva entre los fieles congregados. El matrimonio, como todos deberían saber, tenía que celebrarse entre un hombre protestante y una mujer protestante (y, sí, podía ser entre un hombre católico y una mujer católica, pero no entre un católico y una protestante).

El padre de mi madre (el abuelo Wall) no comprendía estas reglas (y había que perdonarlo, porque, al fin y al cabo, era canadiense). En 1904, él, un anglicano, se casó con mi abuela, católica. Y el Klan quemó una cruz delante del patio de su casa en Davison.

—No era una gran cruz —comentaría después mi abuela—. Pensaba que mereceríamos más que una cruz de metro veinte.

Durante las décadas de 1920 y 1930, Davison y otras partes de Michigan eran caldos de cultivo del fanatismo. Desde el padre Charles Coughlin en Royal Oak —sermoneando contra los judíos cada domingo en su programa para toda la nación— hasta las concentraciones dominicales del Klan en Davison (y en Kearsley Park en Flint) ya había bastante de que avergonzarse y bastante de lo que asombrarse por lo lejos que el estado había vagado a la deriva desde los días de la encantadora humanidad del recién nacido Partido Republicano; un partido que no solo terminó con la esclavitud, sino también con la pena de muerte y que defendió el derecho al voto para las mujeres. De pronto, lo que teníamos eran escenas como Henry Ford recibiendo medallas de Hitler.

Fue en la última semana de julio de 1967, y la única cosa en la que pensaba era en que pronto íbamos a mudarnos a seis manzanas de distancia, ¡a una calle asfaltada! Pero en Detroit, a unos cien kilómetros, la ciudad estaba en llamas. Había salido en las noticias la noche anterior. Por lo que pude saber, la policía había tratado de detener a todas las personas negras en un club *after-hours* en el que se celebraba una fiesta para veteranos que habían regresado de Vietnam. Esto ofendió al barrio y desencadenó protestas inmediatas, que luego degeneraron en violencia. Llamaron a la Guardia Nacional y la mayoría de la población del sureste de Michigan estaba convencida de que los disturbios raciales que habían estallado dos años antes en Watts —y en Newark, solo dos semanas antes— estaban en pleno apogeo en nuestro estado.

Lo que no se comprendió en ese momento es que, de hecho, fue una revuelta de los pobres de Detroit, y los pobres se encontraron a la policía y la Guardia Nacional enloquecida y abatiendo a tiros a cualquier persona sospechosa de piel negra.

En Flint, en cambio, las cosas eran diferentes. El año anterior, la ciudad había elegido al primer alcalde negro del país, Floyd McCree. McCree era considerado una figura querida en Flint, una ciudad en la que todavía el 80% de la población era blanca. Los votantes de Flint también aprobarían pronto la primera ley de puertas abiertas del país, ilegalizando la discriminación en el alquiler o venta de una casa. Aunque los barrios de Flint estaban en gran medida segregados, parecía existir el deseo de «arreglar las cosas» en lo relacionado con la cuestión racial.

Y eso hacía que la familia de Walter y su alocada fuga me parecieran completamente absurdos. Flint no iba a explotar, y los negros no iban a matarme. Ni siquiera tenía que preguntárselo a uno de mis padres para confirmarlo. De hecho, mi mayor temor era que mi madre podría haber oído a Walter diciendo «sucio negro», una expresión que nunca se pronunciaba y que estaba específicamente prohibida en mi casa. Me sentiría avergonzado si mi madre me gritaba que volviera a la casa, pero no había nada de que preocuparse, porque ella y mi padre estaban planeando nuestra mudanza a Main Street.

La furgoneta estaba llena hasta arriba de pertrechos y paranoia, y así se alejaron calle abajo, con los neumáticos levantando gravilla en su huida hacia la seguridad.

No hubo revuelta en Flint, pero Detroit ardió durante una semana. Cada noche, en las noticias locales, escenas de guerra en Detroit sustituyeron a las escenas de guerra en Vietnam. Los disturbios sacudieron a todo el estado. Detroit, esa ciudad hermosa y pródiga, no volvería a ser la misma. En años posteriores, sería difícil que nadie comprendiera lo que eso significaba, pero los que crecimos a tiro de piedra veíamos Detroit como nuestra ciudad esmeralda, un lugar lleno de vida, con las aceras repletas de personas y tiendas que eran la envidia del Medio Oeste, y universidades y parques y jardines y un museo de arte (con su mural de Diego Rivera), el Detroit de Aretha Franklin, de Iggy Pop y Bob Seger y los MC5, y Belle Isle y Boblo y la planta doce del Hudson, donde el verdadero Santa Claus se sentaba en su trono y nos prometía un futuro envuelto en papel de regalo, un futuro de posibilidades sin fin y alegría eterna, «en Cometa y Cúpido y Trueno y Rayo y... y... y» y en un abrir y cerrar de ojos había desaparecido. Todo. No es que no supiéramos adónde fue ni que no pudiéramos recordar por qué. Sabíamos cuándo ocurrió; sabíamos el momento exacto en que ocurrió. Subió por Woodward y recorrió la calle Doce hasta Grand River Avenue, pasando por el Tiger Stadium y sin detenerse hasta que se llevó nuestro último resto de optimismo. Y luego nosotros corrimos, *da-doo-ran-run*, para alejarnos de ellos, para dejarlos atrás, para dejar que sufrieran y se revolcaran en el sufrimiento del que nunca habían salido desde que nosotros, los de Michigan, encabezamos la carga para liberarlos. El presidente Johnson envió la 82.ª División Aerotransportada a Detroit al cuarto día, junto con tanques y ametralladoras: la guerra de Vietnam por fin en casa. Cuando terminó, cuarenta y tres personas habían muerto y dos mil edificios habían sido destrozados o arrasados por las llamas, y nuestro espíritu estaba enterrado bajo los escombros.

Fue con ese telón de fondo que mi padre llevó a la familia al partido de los Tigers en Detroit, solo un par de semanas más tarde. Las entradas las había comprado al principio del verano y, aunque mi madre expresó su preocupación respecto a la prudencia de semejante «viaje» a Detroit en un momento así, supongo que decidieron que desperdiciar unas entradas que habían pagado era un crimen mayor, así que allí que fuimos.

Era un jueves por la noche, un momento inusual para ir en coche a Detroit a ver un partido. Mi padre prefería conducir durante el día; todas las excursiones anteriores las hicimos a partidos diurnos en sábado o domingo. Pero ese era un partido contra los Chicago White Sox, que ese año tenían a Tommy John y Hoyt Wilhelm de *pitchers*, y al ex Tiger Rocky Colavito de *outfielder*. Mi padre pensó que sería un buen partido porque los dos peleaban por el título.

No lo fue. Los Tigers perdieron 1-2. Pero fue mi primer partido nocturno y, aunque puede que esto no me haga sonar como un tipo muy aficionado a los deportes, fue un momento verdaderamente mágico para mí ver ese estadio histórico bañado en una luz tan brillante como si viniera del cielo, o al menos de una planta nuclear cercana.

Al terminar el partido, había tensión en el público que salía al barrio que bordeaba la zona de los disturbios. Era la Marcha de los Blancos Asustados. La gente caminaba con esa especie de marcha atlética que provoca el sonido de una sirena de tornado. Camina, no corras, pero corre. Corre, que te va la vida.

Llegamos a nuestro coche, un Chevrolet Bel Air de 1967, que mi padre había estacionado en un aparcamiento de pago en lugar de dejarlo en la calle como de costumbre. La gente no pensaba en ahorrar dinero de parking en ese mes posterior a los disturbios. Pensaba en salir viva.

Salimos del aparcamiento de Cochrane Street y nos dirigimos por Michigan Avenue hasta que llegamos al giro a la derecha que nos llevaría a la autopista Fisher en dirección norte. Al acercarnos a la rampa empezó a salir humo del capó de nuestro coche. Mi padre, pensando que podría haber una gasolinera al otro lado de la rampa de acceso, continuó por el paso elevado y se adentró en territorio desconocido. Fue allí donde el Chevrolet simplemente se murió. Miré el cartel de la calle. Estábamos en la calle Doce, zona cero de los disturbios. Se lo señalé a mi padre, y él se agitó de un modo que rara vez había visto.

—Estad tranquilos —dijo en una voz que no se parecía en nada a la calma—. ¡Poned los seguros!

Obedecimos de inmediato, pero él vio el creciente terror en nuestras caras y lo tomó por falta de fe en su capacidad para sacarnos de ese brete.

—Maldita sea. No sé por qué hemos venido aquí. ¿Nadie estaba prestando atención?

Pensé que era impresionante que mi padre pudiera ser al mismo tiempo filosófico sobre por qué estábamos en Detroit y acusatorio respecto a un fallo accidental en los fluidos del motor.

Mi madre y mis hermanas se quedaron muy calladas. Estaba convencido de que estaba oyendo el latido de sus corazones, pero el golpeteo real lo estaba causando un hombre negro que llamaba a nuestra ventana.

—¿Necesitan ayuda? —preguntó, mientras el pánico inundaba el interior del Chevrolet.

—Sí —respondió mi padre.

—Bueno, echemos un vistazo a ver cuál es el problema —se ofreció el hombre negro.

—Quedaos dentro —dijo mi padre—. Yo me encargaré de esto. —No parecía un hombre deseoso de encargarse de eso.

Miré por la ventanilla de atrás y vi que el coche del hombre estaba aparcado detrás del nuestro. Y en su interior había una mujer y dos o tres niños.

—¿Viene del partido? —le preguntó el hombre a mi padre, al reunirse con él junto al capó humeante.

—Sí.

—Nosotros también. Venimos de Pontiac. ¡Vaya pena de partido!

Los dos padres levantaron el capó, se asomaron y enseguida encontraron el problema.

—Tenemos roto el tubo del radiador —nos gritó papá.

El hombre negro volvió a su coche y abrió el capó. Sacó

una jarra de agua y se la dio a mi padre para que la echara en el radiador.

—Con esto debería poder circular unas manzanas hasta la gasolinera —dijo el desconocido—, pero yo iría en la otra dirección.

Mi padre le dio las gracias por su amabilidad y le ofreció pagarle algo, pero el hombre lo rechazó.

—Me alegro de haber podido ayudar —dijo el hombre—. Espero que alguien haga lo mismo por mí si lo necesito. ¿Quiere que lo siga?

Mi padre, probablemente todavía preguntándose si él habría parado si lo hubiera visto en apuros, le dijo que no, que no tendríamos problema. Nos limitaríamos a volver hacia Michigan Avenue donde seguramente habría algo abierto.

Y así fue. El empleado de la gasolinera sustituyó el tubo del radiador, llenó el radiador y nos pusimos en camino.

—Hemos tenido suerte —dijo mi padre cuando ya estábamos alrededor de Clarkston—. Nos hemos encontrado con un buen hombre. Y no vamos a volver a ir a un partido nocturno.

Ocho meses después, y solo seis días antes del primer partido de una nueva temporada de los Tigers de Detroit (en la que ganarían las Series Mundiales), se acercaba la Semana Santa. Pensando en la Pascua, ese año las monjas consideraron que sería buena idea que conociéramos el origen de la última cena de Jueves Santo.

—Los apóstoles y Jesús eran judíos —nos dijo la hermana Mary Rene—. No eran cristianos ni católicos. Eran judíos y observaban las tradiciones judías. Y esa semana, Jesús había ido a Jerusalén a celebrar la Pascua, la fiesta judía que conmemoraba el momento en que Dios les dijo a los judíos que extendieran sangre de cordero en las puertas de sus casas en Egipto. Esto se hizo para que cuando el ángel de la muerte estuviera haciendo sus rondas para matar a todos los primogénitos varones de los egipcios supiera dónde estaban las casas de los judíos para poder saltárselas. Esa era la forma que tenía Dios de poder mandar un mensaje al faraón: deja que Moisés y los judíos se vayan o te joderé bien. —La monja no usó esa palabra, pero creo que habría estado bien que la usara.

Bueno, bien, genial, menuda historia, y como yo era el primer y único hijo varón de la familia, me resultó ligeramente interesante cuando no aterradora. Dios, en el Antiguo Testamento, daba la impresión de estar buscando bronca. Constantemente estaba exterminando tribus enteras o arrojando hombres al estómago de ballenas. Todo un problema de actitud, pensaba. ¿Y por qué este ángel de la muerte no era lo bastante listo para saber cuáles eran las casas de los egipcios y cuáles las de los judíos sin tener que manchar las puertas de las casas de los judíos con sangre, con lo que cuesta de limpiar? ¿No podía distinguirlos por la clase de arquitectura diferente que usaba cada grupo, los egipcios con sus casas coloniales y los judíos con sus cabañas de esclavos a reformar? Además, esa sangre en la puerta no atentaría contra la seguridad de los judíos, sobre todo considerando que a la mañana siguiente los egipcios van a despertarse y descubrir a un niño muerto en la casa y dirán: «¡Vamos a por los judíos!» Pero entonces uno se pregunta: «¿Cómo demonios vamos a encontrarlos?», y seguidamente alguien entra corriendo y dice: «Eh, todos tienen sangre en los portales. Quememos las cabañas con la sangre de cordero.»

La hermana Mary Rene, como la hermana Raymond y las otras monjas, se esforzaban mucho en hacernos ver que, al contrario de lo que podríamos haber oído, los judíos no mataron a nuestro Señor y Salvador. Lo hicieron los romanos. Jesús era judío, había nacido judío y murió judío y le molestaría mucho pensar que culpábamos a su propio pueblo por su fallecimiento, que de todos modos tenía que producirse para que pudiera levantarse de entre los muertos e iniciar nuestra religión. ¡Claro!

Las monjas contactaron con una de las tres sinagogas de Flint para ver si podían enviar a algunos estudiantes de séptimo y octavo a una cena de Pésaj para que pudiéramos aprender la tradición judía en esta época del año. El rabino estuvo encantado y pasamos una semana aprendiendo a cantar *Hava Naguila* como una especie de agradecimiento a ellos.

No recuerdo mucho de ese evento que llamaban Séder, salvo que alguien hacía cuatro preguntas y que no podíamos poner el pastel de chocolate en el plato por el que había pasado carne.

Faltaba una semana para el Jueves Santo de 1968, era el jueves anterior al Domingo de Ramos, el día que Jesús entró en Jerusalén para prepararse para lo que sería su última Pascua el siguiente jueves. En la iglesia de St. John, durante la cuaresma, o bien había un servicio de cuaresma o una misa cada noche de la semana. Me pidieron que hiciera de monaguillo ese jueves en particular. Hubo lecturas de los Evangelios y comunión y la consagración del altar con incienso.

Me dieron el incensario de plata que contenía el carbón encendido en el cual ponías el incienso y que luego movías en torno al altar y por toda la iglesia. Contenía todas mis actividades favoritas en una: fuego, humo y emitir un olor extraño.

Al finalizar la misa, uno de mis deberes consistía en sacar el incensario de la iglesia, echar el incienso incandescente y el carbón al suelo y esparcirlo con el pie.

Era una tarde gélida de principios de abril, y el vestuario que llevaba por encima de mi ropa no bastaba para protegerse del viento helado que me levantaba la sotana negra y me invitaba a volver a entrar lo antes posible. Vacié los restos del incienso en el suelo aún congelado y los esparcí, apretando con fuerza con el talón del zapato hasta que se apagaron. Fue entonces cuando un hombre del aparcamiento, un feligrés que había salido antes hacia el coche para calentarlo, oyó un boletín de noticias en la radio. Excitado, quería compartirlo con todos los que salían de la iglesia. Se puso de pie en el interior del coche, con la puerta abierta, para que todos los que salían de misa pudieran oír su gozoso anuncio.

—¡Han disparado a King! ¡Han disparado a Martin Luther King!

En ese momento —en lo que recordaré durante el resto de mi vida como una de las cosas más deprimentes de las que he sido testigo—, la gente vitoreó. No todos, ni siquiera la mayoría, pero más que unos pocos. Un ruido espontáneo de alegría surgió de las bocas que acababan de recibir el cuerpo de Cristo. Un chillido, un grito, otro grito, vítores. Todavía estaba procesando la apabullante y trágica noticia sobre el reverendo King que acababa de oír; que acababa de oír de boca de un hombre que la dijo con la seguridad de que a partir de ese momento todo iría bien, ahora que este negro, este sucio negro, este terrorista, no iba a molestarnos más. Aleluya.

Incliné la cabeza en dirección a la puerta de la iglesia para ver quién en el nombre de Dios estaba celebrando ese momento. Alguna gente sonreía. Pero la mayoría estaban aturdidos. Algunos se quedaron en silencio, otros corrieron a sus coches para poder encender las radios y oír por sí mismos que ese alborotador ya no estaba entre nosotros. Una mujer se echó a llorar. La gente divulgó la noticia en el interior de la iglesia a aquellos que todavía no habían salido. Hubo una gran conmoción, y yo solo pude pensar en ese estúpido ángel de la muerte y en quién demonios había olvidado la sangre de cordero esa noche en Memphis. No habría Pascua.

¿Qué había de especial en esa noche? Cada Pascua, a partir de ese día y durante el resto de mi vida, conocería la amarga respuesta.

El exorcismo

—*Kick out the jams, motherfuckers!* —grité en la escalera.

O'Malley, mi compañero de habitación gamberro, me dio un bofetón en la cara.

—¡Calla, joder! ¡El padre Waczeski está aquí!

Me volví rápidamente para ver si el sacerdote me había oído, pero no había ningún cura allí. O'Malley, que tenía un año más que yo, solo quería arrearme un bofetón. Se rio con su habitual risa siniestra y me dio otra vez.

—Basta —dije—. Solo estaba cantando la nueva canción de los MC5.

—Entonces canta la versión «limpia», la que ponen en la radio. *Kick out the jams, brothers and sisters.*

¿Qué coño le importaba la versión «limpia»? O'Malley era lo contrario a la limpieza. Era más bien una versión de la pesadilla de cualquier madre. ¿Qué estaba haciendo un matón como él en el seminario?

A los catorce años decidí que era el momento de irme de casa. Aburrido de la escuela desde primero, pero ofreciendo educadamente mi tiempo para tener a todo el mundo contento, me di cuenta de que podía hacerme un favor a mí y al mundo (estuviera donde estuviese) si me hacía sacerdote católico. No estoy seguro del día en que recibí «la llamada», pero puedo garantizar que no hubo visiones ni voces del cielo, ni zarza en llamas ni aparición de la Virgen. Lo más probable es que estuviera viendo las noticias, probablemente vi a uno o a los dos hermanos Berrigan —los sacerdotes católicos radicales— irrumpiendo en una oficina de reclutamiento y destruyendo las cartillas de jóvenes a los que iban a mandar a Vietnam, y me dije a mí mismo: «Vaya, eso es lo que quiero hacer de mayor.» Me gustaba la idea del sacerdote como héroe de acción, y pensaba que eso podía hacerlo. Me gustaba ver sacerdotes que se manifestaban con el reverendo King y terminaban detenidos. Me gustaban los sacerdotes que ayudaban a César Chávez a organizar a los campesinos. No estaba completamente seguro de qué significaba todo ello; simplemente me parecía una acción decente. Era bastante básico: tenías la responsabilidad de ayudar a quienes están peor que tú. Nunca iba a jugar en los Pistons ni en los Red Wings, así que el sacerdocio me parecía una buena alternativa.

Claro que antes tuve que convencer a mis padres para que me dejaran irme de casa. No les gustó la idea. Eran los mismos que no me habían dejado saltarme el primer curso, y desde luego no estaban dispuestos a que me marchara de Davison. Pero les dije que había recibido «una llamada», y si en esos tiempos eras un católico devoto y tu hijo te decía que había recibido «una llamada», más te valía no arriesgarte a interponerte entre el Espíritu Santo y el único hijo que has engendrado. Aceptaron, a regañadientes.

La formación en el seminario duraría doce años antes de que me ordenaran sacerdote. Cuatro años de educación secundaria, cuatro años de universidad y cuatro años de formación teológica. La parte de la educación secundaria era opcional, pero para los que sentían la llamada había dos seminarios en Michigan para estudiantes de secundaria: el Sagrado Corazón de Detroit y el St. Paul de Saginaw. Había pasado menos de un año desde los disturbios de Detroit, así que el Sagrado Corazón estaba descartado para mis padres. Fue el St. Paul.

La primera noche después de que mi madre y mi padre me dejaran en el seminario en septiembre de 1968, ya empecé a preguntarme por la sensatez de mi decisión. Mis dudas no estaban generadas por las reglas estrictas que tenía que seguir:

levantarme a las 5 de la mañana para rezar, largos períodos de silencio forzado, imposibilidad de entrar en tu habitación entre las 8 de la mañana y las 8 de la noche, estudios difíciles (nueve semanas solo diseccionando una obra de Shakespeare), trabajo duro y labores y castigos severos por desobedecer cualquiera de las normas. Los recién llegados tenían prohibido ver la tele o escuchar la radio durante un año entero. Estábamos estrictamente confinados al seminario, con la excepción de los sábados entre las dos y las cuatro de la tarde, tiempo durante el cual podías caminar tres kilómetros hasta el centro comercial, comprarte una hamburguesa y volver corriendo.

Pero no tenía problemas con todo eso. Mi problema no era con el sistema (al menos al principio), sino con los dos compañeros de habitación que me habían asignado. Mickey Bader y Dickie O'Malley. Mickey y Dickie. Los Ickies los llamaba (pero solo para mis adentros). El problema con el hecho de que ellos estuvieran en el seminario era que ninguno de los dos quería ser sacerdote. Ni hablar. Les gustaban las chicas, las fiestas, fumar y escabullirse del seminario siempre que podían. Y meterse conmigo. Eran lo que los adultos denominaban «delincuentes juveniles». Eran chicos ricos, hijos de hombres importantes en sus comunidades, y parecía que al menos Dickie ya había tenido varios encontronazos con la ley. Sus padres decidieron que quizás el seminario podía enderezarlos, y se me escapaba cómo habían superado el intenso proceso de entrevistas por el que yo había tenido que pasar. Llegué a la conclusión de que sus padres probablemente habían comprado su entrada, y los sacerdotes obviamente estaban necesitados de cualquier clase de «caridad» que pudieran encontrar.

Descubrir que el St. Paul era al mismo tiempo un seminario y un reformatorio no me sentó bien, y me quedó claro que iba a tener que soportar el constante acoso de Mickey y Dickie si quería ser sacerdote. Cuando descubrieron que yo creía de verdad en todas esas «paparruchas religiosas», fueron implacables burlándose de mí mientras rezaba mis oraciones, hacía mis tareas y practicaba latín. Me manchaban las sábanas con salsa de manzana, ponían pósteres de *Playboy* en el lavabo y se entretenían viendo si unas tijeras podían alterar la longitud de mis pantalones. Aunque yo era más alto que ellos, no quería recurrir a la violencia para disfrutar de un poco de paz y tranquilidad, así que me mantenía a distancia de ellos.

Había dos reglas del seminario que decidí enseguida que no podía acatar, y sabía que Dios me perdonaría. En octubre de 1968, los Tigers de Detroit iban lanzados a ganar las Series Mundiales, y como parte de nuestra penitencia por ser recién llegados, no se nos permitía ver ni escuchar los partidos. Estaba convencido de que la orden no procedía del Todopoderoso, así que colé un transistor en mi habitación y lo escondí en la funda de mi almohada. Por la noche, escuchaba los partidos en la cama, con el sonido amortiguado por las plumas de pato de la almohada. Los partidos diurnos me los perdía.

La otra regla era que no podías tener comida en la habitación. Como estaban más interesados en alimentar nuestras almas que nuestros cuerpos, decidí ocuparme de esto último. Ese año, la ciencia había inventado las tartas prehorneadas Pop-Tart (prueba de la existencia de Dios, diría). Colaba cajas de estos artículos celestiales que luego calentaba colocando una hoja de papel encima de mi lámpara y poniendo la tarta encima. Finalmente me descubrió un sacerdote que olió aroma a fresa quemada en el pasillo. Me castigaron con labores extra en la cocina durante una semana y perdí los privilegios de las salidas del sábado por la tarde durante un mes.

La otra cosa de la que disfrutaba era pasar el rato con los chicos mayores. Tenían el don de que se les ocurrieran ingeniosas bromas que les encantaba gastar a la sagrada jerarquía. Mi contribución a este club fue inventar un polvo para sustituir el incienso de la capilla. Lo llamamos «bomba fétida», y cuando el monaguillo puso una cucharada de este «incienso» sobre la brasa del incensario, este soltó un hedor asombroso, una combinación de peste a huevos podridos y hongos de vestuario. La iglesia se vació en cuestión de minutos.

La otra gamberrada, por la cual me hice legendario (pero solo de manera anónima, porque nunca me descubrieron) requirió mi «participación» en la exposición anual de ciencias del seminario. Por supuesto, no me interesaba la ciencia (salvo que la ciencia pudiera hacer una Pop-Tart de chocolate, lo cual al final hizo), pero sí me interesaba gastar la mejor broma de la historia.

Alrededor de una hora antes de que las puertas del seminario se abrieran al público para el festival de ciencias, entré sigilosamente en la sala de exposiciones y coloqué mi «proyecto» en una de las mesas. Era un sencillo tubo de ensayo que contenía un líquido claro (en realidad, aceite de cocina). Lo puse en su lugar y coloqué una tarjeta delante. Decía:

NITROGLICERINA
NO TOCAR O EXPLOTARÁ

Faltaban cinco minutos para la inauguración, y yo me escondí cerca para poder ver las expresiones de la gente ante el peligroso tubo de ensayo. En ese momento, la profesora de ciencias, una monja bajita de setenta y pico años, con gafas gruesas, entró a realizar un último examen a la sala para asegurarse de que todo estaba en su lugar y listo para empezar. Se acercó a mi adición a la exposición y le sorprendió ver en la mesa algo que antes no había estado allí. Se quitó las gafas y las limpió, porque no estaba del todo segura de qué era lo que estaba mirando. Al inclinarse a leer la tarjeta, se le escapó un grito y enseguida se acercó a la caja de alarma antiincendios, rompió el cristal y tiró de la palanca.

Estaba avergonzado.* La broma había ido demasiado lejos. Salí de allí lo más deprisa que pude, y cuando llegaron los

---

* Sí, en el futuro más violento que tenía por delante, esta clase de broma habría resultado en mi expulsión y encarcelamiento. Pero en 1969 solo era divertido.

camiones de los bomberos vi que los hombres entraban y se llevaban el tubo de lo que sabían que no era nitroglicerina. Las monjas y los sacerdotes pidieron disculpas y emitieron una fetua sobre cualquiera que fuera responsable de esto. Nunca capturaron al culpable.

Hay dos tipos de miedo: los miedos normales que son primarios (miedo al dolor, miedo a la muerte) y luego está el temor al padre Ogg.

Ogg daba clases de latín y alemán en el seminario. La Iglesia también le reconocía poderes especiales, y era el único en el seminario que tenía esos poderes. Una noche, nos reunió a algunos de los chicos y nos preguntó si nos gustaría ver cómo podían usarse esos poderes. Ya estábamos asustados del padre Ogg, aunque nadie iba a reconocerlo, y así todos accedimos a dejar que nos los mostrara.

Nos llevó a las «catacumbas» del seminario (una serie de túneles que se extendían por debajo del edificio) para realizar una ceremonia que solo él estaba autorizado a realizar. Se llamaba rito del exorcismo.

El padre Ogg era exorcista.

Aún faltaban tres años para que Hollywood hiciera girar la cabeza de Linda Blair en la película de William Friedkin, de manera que lo único que sabía del exorcismo era que se trataba de una serie de plegarias y rituales realizados sobre el cuerpo de alguien poseído por Satán. El demonio saldría y la víctima se salvaría. El padre Ogg nos explicó que tenía «un promedio de bateo del mil por cien» cuando se enfrentaba a Lucifer.

—Siempre gano —dijo.

Nos aseguró que nos mostraría la ceremonia, pero solo sería de mentirijillas, porque ninguno de nosotros presentaba signos de estar consumido por el mal.

Y yo pensé: ¿no sería mejor si hubiera alguien realmente malvado en St. Paul? ¡Por supuesto que sí! Y por supuesto que lo había.

—Padre —dije con falsa sinceridad—, antes de que empiece, creo que Dickie O'Malley va a enfadarse si lo dejamos al margen de esto. No para de decir que no cree que sea usted exorcista y que le gustaría que lo probara con él. ¿Puedo ir a buscarlo?

—Claro —dijo Ogg, algo ofendido de que alguien cuestionara sus poderes de hacer desaparecer al demonio—, pero date prisa.

Subí corriendo por la escalera y encontré a Dickie donde pensaba que lo encontraría, en la puerta del gimnasio, fumando un cigarrillo.

—¡Dickie!

—Sí, caraculo, ¿qué quieres?

—El padre Ogg quiere verte ahora mismo.

—Sí, bueno, dile que no has podido encontrarme.

—Ha dicho que te ha visto salir aquí a fumar y que si vienes ahora no te castigará.

Dickie sopesó detenidamente la oferta de indulgencia, dio las últimas caladas, me soltó un bofetón y me acompañó a las catacumbas.

—Bienvenido, Dickie —dijo el padre Ogg con una sonrisa malvada—. Gracias por presentarte voluntario.

Dickie lo miró con asombro, pero sintiendo que no tendría problemas si le seguía la corriente, dio un paso adelante, sin saber lo que iba a ocurrir a continuación. Solo me cabía esperar que en unos veinte minutos a partir de ese momento hubiera un nuevo Dickie.

El padre Ogg había traído una mochila negra que no presagiaba nada bueno, con un escudo de armas rojo y palabras en latín repujadas que no entendía. Metió la mano en la mochila y sacó una coctelera llena de agua bendita, un poco de sagrados óleos, media docena de ramas de olivo secas y, mmm, una soga de cuero.

—Ahora, Dickie, en circunstancias normales, te ataría para que no pudieras hacerme daño —dijo el padre Ogg, y eso provocó las risitas de todos los presentes.

—¡No voy a hacerle daño, padre! —protestó Dickie—. Y no va a atarme. Solo estaba fumando.

—En ocasiones sale humo de los poseídos —dijo el padre Ogg—. Algunos se han prendido en llamas, pero no creo que tengas que preocuparte por eso esta noche.

El exorcista empezó con una extraña jerigonza, palabras y lenguaje que nunca había oído. Ese parloteo que salía de su boca a toda velocidad me dio escalofríos. ¡La cosa iba en serio! También asustó a Dickie, que se quedó allí anonadado ante lo que estaba ocurriendo.

—*Exorcizo te, omnis spiritus immunde, in nomine Dei Patris omnipotentis, et in nomine Iesu Christi Fillii eius, Domini et Iudicis nostri, et in virtute Spiritus Sancti, ut descedas ab hoc plasmate Dei Dickie O'Malley, quod Dominus noster ad templum, sanctum suum vocare dignatus est!* —continuó el padre Ogg, salpicando agua bendita por encima de Dickie.

A Dickie no le gustó.

—Vamos, padre. ¿Qué es esto?

—Quédate quieto. ¡Estoy sacando a Satán de tu cuerpo!

Pensé que Dickie saltaría con eso. Por muy sacerdote que fuera el padre Ogg, Dickie no iba a quedarse allí para ser humillado delante de un puñado de estudiantes y dejando que se diera a entender que estaba relacionado con el demonio.

Sin embargo, Dickie no se movió. Estaba intrigado con la posibilidad de que su cómplice fuera la madre de todos los matones, el mismísimo Belcebú. Una sonrisa siniestra apareció en su rostro.

El padre Ogg destapó los sagrados óleos y los esparció en la frente, las mejillas y la barbilla de Dickie. Luego cogió la cabeza de Dickie, la colocó entre sus dos manos y la apretó como si la tuviera en un sargento.

—Ah —gritó Dickie—. Me hace daño.

Era bonito ver a Dickie sufriendo.

—¡Silencio! —gritó Ogg en una voz que habría jurado que no era humana.

—Ephpheta, quod est, Adaperire. In odorem suavitatis. Tu autem effugare, diabole; appropinquabit enim iudicium Dei! —continuó en una lengua antigua, o quizás en un idioma inexistente.

Se supone que ni siquiera debería compartir esto contigo, e incluso el hecho de poner estas palabras sobre papel hace que tenga ganas de ir a ver si está la puerta bien cerrada. (Vuelvo enseguida.)

Era el momento de las ramas de olivo. Nos dio una a cada uno y nos pidió que las sostuviéramos por encima de Dickie, pero sin tocarlo. Ogg cogió entonces su rama y empezó a golpear al pobre Dickie, con cuidado de no darle en ningún sitio que pudiera doler.

—Christo Sancti! —gritó Ogg.

Eso hizo que Dickie se volviera hacia mí, el que lo había metido en esto, y gritara:

—Puto imbécil, ¡te voy a matar!

—¡No hagas que te ate! —gritó Ogg—. *Abrenuntias Satanae? Et omnibus operibus eius?*

Y en ese momento, Dickie se echó a llorar. El padre Ogg, un poco sorprendido, se detuvo.

—Eh, eh, no pasa nada —dijo el exorcista en tono conciliador—. Esto no es real. Era solo una demostración. No tienes el demonio dentro de ti.

Al menos ahora no, pensé. Recé para que este exorcismo, aunque se tratara de una «demostración», tuviera un efecto real en ese miserable matón.

Pero, lástima, no fue así. Al día siguiente, encontré mi transistor en el lavabo y toda mi ropa interior había desaparecido. Una de las monjas se la encontraría esa misma noche en su cajón, con las palabras, escritas con rotulador en todas las cinturillas: «Propiedad de Michael Moore.» No quería aceptar el castigo por delatar a Dickie, así que acaté una semana extra de sacar la basura y no dije nada. Francamente, merecía la pena tener ese tiempo libre para mí, para poder repasar mentalmente a Dickie siendo golpeado con una rama de olivo, con aceite de oliva goteándole en la cara y el demonio abandonando su cuerpo miserable.

No pasé todo el tiempo en el seminario de rodillas u observando extraños rituales o gastando bromas. En realidad, fue uno de los mejores y más desafiantes años de educación que he tenido nunca. A sacerdotes y monjas les encantaba enseñar literatura e idiomas extranjeros. La asignatura que más me costaba era religión. Tenía un montón de preguntas.

—¿Por qué no dejamos que las mujeres accedan al sacerdocio? —pregunté un día, una de las muchas veces en que toda la clase se volvía a mirarme como si fuera un bicho raro.

—¿Has visto a alguna mujer entre los apóstoles? —respondió el padre Jenkins.

—Bueno, parece que siempre había mujeres alrededor: María Magdalena, María la madre de Jesús y su prima como se llame.

—¡Simplemente no está permitido! —Era la respuesta que usaba para poner zanjar las discusiones suscitadas por mis preguntas, entre las cuales estaban:

- Jesús nunca dijo que había venido para empezar la Iglesia católica, sino que su trabajo consistía en llevar al judaísmo a una nueva era. Así pues, ¿de dónde sacamos la idea de la Iglesia católica?
- La única vez que Jesús pierde los nervios es cuando ve a todos estos tipos prestando dinero en el Templo y destroza todo su tenderete. ¿Qué lección hemos de sacar de eso?
- ¿Cree que Jesús enviaría soldados a Vietnam si estuviera aquí ahora?
- En la Biblia no se menciona a Jesús entre los doce y los treinta años. ¿Adónde cree que fue? Yo tengo algunas teorías...

El primer día de la clase de literatura inglesa, el padre Ferrer anunció que pasaría nueve semanas diseccionando *Romeo y Julieta*, palabra por palabra, línea por línea, y nos prometió que al final comprenderíamos tan bien la estructura y el lenguaje de Shakespeare que durante el resto de nuestras vidas disfrutaríamos de la genialidad de todas sus obras (una promesa que se cumplió).

He de decir que, vista en retrospectiva, la elección de una historia de amor heterosexual con personajes que eran de nuestra edad y que tenían relaciones sexuales era un movimiento audaz por parte de este buen sacerdote. O sadismo. Porque si íbamos a ser sacerdotes, no se nos permitiría ninguna Julieta (ni ningún Romeo) en nuestras vidas.

Devoré cada frase de *Romeo y Julieta*, y la obra me daba vueltas en la cabeza y ponía mis hormonas en una red de maravillosa excitación. Por desgracia, no había leído el reglamento antes de apuntarme al seminario, y esto es lo que decía:

NO PUEDES TENER RELACIONES SEXUALES,
NI UNA SOLA VEZ EN TU VIDA.
Y MENOS CON UNA MUJER.

Vaya, si lo hubiera leído en octavo, no estoy seguro de que hubiera comprendido todas las ramificaciones de acatar esta prohibición. Cuando se me explicó en noveno en el seminario, algo parecía extrañamente mal en esta regla. Llámame loco, pero seguía oyendo voces en mi cabeza:

«Mmmm... chicas... bien... pene... feliz.»

Las voces se intensificaban los martes y jueves por la tarde. Era entonces cuando a los seminaristas que tocábamos un instrumento musical nos metían en un autocar y nos llevaban a la escuela secundaria católica de la cercana Bay City para actuar con la banda de la escuela. No éramos suficientes para montar nuestra propia orquesta en el seminario y los sacerdotes —que disfrutaban de la cultura y el arte y con frecuencia se sentaban y conversaban entre ellos en italiano— no querían que aquellos que sentíamos inclinación por la música descuidáramos nuestras «otras vocaciones».

A mí me pusieron en la sección de clarinete, al lado de una chica llamada Lynn. ¿He mencionado que era una chica? En el seminario, pasaba 166 horas cada semana rodeado solo por chicos. Pero durante esas dos horas gloriosas estaba en proximidad del sexo contrario. Los dedos largos y hábiles de Lynn, que usaba en su clarinete, eran una belleza a contemplar (lo mismo que sus pechos y piernas y su sonrisa, pero solo escribo sonrisa por si acaso alguno de los sacerdotes todavía está vivo y lee esta historia, pues, a decir verdad, y aunque sé que era agradable, no recuerdo su sonrisa, porque esta quedaba oscurecida por sus pechos y piernas y cualquier otra cosa que no se pareciera a un seminarista). Estar en una banda de un colegio secundario católico mixto literalmente me volvió loco.

Me esforcé en pensar en la regla y en sacrificar este deseo como penitencia por el mero hecho de pensar en lo que podría existir debajo de su uniforme de colegiala católica. Pero un chico de quince años no puede hacer tanta penitencia, y un día pregunté a otro de los seminaristas en el autobús de la banda:

—¿Quién demonios inventó esta regla?

Dijo que no lo sabía y que «probablemente fue Dios». Claro.

Un fin de semana, releí los cuatro Evangelios y en ningún sitio, ¡en ninguno!, decía que los apóstoles tuvieran vetado el sexo o casarse o disfrutar de sus penes. Como mi trabajo de después de la escuela consistía en ser ayudante en la biblioteca, hice mi propia investigación. Y esto es lo que encontré: los sacerdotes de la Iglesia católica, durante los primeros mil años, podían casarse. ¡Tenían relaciones sexuales! Pedro, elegido por Jesús para ser el primer papa, estaba casado, como la mayoría de los apóstoles. ¡Igual que treinta y nueve papas!

Pero entonces a algún papa del siglo XI se le metió en la cabeza que el sexo era repugnante y las mujeres aún más, así que prohibió a los sacerdotes que se casaran o mantuvieran relaciones sexuales. Eso hace que te preguntes dónde empezaron otras grandes ideas retorcidas de la historia (por ejemplo, ¿a quién se le ocurrió el juego del bridge?). Lo mismo podrían haber hecho que fuera pecado rascarte cuando te pica.

Empecé a pasar mucho tiempo en el trabajo de la biblioteca yendo al sótano, donde se guardaban las revistas viejas. Los sacerdotes cultos estaban suscritos a *Paris Match* y digamos que en Francia, en 1969, las mujeres tendían a ir «frescas» en verano. Todos mis primeros amores pueden encontrarse allí, en la hemeroteca del seminario St. Paul.

Al acercarnos al final de nuestro estudio de *Romeo y Julieta*, el padre Ferrer anunció que había una película nueva en los cines basada en la obra y que haríamos una salida para verla. Esta versión era del director italiano Franco Zeffirelli, y poco sabía el sacerdote (¿o lo sabía?) que su grupo de chicos de quince años se vería expuesto por primera vez a pechos de quince años, en concreto a los del cuerpo de la actriz que hacía de Julieta, Olivia Hussey.

Esa noche, después de ver *Romeo y Julieta*, los novatos que gemían por el pasillo sonaban como un cruce entre un coyote perdido y un coro que trataba de afinar. Solo diré que esa noche me convertí en entusiasta admirador de la señorita Hussey, y en ex seminarista del sacerdocio católico. Gracias, Shakespeare. Gracias, padre Ferrer.

En honor a Dickie y Mickey, ellos no tenían interés alguno en usar a Shakespeare para inspirar sus hormonas masculinas, porque ellos ya estaban «en el ajo». Tenían escaso interés en desperdiciar su semilla en sábanas baratas de seminario. Y menos cuando había tantas chicas disponibles en la zona de Tri-City.

No estoy seguro de cuándo empezaron a escabullirse por la noche ni de cuándo encontraron tiempo para colar a las chicas, pero esos dos Montesco obviamente gozaban de mucha demanda. En el lado positivo, esto dejaba la habitación para mí solo en numerosas ocasiones. En el lado negativo, una vez que los sacerdotes los pillaron, creyeron que yo también estaba metido en la red sexual. ¡Qué poco me conocían! Yo estaba demasiado ocupado tratando de concentrarme en las vísperas y en Vietnam para no pensar en Lynn la clarinetista, a la que le iba bien en un estado imaginario conmigo, los dos retozando en la Costa Azul.

En esa noche en particular, decidí aceptar la sugerencia del compañero seminarista Fred Orr y probar un poco de la crema Noxzema para combatir el acné juvenil. Me froté la crema por toda la cara y me fui a dormir de cara a la pared, porque no quería que Mickey y Dickie me vieran con ese potingue de chica en la cara.

—¡Despierta! ¡Arriba he dicho! —gritó el padre Jenkins, obligándome a decirle a Lynn en mi sueño que volvía enseguida.

Me desperté de ese sueño agradable y vi a dos curas, el padre Jenkins y el padre Shank, enfocándome directamente a los ojos con sus linternas de policía.

—¿Dónde están?

Obviamente era una redada, un asalto por sorpresa a los dos penes activos y públicos de mi piso.

Miré a sus camas y vi que estaban hechas para que pareciera que alguien había dormido en ellas. Claramente, ninguno de los Ickies estaba en la habitación.

—Eh, no lo sé —repuse, tratando de sonar despierto.

—¿Cuándo se han ido? —preguntó el padre Shank.

—¿Cuánto hace que se han marchado? —agregó el padre Jenkins.

—No lo sé —repetí.

—¿Estás seguro? —preguntó Jenkins—. No sacarás nada bueno encubriéndolos.

—Lo último que haría sería encubrir a esos dos capullos —dije, sorprendido por mi uso de un lenguaje impropio de un cristiano.

—¿Nunca te has ido de aquí con ellos? —inquirió Jenkins, continuando con su interrogatorio.

—No. No hago lo que hacen ellos. Supongo que no van al Burger King.

—¿Cuántas veces dirías que han hecho esto?

—Padre, no quiero ser irrespetuoso, pero si es la primera vez que irrumpen aquí claramente no tienen ni idea de lo que ha estado pasando.

—No me gusta tu tono —replicó Jenkins.

—Lo siento. Es mi tono de medianoche.

—¿Qué demonios es eso que llevas en la cara?

Oh. Maldición.

—Solo una cosa que me ha recomendado la enfermera.

—¿Dónde crees que están? —preguntó el padre Jenkins.

—Puede seguir su aroma al sitio más cercano donde se conozca la existencia de chicas.

Chivarme de esta manera a los curas no era sensato, pero no me importaba. Yo también había descubierto a las chicas, y una parte de mí admiraba a Mickey y Dickie por seguir sus sentimientos normales. Aunque sentía pena por las pobres chicas que estuvieran con ellos.

En este momento ya habían apagado las linternas, y ese único acto terminaría delatando a los Ickies. Al no ver desde el pasillo que yo tenía visita, los chicos abrieron en silencio la puerta de nuestra habitación y se sobresaltaron al instante, no solo por la visión de los sacerdotes, sino también por la masa pringosa y blanca que me cubría toda la cara. Trataron de salir corriendo, pero los sacerdotes enseguida los agarraron y los arrastraron por el pasillo y fuera de mi vida para siempre.

A la mañana siguiente, los padres de mis dos compañeros de habitación vinieron a llevarse las pertenencias de sus hijos. Cuando volví esa tarde, tuve un privilegio del que solo disfrutaban los veteranos: mi propia habitación. Solo quedaba un mes de mi año escolar, pero era sublime. Di fiestas. Empecé a dejarme el pelo largo por primera vez. Compré un signo de la paz y lo puse en mi puerta. Había tomado la decisión de que el seminario no era para mí, aunque había aprendido muchas cosas que me acompañarían mucho tiempo.

Tres días antes de que terminara el semestre, pedí una cita con el tutor de mi clase, el padre Duewicke, para poder comunicarle mi decisión de no seguir el camino del sacerdocio.

Entré y me senté en una silla, delante del escritorio.

—Bien —dijo el padre Duewicke en un tono extraño y sarcástico—. Michael Moore. Tengo una noticia desagradable para ti. Hemos decidido pedirte que no vuelvas el año que viene.

¿Perdón? ¿Acababa de decir lo que pensaba que había dicho? Me había dicho que me echaban.

—Espere un momento —dije, agitado y nervioso—. ¡He entrado para decirle que me voy!

—Bueno, bien —dijo en tono meloso—. Entonces estamos de acuerdo.

—¡No puede echarme de aquí! ¡Me voy! Por eso quería hablar con usted.

—Bueno, en cualquier caso, no nos honrarás con tu presencia en otoño.

—No lo entiendo —dije, todavía escocido por el hecho de que me hubieran quitado la alfombra de debajo de los pies—. ¿Por qué me pide que no vuelva? He actuado bien. O sea, hago mi trabajo y no me he metido en ningún problema grave, y me he visto obligado a vivir en esa habitación con esos dos delincuentes juveniles durante la mayor parte del año. ¿Qué motivos tienen para expulsarme?

—Oh, es sencillo —dijo el padre Duewicke—. No queremos que estés aquí porque ofendes a los demás chicos haciendo demasiadas preguntas.

—¿Demasiadas preguntas sobre qué? ¿Qué significa eso? ¿Cómo puede decir algo así?

—Eso son tres preguntas en menos de cinco segundos, lo cual prueba mi afirmación —dijo, al tiempo que echaba un vistazo a su inexistente reloj—. No aceptas las reglas ni las enseñanzas de nuestra institución sobre la base de la fe. Siempre tienes una pregunta. ¿Por qué? ¿Para qué? ¿Quién lo ha dicho? Al cabo de un rato cansa, Michael. Puedes aceptar las cosas o no. No hay término medio.

—Eso dice usted y, lo siento, le hago otra pregunta, pero no conozco otra forma de plantearlo, ¿he sido un incordio solo porque quiero saber algo?

—Michael, escucha, no va a funcionar que seas sacerdote...

—No quiero ser sacerdote.

—Bueno, si quisieras ser sacerdote, causarías muchos problemas, a ti mismo y a la parroquia a la que te asignaran. Tenemos formas de hacer las cosas que se remontan a hace dos mil años. Y no hemos de responder a nadie de nada, desde luego que no.

Me quedé sentado y lo miré, desafiante. Me sentía indignado y profundamente herido. Eso debe de ser lo que se siente al ser excomulgado, pensé. Abandonado por la misma gente que está en la tierra representando a Jesucristo, los que me estaban diciendo que Jesús no quería saber nada de mí. ¿Porque hacía demasiadas preguntas estúpidas? Como la que estaba pasándome por la cabeza sustituyendo la idea fugaz de estrangular al padre Duewicke.

—¿Se refiere, por ejemplo, a lo que hace que esta institución odie a las mujeres y no les deje ser sacerdotes?

—¡Sí! —dijo el padre Duewicke con sonrisa de cuchillo—. Como esa. Buenos días, Michael. Te deseo lo mejor con lo que hagas en la vida, y rezo por aquellos que tendrán que soportarte.

Se levantó, y yo también me levanté, me volví y recorrí el largo camino de regreso a mi habitación. Cerré la puerta, me tumbé y pensé en mi vida, y cuando eso se hizo absurdo metí la mano debajo de la cama y me consolé durante la siguiente hora con el último número de *Paris Match*.

Boys State

No tenía ni idea de por qué el director me mandaba a Boys State. No había infringido ninguna norma y no había problema disciplinario de ninguna clase. Aunque estaba en tercer curso de secundaria, era solo mi segundo año en un instituto público después de nueve años de educación católica, y todavía tenía que acostumbrarme a estar sin monjas o sacerdotes que me dirigieran. Pero pensaba que me había adaptado muy bien al instituto de Davison. El primer día de segundo curso, Russell Boone, un chico grandote y mayor que sería uno de mis mejores amigos, dio un manotazo y me tiró los libros que llevaba mientras recorría el pasillo entre la cuarta y la quinta hora de clase.

—No has de cogerlos así —me gritó—. Los coges como una chica.

Recogí los tres o cuatro libros y miré a mi alrededor para ver si alguien se había parado a reírse del chico que llevaba los libros como una chica. No había moros en la costa.

—¿Cómo tengo que llevarlos? —pregunté.

Boone me cogió los libros y los sostuvo en la copa de la mano con el brazo extendido hacia el suelo, dejando que los libros colgaran al costado.

—Así —dijo mientras caminaba de forma varonil por el pasillo.

—¿Y cómo los llevaba yo? —pregunté.

—Así —espetó mientras se burlaba de mí, sosteniendo los libros en el centro de su pecho como si se acariciara las tetas.

—¿Así es como lo hacen las chicas? —pregunté, avergonzado porque durante la primera mitad de mi primer día en la escuela pública todo el mundo me había visto caminando como un marica.

—Sí. No vuelvas a hacerlo. O no sobrevivirás aquí.

Punto. Así que medio día pasando por una chica. ¿Qué más había hecho para merecer Boys State?

Bueno, hubo lo de esa vez, unos pocos meses después en el autobús de la banda. Boone se había quedado dormido sin calcetines ni zapatos. Sinceramente, no sé si tenía calcetines. Pero ahí estaba, descalzo, con la pierna apoyada en el reposabrazos del asiento de enfrente. Larry Kopasz llevaba sus cigarrillos y se decidió resolver el problema de ¿cuánto tiempo tarda un cigarrillo en consumirse cuando lo fuma un pie? Encendió uno y lo puso entre los dedos del pie de Boone para averiguarlo. (Respuesta: siete minutos y medio.) Boone gritó cuando la ceniza caliente del Lucky Strike alcanzó sus dedos, y no tardó ni un segundo en enzarzarse en una pelea con Kopasz en el suelo del autobús, lo cual captó la atención del conductor. (En aquellos días, cuando la mayoría de los adultos fumaba sin parar, el estudiante que fumaba solía pasar desapercibido porque su humo simplemente entraba en el mismo aire cargado de humo que todos respirábamos.) En cierto modo, fui partícipe de la pelea, porque Boone nos consideraba a todos colectivamente responsables. (En ese mismo viaje de la banda nos metimos en la habitación de Boone para hacer otro experimento científico: ¿poner la mano de una persona dormida en un bol de agua caliente hace que se mee encima? Respuesta: sí. Y esta vez llevamos una Polaroid, así que tendríamos una prueba contra él en el caso de que Boone, el tubista que mojaba la cama, nos delatara.)

Pero eso fue todo. En serio. Saqué buenas notas, formé parte del equipo de debate, nunca me salté clases y, salvo por la pieza burlesca que escribí en la semana de la comedia sobre la vida secreta del director como Pickles *el Payaso*, no tuve ni una mancha en mi expediente.

Resultó que Boys State no era un reformatorio de verano para gamberros y descontentos. Se consideraba un honor especial que te eligieran para asistir. En junio, después de que terminaran las clases, cada instituto del estado enviaba entre dos y cuatro chicos a la capital estatal para que jugaran a gobernar durante una semana. Te elegían si demostrabas ser un líder y un buen ciudadano. Yo había mostrado la capacidad de que se me ocurrían algunas bromas divertidas para gastarle a Boone.

El Boys State de Michigan se celebraba a cinco kilómetros del edificio del capitolio estatal, en el campus de la Universidad Estatal de Michigan (las chicas tenían un evento similar llamado Girls State al otro lado del campus). Dos mil chicos se reunieron para elegir a nuestro ilusorio gobernador de Michigan, una falsa asamblea legislativa estatal y un imaginario tribunal supremo. La idea era que los chicos nos dividiéramos en grupos y nos presentáramos a diversos cargos para aprender las maravillas de hacer campaña y gobernar. Si eras uno de esos chicos que se presentan a delegado de clase y te encantaba estar en un consejo estudiantil, ese lugar era tu droga.

Sin embargo, después de haber hecho campaña por «Nixon el candidato de la paz» siendo estudiante de primer año, había desarrollado alergia a los políticos y lo último que quería era ser uno de ellos. Llegué a la residencia de la Universidad Estatal de Michigan, me asignaron habitación y, después de una «reunión gubernamental», donde un chico llamado Ralston me comió la cabeza explicándome por qué él debería ser tesorero estatal, decidí que lo mejor que podía hacer era atrincherarme en mi habitación durante toda la semana y no salir nunca salvo a las horas de las comidas.

Me dieron una pequeña habitación individual que pertenecía al supervisor de planta. Aparentemente no se había llevado todas sus cosas. Encontré una grabadora y unos álbumes al lado del alféizar. Yo me había traído unos cuantos libros, además de una libreta y un bolígrafo. Era todo lo que necesitaba para pasar la semana. Así que esencialmente deserté del Boys State y encontré refugio en la bien surtida habitación de la quinta planta de la residencia Kellogg. En la colección de álbumes de mi habitación estaban *Sweet Baby James* de James Taylor, *Let it Be* de The Beatles, *American Woman* de The Guess Who y algo de Sly and the Family Stone. Había una gran máquina de aperitivos a monedas al fondo del pasillo, de manera que tenía todo lo que necesitaba para pasar la semana.

Entre escuchar los discos y escribir poemas para divertirme (los llamaba «letras de canciones» para que pareciera un esfuerzo que merecía la pena), me enamoré de una nueva marca de patatas fritas que no había encontrado antes. La máquina de aperitivos ofrecía bolsas de Ruffles. Me asombraba cómo podían poner colinas y valles en una sola patata. Por alguna razón, estas «colinas» (las llamaban «riscos») me daban la impresión de que tenían más patata en cada patata que una patata normal. Me encantaron.

Al cuarto día dentro de mi búnker había acabado con las existencias de Ruffles e hice una salida al pasillo para conseguir más. Encima de la máquina de aperitivos había un tablón de anuncios, y cuando llegué allí vi que alguien había clavado un volante. Decía:

CONCURSO DE DISCURSOS
SOBRE LA VIDA DE
ABRAHAM LINCOLN.
ESCRIBE UN DISCURSO SOBRE LA VIDA
DE ABE LINCOLN
Y GANA UN PREMIO.
CONCURSO PATROCINADO
POR EL ELKS CLUB

Me quedé allí mirando el cartel durante un rato. Me olvidé de las Ruffles. Simplemente, no podía creer lo que estaba leyendo.

El mes anterior, mi padre había ido a apuntarse al Elks Club local. Tenían un campo de golf a solo unos kilómetros de donde vivíamos, y a él y sus compañeros de la cadena de montaje les encantaba el golf. Normalmente la clase obrera de lugares como Flint no jugaba al golf, el deporte de los ricos. Sin embargo, los mandamases de General Motors ya hacía tiempo que habían pensado en maneras de convencer a los trabajadores inquietos de que el sueño americano también era suyo. Al cabo de un tiempo comprendieron que no podían aplastar a los sindicatos sin más; la gente siempre trataría de fundar sindicatos, simplemente por la naturaleza opresiva de su trabajo. Así pues, los ejecutivos de General Motors que dirigían Flint sabían que la mejor manera de sofocar la rebelión era dejar que los proletarios tuvieran algunos de los accesorios de la riqueza: hacerles creer que vivían como en *The life of Riley*, hacerles creer que, por medio del trabajo, ellos también podrían ser ricos algún día.

Y de esta manera construyeron campos de golf públicos en torno a las fábricas de Flint. Si trabajabas en AC Spark Plug, jugabas en los campos de golf IMA o Pierce. Si trabajabas en Buick tenías que ir al campo de Kearsley. Si trabajabas en la planta de Hammerberg Road, jugabas en Swartz Creek. Si trabajabas en «The Hole», jugabas en el campo de Mott.

Cuando sonaba la sirena de la fábrica a las dos y media de la tarde, nuestros padres cogían las bolsas del coche y empezaban a golpear bolas (jugaban nueve hoyos y llegaban a casa para cenar a las cinco). Les encantaba. Enseguida la clase obrera se convirtió en clase media. Había tiempo y dinero para vacaciones familiares de un mes entero, casas en barrios residenciales, un fondo para la universidad de los niños. Eso sí, con el paso de los años, cada vez iba menos gente a las reuniones mensuales del sindicato. Cuando la empresa empezó a pedir al sindicato contrapartidas y concesiones, y cuando la empresa pidió a los obreros que construyeran coches inferiores que el público pronto no querría, la empresa descubrió que tenía un socio voluntario en su desaparición.

Pero en 1970, esa clase de ideas habrían hecho que te encerraran en un manicomio. Eran los días dorados de la juventud. Y los chicos de la fábrica llegaron a creer que el golf era su juego.

El Elks Club poseía un hermoso recorrido que no estaba tan lleno como los campos públicos de Flint, pero tenías que ser socio. Así que fue una decepción cuando mi padre fue al Elks Club a apuntarse y se encontró con una línea impresa en la parte superior del formulario:

SOLO BLANCOS

Siendo blanco, eso no debería haber sido un problema para Frank Moore. Sin embargo, siendo un hombre de conciencia, la frase le dio que pensar. Se trajo el formulario a casa y me lo enseñó.

—¿Qué opinas de esto? —me preguntó.

Lo leí y se me ocurrieron dos cosas:

1. ¿Estamos en el sur profundo? (¿Cuánto más al norte de Michigan se puede llegar?)
2. ¿Esto no es ilegal?

Mi padre estaba claramente perplejo ante la situación.

—Bueno, supongo que no puedo firmar este papel —dijo.

—No, no puedes —dije—. No te preocupes. Aún podemos jugar a golf en el IMA.

Ocasionalmente, mi padre volvió al campo de Elks si lo invitaban los amigos, pero no se apuntó. No era un activista de los derechos civiles. Generalmente no votaba, porque no quería que lo llamaran para hacer de jurado. Tenía todas las erradas «preocupaciones» raciales de la gente blanca de su generación. Pero también poseía un sentido muy básico del bien y el mal y de dar ejemplo a sus hijos. Y como el sindicato había insistido en la integración en las empresas ya en la década de 1940, trabajó junto a hombres y mujeres de todas las razas y, como resultado de semejante ingeniería social, llegó a ver a todo el mundo igual (o al menos «igual» en el sentido de «todos iguales a ojos del Señor»).

Y de repente, ahí estaba yo, delante de este cartel del Elks

Club, junto a la máquina expendedora. La mejor manera de describir mis sentimientos en ese momento es decir que tenía diecisiete años. ¿Qué haces a los diecisiete años cuando observas hipocresía o te encuentras con una injusticia? ¿Y si encuentras las dos cosas a la vez? Tanto si se trata del club femenino local que se niega a admitir a una señora negra o un club masculino segregacionista como el Elks que tenía el descaro de patrocinar un concurso sobre la vida del Gran Emancipador, a los diecisiete años no tienes ninguna tolerancia por esta clase de crimen. El infierno no conoce indignación como la de un adolescente que ha olvidado que su principal misión era conseguir una bolsa de patatas Ruffles.

«¿Quieren un discurso? —pensé con una sonrisa maléfica abriéndose paso en mi semblante—. Creo que voy a escribirme un discurso.»

Me apresuré a volver a mi habitación, sin la bolsa de Ruffles, saqué mi bloc, mi fiel boli Bic y toda la furia que pude reunir.

«¡Cómo se atreve el Elks Club a manchar el buen nombre de Abraham Lincoln patrocinando un concurso como este! —empecé, pensando que tendría que comenzar con sutileza y dejar lo bueno para después—. ¿No tienen vergüenza? ¿Cómo es que una organización que no admite personas negras en su club forma parte de Boys State, extendiendo su intolerancia bajo la capa de una buena acción? ¿Qué clase de ejemplo están dando a la juventud? ¿Quién les ha permitido estar aquí? Si Boys State ha de apoyar alguna clase de segregación, entonces, por supuesto, que sea la segregación que separa a estos racistas del resto de nosotros, que creemos en el estilo de vida americano. ¡Cómo se atreven a entrar aquí!»

Continué contando la historia de cuando mi padre fue a apuntarse al Elks y se negó a hacerlo. Cité a Lincoln (las constantes paradas de mi madre en Gettysburg cuando íbamos a Nueva York iban a servir para algo). Y terminé diciendo: «Tengo la sincera esperanza de que el Elks Club cambie su política segregacionista, y de que Boys State no vuelva a invitarlos nunca más.»

Me salté la cena para dar los últimos retoques al discurso, reescribiéndolo un par de veces en el bloc, y luego me quedé dormido escuchando Sly and the Family Stone.

A la mañana siguiente, se solicitó a todos los concursantes que se presentaran en el aula de trabajo social y dieran su discurso. Había menos de una docena en la sala y, para mi sorpresa (y alivio), no había nadie del Elks Club presente. Los discursos tenían que ser juzgados por un solitario profesor de Lansing. Me senté al fondo de la sala y escuché a los chicos que hablaron antes que yo. Se refirieron en tono laudatorio a los éxitos de Lincoln y a su humanidad, pero sobre todo a cómo ganó la guerra de Secesión. Era la clase de material que un alcalde podía decir en un picnic del Cuatro de Julio. Inofensivo. Simple. Exento de polémica.

Pocos en la sala estaban preparados para la andanada de insultos que estaba a punto de lloverle al Elks Club. Toma a William Jennings Bryan, añade un poco de Jimmy Stewart y una buena dosis de Don Rickles y supongo que así es como sonó a los reunidos cuando lancé mi invectiva camuflada de discurso.

A medio camino de mi andanada, miré hacia el profesor-juez. Estaba sentado sin mostrar ninguna emoción, inexpresivo. Sentí que me daba un vuelco el corazón, porque no estaba acostumbrado a verme en apuros, y lo último que quería era que mis padres tuvieran que conducir hasta East Lansing para llevarme a casa. Ocasionalmente miré a los otros chicos de la sala para ver cómo se asimilaba mi discurso. Algunos me miraban asustados, otros tenían esa expresión de «se la va a ganar» y el chico negro de la sala..., bueno, ¿qué puedo decir?, era el único chico negro en la sala. Estaba tratando de taparse la sonrisa con la mano.

Cuando terminaron los discursos, el profesor-juez fue a la parte delantera de la clase para dictar su veredicto. Yo me hundí en mi asiento, con la esperanza de que solo anunciara al ganador y no reprendiera a nadie.

—Gracias a todos, por vuestros discursos bien pensados y

bien escritos —empezó—. Estoy impresionado con todos y cada uno de vosotros. El ganador del concurso de discursos de este año del Elks Club es... ¡Michael Moore! Felicidades, Michael. Has sido muy valiente. Y tienes razón. Gracias.

No me di cuenta, pero ya me estaba dando la mano, lo mismo que un tercio del resto de los chicos.

—Gracias —dije con cierta timidez—, pero no quería ganar nada. Solo quería decir algo.

—Bueno, a buen seguro que has dicho algo —repuso el profesor—. Recibirás tu premio mañana en la ceremonia de clausura con la asistencia de los dos mil chicos.

»Oh, y leerás el discurso ante ellos.

¿Qué? ¿Leer qué ante quién?

—Es la tradición. El ganador del concurso del Elks Club lee su discurso ante la asamblea de clausura, donde se anuncian los resultados y se entregan los premios.

—Eh, no, no quiero hacer eso —dije, angustiado, esperando que se apiadara de mí—. No quiere que dé ese discurso, ¿no?

—Oh, sí. Pero de todos modos no depende de mí. Has de hacerlo. Es la norma.

También me dijo que, por mi bien, no iba a mencionar a nadie el contenido del discurso antes del día siguiente. «Oh, sí, mucho mejor», pensé. Mejor pillarlos por sorpresa, menuda sorpresa, de las que provoca que el orador termine perseguido por la gran sala, con el premio en una mano y su vida en la otra.

Después de ganar el concurso de discursos, mi noche continuó más o menos así: *Fire and Rain*, cuarto de baño. *Across the Universe*, cuarto de baño, *Hot Fun in the Summertime*, cuarto de baño. Y cuando tienes diecisiete años y no tienes coche y no te gusta mucho caminar largas distancias, y vives en un estado donde el transporte público está prohibido, hay una sensación de encarcelamiento. Eso es: estaba en la prisión de Boys State. Por la mañana, recé mis últimas oraciones y me prometí a mí mismo que, si salía vivo, nunca volvería a causar un problema así.

Llegó la hora y miles de chicos del Boys State entraron en el paraninfo. En el estrado había distintas personalidades, entre ellas, creo, el gobernador de Michigan. Me senté por delante, en un lado, y enseguida examiné la gran sala en busca de tipos que disfrutaban siendo blancos. Casi no había pelos largos allí en 1971, y muchos de los presentes tenían ese corte de pelo disciplinado, esa expresión agresiva que probablemente les serviría después de un año o dos en el Hanoi Hilton, o en el Congreso de Estados Unidos.

Tenéis que perdonarme por el orden de lo que ocurrió a continuación, porque tengo un recuerdo borroso. Mi instinto de supervivencia básico se había activado, y eso era lo único que importaba. Alguien fue elegido vicegobernador o fiscal general o «máximo candidato a ser pillado algún día en el cuarto de baño del Senado». En alguna parte en medio de esos anuncios oí mi nombre. Me levanté de la silla (contra la sensata advertencia de mi aparato excretor) y me acerqué al escenario. Los pocos chicos con los que establecí contacto visual tenían expresión de «Oh, vaya, otra mierda de discurso». Por un instante, sentí que estaba a punto de hacerles un enorme favor. Lo que iba a decir no iba a sonar como nada de lo que estuvieran acostumbrados a oír en la clase de educación cívica de tercera hora. Eso por descontado.

Subí al escenario y pasé junto a los dignatarios aposentados en sus cómodas sillas. Al mirarlos uno por uno, me fijé en un hombre que llevaba astas. ¡Un sombrero con astas! No era Bullwinkle, y no era la noche de Halloween. Ese hombre era el jefe alce,* el jefe de todos los alces, y mantenía en su regazo el trofeo del concurso de discursos Elks Club del Boys State. Lucía una sonrisa amplia, enorme, más apropiada para un kiwani o un rotario, con más dientes de lo que creía humanamente posible, y estaba orgulloso de verme en el estrado. Oh, tío, pensé, este tipo va a tener un día muy malo. Esperaba que lo hubieran cacheado.

* *Elk* significa «alce» en inglés. (*N. del T.*)

Al desenrollar las páginas de mi discurso, miré a la masa de testosterona recién generada. Chicos de dieciséis o diecisiete años que deberían estar haciendo cualquier cosa en ese momento —tirando a canasta, besando chicas, destripando truchas—, cualquier cosa menos estar allí sentados escuchándome. Respiré profundamente y empecé el discurso.

—¿Cómo se atreve el Elks Club...?

Recuerdo que fue más o menos en ese momento cuando sentí un zumbido de tensión en la sala, centenares de murmullos, risitas entre dientes. «Dios, por favor —pensé—, ¿puede algún adulto responsable subir al escenario de inmediato y poner fin a esto?»

Nadie lo hizo. Seguí avanzando, y casi al final oí la cadencia en mi voz y pensé que no estaría nada mal si estuviera cantando el discurso en un grupo de rock. Terminé con mi ruego de que el Elks Club cambiara su manera de actuar y, al volver la cabeza para ver la marea carmesí en que se había convertido la cara del jefe alce, cuyos dientes parecían dos sierras de cadena listas para hacerme pedazos, espeté:

—¡Y puede quedarse su apestoso trofeo!

Se desató la locura. Casi dos mil chicos se levantaron, gritaron y me vitorearon. Los vítores no se detuvieron y hubo que restablecer el orden. Yo bajé del escenario y traté de salir de allí. Tenía la ruta de escape planeada de antemano. Pero había demasiados chicos del Boys State que querían estrecharme la mano o darme una palmada en la espalda al estilo del vestuario, y eso me frenó. Un periodista empezó a dirigirse hacia mí, libreta en mano. Se presentó y dijo que estaba anonadado por lo que acababa de ver y que iba a escribir algo y a ponerlo en el teletipo. Me hizo unas cuantas preguntas como de dónde era y otras cosas que no quise responder. Me escabullí y me dirigí rápidamente hacia una puerta lateral. Con la cabeza baja, y evitando la senda principal del campus, volví a la residencia Kellogg, miré en la máquina expendedora para ver si había Ruffles, corrí a mi habitación y cerré la puerta con cerrojo.

Todavía no había Ruffles en la máquina, pero allí estaban

The Guess Who: subí el volumen para darme un poco de tiempo y descubrir qué demonios había hecho.

Al menos pasaron dos horas, y parecía que estaba a salvo. No habían venido las autoridades a llevárseme, ningún miliciano del Elks llegó en busca de venganza. Todo parecía haber vuelto a la normalidad.

Hasta la llamada a la puerta.

—Eh —espetó la voz anónima—. Hay una llamada para ti.

Las habitaciones de la residencia no tenían teléfono.

—¿Dónde está el teléfono? —pregunté sin abrir la puerta.

—Al final del pasillo.

Puf. Fue un largo paseo. Pero necesitaba Ruffles, y quizás habían reabastecido la máquina. Abrí la puerta y enfilé el largo pasillo hasta el teléfono público. El receptor pendía del cable, como un ahorcado colgando de la soga. Lo que no sabía era que al otro lado de la línea estaba el resto de mi vida.

—¿Hola? —respondí con nerviosismo, preguntándome quién sabía que estaba allí o cómo localizarme.

—Hola, ¿es Michael Moore? —preguntó la voz de la línea.

—Sí.

—Soy un productor de *CBS Evening News* de Walter Cronkite y le llamo desde Nueva York. Hemos recibido esta noticia que iba en el teletipo de lo que ha hecho hoy, y nos gustaría enviar un equipo a entrevistarle para los noticias de esta noche.

—¿Eh? —¿De qué estaba hablando?

—Estamos preparando un reportaje sobre su discurso en el que ha puesto en evidencia al Elks Club y su política racial. Queremos que venga a la tele.

¿Ir a la tele? No había suficiente Clearasil en el mundo para conseguir que hiciera eso.

—Eh, no gracias. He de volver a mi habitación. Adiós.

Colgué, corrí a la habitación y cerré la puerta otra vez. Pero no importaba. Se convirtió en mi primera lección sobre los medios: yo no decido lo que sale en el periódico de la mañana ni en las noticias de la noche. Esa noche, me presentaron al mundo.

«Y hoy en Lansing, Michigan, un chico de diecisiete años ha dado un discurso contra el Elks Club y sus prácticas segregacionistas, denunciando el hecho de que sigue siendo legal que los clubes privados de este país discriminen por cuestión de raza...»

Al día siguiente, el teléfono sonó y sonó pese a que estaba haciendo las maletas para irme. No respondí a ninguna de las llamadas, pero oí decir a los otros chicos que había periodistas que llamaban de Associated Press, de dos cadenas de televisión, de la Asociación Nacional para el Progreso de las Personas de Color, de un periódico de Nueva York y otro de Chicago. A menos que fueran a darme comida gratis o a presentarme a una chica a la que pudiera caerle bien, no quería que me molestaran.

Mis padres estaban esperándome con el coche en la puerta para llevarme a casa. Esto sí puedo afirmarlo: mis padres no estaban descontentos de mis acciones.

Cuando llegué a casa, el teléfono continuó sonando. Finalmente, recibí una llamada de la oficina del senador de Michigan Phil Hart. Quería hablarme de que viajara a Washington. Su asesor dijo que se trataba de una ley que iban a presentar para prohibir la discriminación en instituciones privadas. Un congresista iba a llamarme para que testificara en un comité del Congreso. ¿Estaría dispuesto a hacer eso?

¡No! ¿Por qué me molestaban? ¿No había hecho bastante? Yo no quería causar semejante revuelo.

Le di las gracias y le dije que lo discutiría con mis padres (aunque no se lo dije; ellos habrían querido que fuera). Salí a cortar el césped. Vivíamos en Main Street, en una esquina, enfrente del parque de bomberos de la ciudad y en diagonal a la bolera. Por encima del ruido del cortacésped oí el bocinazo de un claxon.

—Eh, Mike —gritó Jan Kittel desde el coche que acababa de aparcar.

La acompañaba otra chica de nuestra clase. Conocía a Jan desde quinto curso en la escuela católica. El año anterior ella y yo habíamos sido compañeros en el equipo de debate. Me gustaba. Era lista, guapa y divertida. Saludé.

—Eh, ven aquí. ¡He oído lo que hiciste en el Boys State! —dijo con entusiasmo—. Tío, estuvo genial. Lo has agitado todo. Estoy muy orgullosa de ti.

No estaba preparado para manejar el rango de sentimientos y temperatura corporal que estaba experimentando. No tenía la menor idea de qué decir salvo balbucir: «Gracias.» Bajaron del coche y ella me pidió que les contara toda la historia, incluido el conato de disturbio que había causado, lo cual resultó en un montón de «bien hecho», y sí, en un gran abrazo por mis esfuerzos. Habían salido a hacer un recado y tenían que irse, pero no antes de que ella me dijera que esperaba volver a verme ese verano.

—Tú y yo arrasaremos en debate este año —comentó, mientras yo miraba aliviado la ambulancia aparcada delante del parque de bomberos—. Será divertido.

Partieron y yo terminé de cortar el césped. Comprendí que mi participación política me había granjeado problemas, pero también una chica se había parado a verme. Quizás había sido demasiado severo con los tipos que poblaban Boys State y su entusiasmo enfermizo por todas las cuestiones políticas. Quizá conocían cierto secreto. O quizá todos crecerían para poblar el Congreso con su labia y su voz melosa y nos venderían al resto por un centavo. Quizá.

El año siguiente no fue bueno para el Elks Club. Muchos estados le negaron licencias para vender licores (el peor recorte de todos). Las subvenciones escasearon. Se debatieron diversas leyes en el Congreso para pararlos a ellos y a otros clubes privados. Y un día los tribunales federales de Washington les asestaron un golpe mortal al retirarles el estatus que los eximía de impuestos. Enfrentándose a un derrumbe total y al desprecio de la mayoría de la nación, el Elks Club votó abandonar la política de segregación. Otros clubes privados siguieron el ejemplo. La onda expansiva llevó a la prohibición en todo el país de cualquier discriminación pública o privada.

Mi discurso fue citado ocasionalmente como la chispa de este paso adelante para corregir la discriminación racial en el gran experimento americano, pero hubo otros discursos mucho más elocuentes que el mío. Lo más importante para mí era que había aprendido una lección valiosa: podían ocurrir cambios, y estos podían producirse en cualquier parte, incluso con la gente más sencilla y la más descabellada de las intenciones, y provocar un cambio no siempre requería tener que consagrar todas tus horas de vigilia a ello con manifestaciones, organizaciones, protestas multitudinarias y apariciones televisivas con Walter Cronkite.

En ocasiones el cambio puede ocurrir solo porque querías una bolsa de patatas fritas.

Zoe

Su novio me llamó desde el hospital.

—El aborto, Mike. La han cagado. No llegamos a Nueva York.

En 1971, el aborto era ilegal en Michigan, un crimen, igual que en la mayoría de los estados. Si te quedabas embarazada, nueve meses después tenías un bebé. Y punto.

Yo estaba más unido a Zoe de lo que lo había estado a ninguna otra chica en el instituto. Ella era lo que podía llamarse mi mejor amiga. Tenía una gran melena rizada de hippy que aterrizaba donde se le antojaba. Tocaba el piano, pero también era un prodigio con el violín, que solo tocaba cuando iba descalza. Fumaba hierba en ocasiones en la casa de sus padres y en noches excepcionales tomaba LSD «para liberarme del policía fascista que llevo dentro». Zoe era un espíritu libre, una chica culta que no temía expresarse. Yo creía que algún día cambiaría el mundo.

Y por eso me desconcertó tanto que eligiera a Tucker como novio. Tucker era un negado absoluto, y tenía aspecto de que le encantaría clavarte un cuchillo en las costillas o participar en carreras de *dragsters*. Era del «barrio duro» de la localidad (dentro de lo que era Davison). Su pasatiempo favorito consistía en buscar pelea, y aunque Zoe trató de reformarlo, su afición por los puñetazos le valía numerosas suspensiones escolares. El sentido común más elemental era para él «una maricona», y sabía poco del mundo más allá de su parque de caravanas; me sorprendería que se hubiera alejado más de diez kilómetros de su casa en toda su vida.

Pero Tucker tenía la sonrisa de Sundance Kid y los ojos de James Dean, y Zoe se enamoró perdidamente de él. Llevaba botas de matón y una cadena en la trabilla del cinturón, pero sin nada al extremo, como si fuera demasiado pobre para comprarse una billetera y más pobre aún para poner nada en ella. Siempre tenía un cigarrillo colgando de la comisura de la boca, y poseía el asombroso don de inhalar y echar el humo sin tocar nunca el Camel.

Tucker era el perrito faldero de Zoe, y ella a cambio era generosa con su cuerpo. Eso le valió a Tucker que la mayoría de los chicos lo consideraran el tipo más afortunado del instituto de Davison, ¡y todavía era de primer año! Pero no era un novato cualquiera: medía metro noventa y pesaba ochenta kilos. Zoe era de último curso, como yo, y yo estaba locamente enamorado de ella.

Me aseguré de que nunca detectara ni la más leve insinuación de mis sentimientos por ella. Y si Tucker hubiera sospechado cómo me sentía, seguramente habría visto el lado afilado de su navaja volando hacia mí. Pero no tenía ni idea. O bien yo era muy buen actor, o bien era patéticamente increíble que a alguien como yo pudiera ocurrírsele siquiera poner los ojos en Zoe. Y era aún menos plausible que ella me viera como algo parecido a un candidato a novio. Al fin y al cabo, yo formaba parte del paquete de chicos que normalmente salían disparados en cuanto llegaban las chicas. Yo no era James Dean; era más como Jimmy Dean, el rey de la salchicha. Un día que ella estaba preparando un «recital de protesta» a las puertas del centro de reclutamiento de Flint, le dije, para impresionarla, que podía tocar el chelo (muy difícil no podía ser, solo tenía cuatro cuerdas). Cogí un chelo y pasé el arco adelante y atrás de manera aleatoria, y ella me miró y se rio, y después me acusó de haberme comido todos sus *brownies* de marihuana.

Tucker no tenía nada de qué preocuparse conmigo, y Zoe apreciaba tener a un tipo que no intentara ligársela en el instituto. No quería decepcionarla, y había algo noble en ser diferente (¿mejor?) que los otros chicos a sus ojos. Por supuesto, no había nada noble en negar los sentimientos, sexuales o de otro tipo, pero ¿con quién iba a compartir eso? ¿Con Ann Landers? ¿Con la señora de la cafetería?

Después de reconocer que poseí ese deseo, también admitiré que tener una amiga como Zoe era una bendición, una bendición mayor de lo que nadie podía esperar al tratar de sobrevivir al suplicio de la adolescencia. Podía llamarla a cualquier hora, de día o de noche, y si no se estaba tirando a Tucker podía hablar con ella todo el tiempo que quisiera. Yo vivía en Davison, así que podía acercarme a su casa cuando quisiera, y estaba allí mucho más que Tucker, porque él vivía en el campo y no tenía carné de conducir.

Zoe y yo intimamos mucho y compartíamos todo de la forma en que lo haces con ese amigo especial del instituto cuando estáis tumbados en la sala o en el dormitorio a cualquier hora del día o la noche, debatiendo sobre cualquier tema imaginable: quién se «cepillaba» a quién, qué clases eran penosas, formas de evitar a los padres, cómo ayudar al chico del final de la calle al que su padre pegaba cada noche, cómo sacar a Nixon del Gobierno, poner el nuevo álbum de los Moody Blues, colarnos en una peli clasificada para adultos (*Cowboy de medianoche*), turnarnos para escribir versos de poemas que luego se convertirían en letras de canciones para las que ella escribiría la música y que tocaría para mí. Así de unidos estábamos: un día, ella me informó de que sus labios vaginales no eran como los de la mayoría de las mujeres, porque sus labios menores eran más grandes que sus labios mayores y eso causaba que sus labios interiores se doblaran por encima de sus labios exteriores. Me contó esto como si me estuviera leyendo algo de la guía de la tele, y mi rostro no expresó nada más que mi deseo de ver otra reposición de *Mayberry RFD*.

Había veces en que ella y Tucker «rompían» durante días,

y yo contemplaba fugazmente la ocasión que se me presentaba. Y en una de esas tardes llenas de lágrimas, por un segundo (o quizá toda la noche) ella también la «contempló».

Nunca se volvió a hablar de eso.

Tucker volvió y continuó la extraña saga de la pareja que no tenía nada en común salvo la perfección de sus cuerpos.

Era un domingo por la noche cuando Zoe llamó y me dijo que necesitaba que nos reuniéramos en un sitio privado. Yo cogí el coche, pasé a recogerla y fuimos a dar una vuelta por la montaña.

—Estoy embarazada —dijo en cuanto se cerró la puerta. Yo retrocedí con cautela por el sendero de entrada, con el corazón acelerado, y ella empezó a sollozar—. No puedo creer que haya sido tan estúpida. No puedo tener un bebé. —Se apoyó en mi hombro.

—Lo siento mucho —dije, de la manera en que un mejor amigo dice una cosa así. Y entonces hice una pausa para recuperar el aliento y hacer las cuentas. Bien.

»No te rindas —dije—. Esto ocurre hasta a la gente más lista.

Su llanto continuó. Traté de mantener la mirada en la carretera.

—Chis. No llores. Estoy aquí.

Ella continuó llorando y yo aparqué y la abracé fuerte, de la manera en que un mejor amigo abraza fuerte.

—He de terminar con esto —dijo, escupiendo las palabras.

¿Terminar con qué? Pensé. ¿Con Tucker? ¿Con su vida? Dios, por favor.

—Te refieres al embarazo —dije en tono afirmativo.

—Sí —dijo—, pero ¿cómo voy a hacerlo? —Me miró con aquellos ojos suyos—. ¿Cómo?

Me contó que se había hecho un test de embarazo en el servicio de planificación familiar, donde le explicaron que el aborto, al menos en nuestro estado, era ilegal.

—Quizá tus padres conocen a un doctor que podría...

—¡No puedo contárselo! No puedo decepcionarlos así.

—Tus padres, mucho más que otros, lo entenderían.

—No. Esto los aplastaría. He de ocuparme por mí misma.

—No puedes tratar de abortar sola —dije.

—No haría eso —me aseguró.

—¿Sabes? —dije—. El aborto es legal en Nueva York.

No tuve ningún conflicto moral por hacer esta sugerencia. Sabía que un óvulo fecundado no era un ser humano.*

—Te ayudaré si es eso lo que quieres hacer —dije.

—Gracias, Mike —dijo al secarse los ojos.

—Podemos ir a Buffalo —dije—. Probablemente no está tan lejos.

—Ajá.

—O podemos ir a Nueva York. Conozco muy bien la ciudad.

Por supuesto, estaba haciendo ofertas que no sabía cómo cumplir. Por ejemplo, cómo podía llegar a Nueva York sin que mis padres se enteraran. Eso no iba a ocurrir.

Pero Buffalo era posible. Empecé a tramar un plan en mi cabeza. Podía salir a las siete, a la hora de ir a la escuela, y podíamos estar en Buffalo a mediodía. ¿Cuánto tiempo tardaría el procedimiento? Ni siquiera sabía exactamente en qué consistía el «procedimiento», pero pongamos tres horas, luego otras cinco horas de vuelta: podía estar en casa a las ocho de la noche; llegaría tarde a cenar, claro, pero no sufriría más que unas palabras de reproche.

---

* Era católico practicante e iba a misa cada domingo. Pero esto es lo que creía: la vida humana empieza cuando el feto puede sobrevivir fuera del útero. Hasta entonces es una forma de vida, pero no una vida humana. El esperma es vida (al fin y al cabo, no nada con una batería a la espalda), un óvulo es vida, un óvulo fecundado es vida, un feto es vida; pero nada de eso es un ser humano, nada de eso es vida humana, igual que una semilla o un tallo no es una flor. Cuando naces eres un ser humano. Por eso en tu carné de conducir pone que naciste el día que saliste del útero de tu madre y no el día en que fuiste concebido. Supongo que a alguna gente simplemente le gusta ser la policía uterina, los cotillas de las partes reproductoras de otras mujeres. Y eso siempre me ha parecido muy, muy raro.

—He de hablar con Tucker —dijo ella, al tiempo que la alerta de la mala idea sonaba en mi cabeza.

La llevé a la caravana de Tucker y esperé fuera mientras ella entraba a darle la noticia. Quince minutos después salieron de su caravana, del brazo, y yo suspiré. Entraron en el asiento delantero conmigo; Zoe se sentó en medio.

—Gracias, tío, por ofrecer ayuda —dijo Tucker al tiempo que estiraba el brazo sobre mi hombro.

—Eh, no hay problema. Estoy seguro de que harías lo mismo por mí si me quedo embarazada.

Zoe rio. Tucker continuó:

—Estaba pensando que deberíamos quedarnos con el bebé —dijo el estudiante de primer año sin carné de conducir, encantado con la idea de que había producido algo en su vida.

—Sí, bueno, eso no va a pasar —dijo Zoe, haciéndolo callar y aliviándome.

Fuimos al A&W a buscar refrescos y patatas para seguir planeando el final del embarazo no planeado.

En los días siguientes investigué y encontré las clínicas abortistas con mejor reputación de Nueva York. Planeé todo nuestro viaje, un viaje que contaría con el permiso de mis padres, aunque no sabrían nada del aborto. Nos quedaríamos en casa de mi tía en Staten Island. Le dije a mi madre que quería pasar el fin de semana en Nueva York, porque estaba considerando ir a la facultad allí.

—No podemos permitírnoslo —contestó ella sin avergonzarse.

—He estudiado las becas y creo que tengo una buena oportunidad. He mirado en Fordham. Son jesuitas. Está muy bien.

Allí estaba jugando otra vez la baza católica, y que me aspen si no funcionaba siempre. Su hermana se había casado con un hombre que fue e Fordham y yo le dije que eso me abriría una puerta. Prometí que solo estaría fuera el fin de semana y que no me perdería clases.

—¿Y te quedarás con la tía Lois?

—Claro.

A mis padres les caía bien Zoe y, como su radar no podía detectar ningún aroma carnal en su dirección, no la consideraban una amenaza.

Tenía a Zoe y Tucker entusiasmados con lo mucho que íbamos a divertirnos en Nueva York. Cualquiera habría pensado que íbamos allí a arrancar una muela, para luego pasarnos por Times Square a ver *Hair* y por el Village para escuchar a Joni Mitchell. Quizás incluso podría sacar unas entradas para *Dick Cavett*.

Pero mis padres tuvieron demasiado tiempo para pensar en este extraño viaje, y en cuestión de días se fue al traste. Yo me resistí, pero no había forma de superar esto: «¿Y quién es ese Tucker?»

—Eh —dijo Zoe—, no te sientas mal. Lo has intentado. Quizá deberíamos volver al plan de Buffalo.

—Claro —dije algo derrotado—. Tiene buena pinta.

En ese momento, Zoe y Tucker empezaron a darse cuenta de que para un aborto tres es multitud, y me dijeron que ellos se ocuparían a partir de entonces.

Les habría dicho que estaban cortando un cordón umbilical, pero no era momento para bromas malas, aunque desde luego era así como me sentía. No podía hacer otra cosa que aceptar la situación tal y como era. Tucker estaba siendo muy bueno con ella, y Zoe se había calmado y estaba muy tranquila respecto a su viaje. Les presté todo el dinero que tenía —cincuenta dólares— para añadirlo a lo que estaban consiguiendo entre los dos.

El día que supe que se marchaban, fui a la escuela como si se tratara de un día normal. Pero mi mente estaba en otra parte. Los pensamientos de uno normalmente no vagan hacia Buffalo, pero no podía hacer mucho más ese día salvo preocuparme por la seguridad y el bienestar de mi mejor amiga.

Después de cenar, sonó el teléfono. Respondió mi hermana.

—Mike, es Tucker.

Fui al teléfono, sabiendo que ya habrían vuelto.

—Eh.

—El aborto, Mike —dijo, susurrando sin aliento y, de no haberse tratado de Tucker habría dicho que estaba llorando—. La han cagado. No llegamos a Nueva York. No llegamos a Buffalo. Estamos en Detroit.

—Mierda —dije demasiado alto—. ¿Qué estáis haciendo en Detroit? ¿Cómo está Zoe?

—No... no está bien —dijo, ahora claramente llorando—. Mike, ayúdame. Está sangrando. Está sangrando mucho. No sé qué hacer.

—¿Dónde estáis? —pregunté, tratando de no gritar ni llorar yo.

—La he llevado al hospital... aquí en Detroit. Ha sido horrible. Horrible. Oh, Dios... ¡no quiero perderla!

No podía tragar. El nudo en la garganta hizo que me atorara. Tapé el teléfono con la mano, tiré del cordón a lo largo de la pared del comedor y entré en la cocina para que nadie pudiera oírme ni verme. Traté de mantenerme entero y pensar en lo que había que hacer.

—¿Qué dicen los médicos?

—Dicen que ha perdido mucha sangre. Pierde y recupera la conciencia. No me dejan entrar. Tengo quince años y seguro que ya han llamado a la policía. ¡No sé qué hacer! —Se quebró de manera incontrolable.

—Vale, escucha. ¡Cálmate! Voy a coger el coche ahora mismo. Estaré allí en menos de una hora. Si se presenta la policía, no digas nada. Di que quieres un abogado y no dejes de repetirlo. Y si te dejan entrar, cógele la mano y que sepa que no está sola, y dile que voy en camino.

—Vale. Vale. Lo siento mucho. Fue idea mía. No teníamos dinero para ir a Buffalo. Alguien nos dijo que había un sitio barato en Detroit. Fue mal desde que llegamos allí y deberíamos haber dado media vuelta y largarnos. Lo siento mucho. Por favor... perdóname.

En aquel momento nada de eso importaba. Yo grité que iba a salir con Tucker y Zoe y que volvería en un par de horas.

—A las diez aquí —gritó mi madre.

—Sí. A las diez. Adiós.

Aceleré por la M-15 hasta Clarkston y me metí en la I-75 pisando a fondo. En ocasiones el cuentakilómetros marcaba casi ciento cincuenta. El motor de ocho cilindros en V del Chevrolet Impala me llevó a Detroit en cincuenta y dos minutos. Seguí las indicaciones hasta el hospital, aparqué en el estacionamiento de urgencias y eché a correr. Tucker estaba allí, con los ojos rojos.

—Tranquilo, tranquilo —le dije, al abrazarlo.

Le pregunté a la enfermera si podía ver a Zoe y dijo que no. Pregunté por su estado.

—¿Eres un familiar? —inquirió.

—Soy su hermano —dije sin pensar.

—¿Y dónde están tus padres?

—¿Dónde están los tuyos? —le solté, dándome cuenta al instante de que eso no iba a servirme. Cambié el tono inmediatamente—. Mira. Lo siento. Estoy preocupado. Tengo diecinueve años, ella tiene dieciocho, y no queremos implicar o preocupar a nuestros padres con esto si está bien. Espero que lo comprendas.

La historia me había quedado bien, pero las lágrimas que se acumulaban en mis ojos eran reales.

—Está bien, de acuerdo —dijo, dejando de lado mi insulto para retribuírmelo después—. Espera aquí. Iré a ver si puede venir un médico a hablar con vosotros dos.

Esperamos casi media ahora hasta que vino el residente a buscarnos.

—¿Quién de los dos es familiar?

—Soy yo —dije.

—Vale. Solo deja que te diga que es la cosa más estúpida que podíais hacer. Esos abortistas de callejón no son doctores.

No tienen ninguna preparación, y solo lo hacen para ganar dinero y aprovecharse de gente como vosotros.

—Es lo único que podíamos pagar —intervino Tucker de manera innecesaria.

El médico hizo una pausa mientras valoraba exactamente quién era ese matón.

—Es ilegal —dijo, subrayando la palabra como si estuviera abofeteando a Tucker—. Podrías haberla matado. Pero no lo has hecho. Se va a recuperar. Habéis corrido un riesgo enorme.

—¿Cuál es su estado ahora mismo? —pregunté, esperando terminar con el sermón.

—Tiene un corte interno en el cuello uterino. También parece que han usado algún tipo de amoniaco, así que tiene diversas quemaduras. Hemos contenido la hemorragia de las paredes internas y ha sufrido un *shock*. Ahora está descansando y sedada, y está recibiendo la atención adecuada que necesita. ¿Tus padres están en camino?

—Sí —mentí—. No creo que tarden.

El médico volvió a fulminar con la mirada a Tucker.

—¿Te importa lo más mínimo si todavía tiene al bebé? —dijo, sin añadir la palabra implícita «capullo» al final de la frase.

—Sí, claro —dijo Tucker sin mirar al médico.

—Ha perdido el bebé —dijo, usando la palabra «bebé» por segunda vez para herir a Tucker. Me hirió a mí.

—No es un bebé —dije en voz baja—. Estaba embarazada de diez semanas. Era un feto. Si Michigan no estuviera tan atrasado, ella no estaría tumbada ahí dentro en ese estado. Eso es lo que me cabrea. Gracias por ayudarla.

El médico no apreció mi diatriba y simplemente se volvió y se dirigió otra vez a la sala de urgencias.

—¿De verdad vienen sus padres? —preguntó Tucker, presa del pánico.

—No. Pero hemos de llamarlos. Va a quedarse aquí al menos una noche, y estarán aterrorizados si no vuelve a casa. Yo los llamaré. Y trataré de ayudar cuando lleguen.

Fui al teléfono público y llamé a sus padres a cobro revertido. Les dije que no se preocuparan, que Zoe estaba bien, pero que la habían ingresado en el hospital de Detroit porque había venido a terminar su embarazo. Hubo llantos e insultos y yo les dije que lo sentía, que no lo sabía, que pensaba que Tucker los había avisado, que había venido al hospital nada más recibir la llamada de Tucker. Les dije que me quedaría con Zoe hasta que llegaran.

Cuando aparecieron, me interpuse entre ellos y Tucker para impedir cualquier violencia y pedí a todos que trataran de centrarse en Zoe y que ya podrían gritarse unos a otros luego. Su madre habló con la enfermera, luego con el doctor, y a ella y a su marido les dejaron entrar en la habitación. En cuestión de unos pocos minutos, vinieron a decir que podía pasar el «hermano». Miré a Tucker, que parecía perdido y necesitado de una canguro o una madre en ese momento. Seguí a la enfermera a la habitación y ella corrió la cortina. Vi a Zoe, medio despierta en la cama, con su madre cogiéndola de la mano, su padre todavía mirando hacia otro lado, con ganas de pegarle a alguien.

—Hola, Zoe —dije, y rodeé la cama para cogerle la otra mano.

—Lo... siento mucho —murmuró—. Ha sido... un error.

—No pienses en eso ahora. El médico ha dicho que estás bien, que solo necesitas descansar y tu madre y tu padre están aquí y todo irá bien.

—Gra... cias —susurró con la garganta rasposa—. Eres... mi... —Se echó a llorar. No había una palabra adecuada para terminar la frase, ninguna que describiera apropiadamente nuestra relación, o si la había, no podía pronunciarse en esa habitación. La ayudé a terminar la frase.

—Amigo —dije, sonriendo.

—Sí. Siempre.

Zoe enseguida rompió con Tucker. Después de graduarnos, yo me concentré en mi primer año de universidad y en todas las cuestiones políticas, pero Zoe y yo todavía salíamos mucho, todavía escuchábamos música y compartíamos nuestros sentimientos más íntimos el uno con el otro. Ella ingresó en la escuela universitaria, pero a mitad del segundo semestre lo dejó, y se mudó con su familia al oeste. Permanecimos en contacto por carta, pero ella se metió en aventuras y empezó a salir con nuevos amigos hippies. Pronto perdimos el contacto, y la vida continuó.

La última vez que vi a Zoe fue hace una década. Estaba tocando en un recital en Chicago, y me dijo que trabajaba a tiempo parcial en varias orquestas sinfónicas (le hacían llevar zapatos). Llevaba un tiempo viviendo en Los Ángeles y había tocado en las secciones de cuerda en discos de pop y rock. Fue bueno vernos y hablar de los viejos tiempos. El hombre con el que estaba parecía simpático, pero de pocas palabras. Me fijé en que tenía la misma cadena que solía llevar Tucker, colgada de una trabilla del cinturón. Me fui de nuestra reunión sintiéndome bien por Zoe y por la vida que se había labrado, y en cierto modo me alivió ver que la cadena de su novio estaba conectada con algo sustancial en su bolsillo.

Coche de fuga

La guerra estaba en su sexto año y yo empezaba a quedarme sin tiempo. Acababa de cumplir dieciséis y sentía la posibilidad de que me reclutaran como el aliento de vómito de alguien en la nuca. Nueve chicos de mi instituto —nueve— ya habían vuelto de Vietnam en cajas envueltas en banderas. Lo mejor que podías decir de ello entonces era: al menos la caja estaba fabricada en América.

Hacía mucho que había dejado de levantarme al sonar el himno nacional en el partido de fútbol americano del viernes por la noche y en los partidos de baloncesto de los martes. Por fortuna, ya no estaba solo en esta imprudente protesta. Los hippies habían ganado adeptos significativamente en otoño de 1971 en el instituto de Davison, y los musculitos que querían tirarnos desde el puente de Main Street al Black Creek ahora estaban en minoría. Pero todavía podían partirnos a cualquiera de nosotros en dos si nos ponían la mano encima. Así que íbamos en grupos. Si un musculitos o un palurdo quería impartir una dosis de justicia rápida a un hippy, tenía que esperar al acecho y pillar a alguno de nosotros caminando solo después de que nos quedáramos hasta tarde en clase de francés o en el coro.

Dos de los muertos en Vietnam de Davison vivían en mi calle. Estadísticamente eso era un porcentaje escandaloso, teniendo en cuenta que la parte de mi calle en la que había viviendas solo se extendía cuatro manzanas. Si cada tramo de cuatro manzanas del país se viera obligado a entregar a dos jóvenes al sacrificio, ¿cuántos muertos habría en todo Estados Unidos? Millones, ¿verdad? Me convencí de que mi calle, South Main Street, era un bulevar marcado, elegido por Nixon o por ese aterrador ángel de la muerte por alguna razón que no alcanzaba a comprender. Estaba decidido a que mi casa no contribuyera con ninguna inmolación a su causa.

Fue en la mañana del 5 de mayo de 1970 cuando me cuadré. Antes había convencido a mi consejera escolar de que me dejara tomar clases de política siendo de segundo curso, aunque ese crédito se reservaba normalmente a los estudiantes de último curso. Sobre todo, quería librarme de la clase de gimnasia. Se exigían dos años de gimnasia para graduarse, pero yo mentí y le dije a mi consejera que cuando estuve en el seminario católico nos daban dos clases de gimnasia al día, con lo cual yo ya había cumplido con los dos años de educación física. Ella aprobó mi petición y me dejó tomar clases de política.

El 4 de mayo, la Guardia Nacional había matado a cuatro estudiantes de la Universidad Estatal de Kent, en Ohio, y herido a otros nueve. Eso me inquietó: «Vale, dejemos esto claro. No hace falta que vaya a Vietnam para que me maten, ¿me puede pasar aquí en casa?»

Al día siguiente, nuestro progre profesor de política, el señor Trepus, se saltó el plan de la lección y nos pidió que debatiéramos sobre lo que había ocurrido en Ohio. Muchos de los chicos mayores de la clase coincidieron en que el futuro se veía negro. Muchos estaban muy indignados, y un estudiante propuso una manifestación. Como yo era dos años menor que el resto de la clase, mantuve la cabeza baja, dibujando en mi libreta. En una hoja suelta empecé a dibujar cruces de tumbas, como las que había visto en el cementerio de Arlington, nada más que filas y filas de cruces, tantas que se fundían en el horizonte.

En un folio dibuje 260 cruces en 26 filas rectas.

—¿Qué estás haciendo? —preguntó Bob Bell, el estudiante de pelo largo y mocasines que tenía sentado a mi lado.

—Solo me estaba preguntando cuánto tiempo se tardaría en dibujar una de estas por cada tumba de un soldado que ha muerto en Vietnam.

—¿No son muchos?

—Creo que el señor Trepus dijo que eran casi cincuenta mil.

—Eh. Me gustaría ver eso —dijo con una curiosa sonrisa en el rostro.

Y así empecé. Tenía unas cien hojas en mi cuaderno. Una por una, dibujé las pequeñas cruces. En un momento dado, el señor Trepus se fijó en que estaba haciendo algo y recorrió el pasillo para ver de qué se trataba.

—Quiero ver cómo se ven cincuenta mil muertos en el papel —le dije, con la esperanza de no haberme metido en problemas.

Se lo pensó un momento.

—Bien. A mí también me gustaría ver eso.

Tarde casi dos días en completar mi proyecto. Cuando terminé, tenía 49.193 cruces en perfectas filas en 189 hojas y media de papel de tres agujeros. Corrió la voz de lo que había hecho, y muchos quisieron verlo. Otros pensaron que sería mejor que comiera solo en la cafetería («¡Chiflado!»). A los que quisieron verlo, les pasé las páginas una por una ante sus ojos, muy deprisa, como en un zoótropo. Las cruces no bailaban ni se movían; era más bien como ver miles de cruces apilándose encima de otros miles de cruces. Hizo llorar a una chica de la clase.

—Yo no quiero acabar debajo de una de esas cruces —le dije.

Al año siguiente, en tercero, la guerra seguía en pleno apogeo, yo llevaba el pelo un poco más largo, la rabia ardía con más intensidad. Con el sorteo del reclutamiento a menos de doces meses, era el momento de tomar medidas contundentes.

Había oído hablar de chicos que la noche antes de la prueba física hacían cosas como beberse cuatro litros de café para que les subiera la presión arterial o dispararse un perdigonazo en la ingle. Eso me parecía un poco dramático y doloroso. Otros falsificaban certificados médicos, algunos intentaban actuar como si fueran retrasados mentales.

Tal y como yo lo veía, solo tenía tres opciones:

1. *Firmar como objetor de conciencia.* Eso no solo requeriría que denunciara todas las guerras del pasado y presente, sino también prometer que me quedaría sin hacer nada mientras violaban y asesinaban a mi abuela. Si se convencían de mi sinceridad respecto a que seguiría siendo no violento mientras se encarnizaban con una anciana de noventa años, me destinarían a trabajar a jornada completa en un hospital durante dos años.

2. *Ir a prisión.* Eso no tenía sentido. «Así que no voy a ir a Vietnam ni a barrer en un hospital, prefiero que me metan el palo de la escoba por el culo.» No, gracias.

3. *Escapar a Canadá.* El Gobierno canadiense había accedido a dar refugio a estadounidenses que rehuían el reclutamiento o desertaban. Era un gesto notorio para un país que pasaba la mayor parte del tiempo tratando de ser nuestro educado vecino. Los canadienses y nosotros teníamos muchas cosas en común, pero el único asunto en el que podíamos tomar caminos separados era en la cuestión de invadir otros países. Por alguna razón, los canadienses tenían escaso interés en imponer su personalidad tranquila a los demás. El motivo de que no se les hubiera contagiado parte de nuestro orgullo desmedido era un misterio para mí, pero lo cierto es que los canadienses no querían tener mucho que ver con matar a gente a quince mil kilómetros y mucho menos con matarse entre ellos.

Aunque vivía a una hora de la frontera, sabía poco de Canadá. No había pasado tiempo allí de niño. El padre de mi madre era canadiense, pero de joven cambió Canadá por Michigan, y así nuestro contacto con su tierra natal era limitado.

Nuestros parientes canadienses hacían la ocasional excursión para vernos, y nosotros íbamos menos allí. ¿Quizás a nuestros padres les preocupaba que no estuviéramos preparados para el viaje internacional? ¿Quizá Canadá todavía no tenía cañerías interiores? No lo sé. Era una tierra distante, era «el extranjero» y en su moneda estaba la reina de Inglaterra. Más allá de eso, no pensamos en ello.

Como las fronteras no pueden detener las ondas (entonces la televisión se transmitía gratuitamente a través del aire), veíamos mucha televisión canadiense: CKLW, Channel 9, desde Windsor, Ontario. La mayoría de la programación del Canadian Broadcasting Channel consistía en documentales de naturaleza y programas de comedia en blanco y negro con un humor irónico que no comprendíamos. Había policía montada y camisas de leñador y montones de imágenes de praderas. Tenían un gran programa de películas clásicas los domingos por la tarde, estaba el apasionante *Hockey Night in Canada* el sábado por la noche, y estaban las noticias canadienses.

Y fue allí, siendo yo un jovencito, cuando una noche me topé con la verdad. Hice una pausa en Channel 9 mientras iba pasando canales, y estaban dando noticias. Estaban cubriendo la guerra del Vietnam, pero había algo equivocado en lo que estaban enseñando. Las imágenes no eran de Vietnam del Sur, sino ¡de Vietnam del Norte! ¡El enemigo! ¿Por qué estaban haciendo eso? Estaban mostrando la destrucción causada por nuestros bombardeos en pueblos de civiles. Una mujer mayor lloraba mientras enseñaba su cabaña, que «los aviones americanos habían bombardeado». ¡No! ¡Basta de decir eso! ¡Somos los buenos! ¡Ellos son los alemanes!

Esa noche, no. Y no pude apartar los ojos de la CBC después de eso. Y no era el único. Si vivías a cien kilómetros de la frontera canadiense y tenías una antena decente o un dipolo podías escuchar la Verdad sobre la guerra de Vietnam que los canadienses contaron desde el principio. Esto me descolocó, porque no tenía ni idea de que nuestro propio gobierno nos mintiera. O sea, eso habría sido antiamericano. Y aun así, ahí estaba nuestro vecino aburrido y amable susurrando cada noche desde el otro lado del seto que estábamos haciendo algo malo, muy malo. Me sentía como cuando resultó que Santa Claus era mi padre, o cuando supe que Cheez Whiz no era verdaderamente queso, pero al menos esas dos cosas siguieron dándome felicidad en mi infancia. Esta revelación no era nada semejante. Fue un bofetón en mi tierna cara de dieciséis años, y no me gustó nada.

Gracias al canal canadiense, llegué a temer y odiar esta guerra. Me sentía como si fuera el único en el barrio que había encontrado la llave secreta, el tesoro enterrado, y desde entonces empecé a no creer nunca lo que veía en la televisión estadounidense, aunque todavía soñara con Jeannie o vitoreara la huida del Fugitivo.

En verano de 1971, antes de mi último curso, había tomado una decisión: si me llamaban a filas escaparía a Canadá.

En clase de política no te enseñaban a huir a otro país y pedir asilo. Pero yo acababa de obtener el rango de Eagle Scout, y eso conllevaba el conocimiento de muchas técnicas de supervivencia y haber ganado medallas al mérito en Pistas, Acecho de Animales, Puntería, Cestería, Encuadernación, Señalización, Metalurgia, Albañilería, Cultivo de Frutas y Frutos y Hermandad Mundial. Con un historial así, seguramente podría cruzar cualquier frontera y sobrevivir con un arco y una flecha, una colmena y algunas banderas de señales.

Había conocido a Joey, Ralph y Jacko en una manifestación contra la guerra en la que participé días antes de recibir mi carné de conducir. Los sucesos de la Universidad Estatal de Kent estaban frescos en la mente de todos, y Willson Park, en el centro de Flint, era el lugar de reunión hippy de los rebeldes y descontentos, donde cada mes se quemaban cartillas militares. Joey era del distrito de Burton, donde vivían los blancos pobres; y baste con decir que no te encontrabas a muchos de ellos en las orgías de los pacifistas. Aunque estoy seguro de que proporcionaban más carne de cañón que cualquier otra parte del condado de Genesee (excepto el extremo negro del norte de Flint), apoyaban la guerra de Vietnam y al presidente Nixon (pese a ser su segunda opción a la presidencia después del gobernador de Alabama George Wallace). El distrito de Burton estaba poblado mayoritariamente por familias que habían llegado de los estados del sur para trabajar en las fábricas de automóviles de Flint. Desplazarse hacia el norte no las disuadió de sus reflexiones raciales, y si no eras de raza blanca, sabías que más te valía no aventurarte a entrar en el sur de Burton por la noche.

Joey había escapado de alguna manera de la mayor parte de las deficiencias de conducta de su barrio, y sin embargo conservaba un encanto *hillbilly* agradable, que parecía gustar bastante a las chicas de ciudad de Flint. No tenía ninguna tendencia política particular, simplemente comprendía que la guerra era estúpida y no sentía el menor deseo de ver el mundo más allá de Maple Road.

Ralph vivía en un barrio hispano, al este del centro de Flint. Sus padres eran de México, y él también había nacido allí. Llegó al país de bebé, cuando su madre y su padre trabajaban de cosechadores de los cultivos estivales de remolacha azucarera y arándanos.

De los cuatro, Ralph era el más intenso. Resentido desde una edad temprana por presenciar el tratamiento de sus padres en una zona urbana donde todo era cuestión de ser blanco o negro sin el menor reconocimiento de que el marrón desempeñara papel alguno en la paleta de colores. Ralph también era el más fuerte de los cuatro y, aunque también era el más bajito, a nadie se le ocurría meterse con él. Dábamos por sentado que llevaba algún tipo de arma, tal vez un cuchillo, pero la verdad es que ninguno se lo quiso preguntar.

Jacko —nunca supimos cuál era su verdadero nombre— venía de una familia acomodada que vivía en el barrio contiguo a la escuela universitaria y la sede de la Universidad de Michigan en Flint. Llevaba el pelo como el *Chico Azul* pintado por Thomas Gainsborough, pero era astuto y temerario y no le costaba nada meterse en dificultades con la policía local de vez en cuando (dificultades que su padre abogado no tenía problema en hacer «desaparecer»). Si se te ocurría una idea descabellada, Jacko encontraba una forma de convertirla en realidad, y encima la hacía aún más descabellada.

Y fue una de esas ideas la que le propuse un domingo por la tarde del otoño de 1971, para la cual Jacko era mi conspirador perfecto. Bautizamos nuestra idea como «La gran fuga del Blue Water Bridge».

—Estaba pensando que si me reclutan no voy —dije mientras estaba tomándome un refresco A&W apoyado en el Impala del 69 de mi padre.

—Yo tampoco —dijo Joey—. Ni hablar.

—Bueno —agregó Ralph—, nunca me encontrarán. Pasaré a la clandestinidad y punto.

—No vamos a pasar a la clandestinidad —replicó Jacko—. Y no vamos a ir a la cárcel. He estado allí. No es para mí.

—Podríamos apuntarnos como objetores de conciencia —sugerí.

—¿Qué es eso? —preguntó Joey.

—Significa —intervino Ralph— que has de firmar un papel que diga que eres una nenaza, y ninguno de nosotros lo va a hacer.

—Sí, yo tampoco quiero hacer eso —me apresuré a añadir, aunque sin descartar la posibilidad en mi cabeza—. Ser objetor significa darle al Tío Sam dos años de tu vida haciendo para él otra cosa que no requiera un arma. —Hice una pausa—. ¿Y si escapamos a Canadá?

—¿Por patas? —dijo Ralph con sorpresa.

—No, por patas no —dijo Jacko—. Sería más bien como Steve McQueen en *La gran evasión*. Engañar a los hijos de puta. Saltar la valla y vivir como reyes en Canadá.

—No hay ninguna valla entre nosotros y Canadá —le dije—. Todo es agua.

De lo que no estaba seguro era de la cantidad de agua que

había, y no quería corregirlo respecto a Steve McQueen (cuyo intento de huida en moto al final no tuvo éxito), porque sabía que el plan canadiense era el camino a seguir.

—Yo digo que lo estudiemos —intervino Jacko—. No tenemos nada que perder.

Hicimos un plan para ir en coche hasta la frontera el sábado siguiente y evaluar nuestras posibilidades de entrar en Canadá. Yo me encargaba de la logística. Ralph dirigiría lo que podría denominarse seguridad («Ningún canadiense quiere meterse con un mexicano», nos aseguró). Jacko conseguiría algo de dinero de su padre para lo que necesitásemos. Y Joey traería la barca.

—¿La barca? —dijo Ralph—. ¿Para qué queremos la barca?

—Mike dice que todo es agua —respondió Joey—. Y mi padre y yo tenemos una pequeña barca que remolcamos en el coche cuando vamos a pescar al norte. Está al lado del garaje. La saco cuando quiero.

Jacko era todo sonrisas.

—Mola la barca. ¡Ya nos veo cruzando el lago Huron como James Bond!

Ralph no era persona de barcas, pero se dio cuenta de que estaba en minoría. Supuse que su oposición se debía a que no sabía nadar y la idea de enfrentarse al agua no le resultaba agradable.

El sábado siguiente, Joey se presentó en mi casa. Le dije a mis padres que iba al cine, y afortunadamente nunca miraron por la ventana, lo cual podría haberlos llevado a preguntarse por qué necesitábamos una barca para ir al cine. Nos dirigimos al este de la ciudad por la M-21, a través de Elba, Lapeer e Imlay City y pasamos por la iglesia de Capac, cuyo campanario había construido mi tío abuelo. A menudo comentaba estos datos históricos a mis amigos de Davison en el instituto, y ellos soportaban con humor mi actitud de «siento ser tan inteligente». A esos tipos de Flint no los conocía tan bien, lo que hacía que esa aventura me resultara más peligrosa y seductora.

En poco más de una hora estábamos en Port Huron, Michigan. Port Huron, lo había aprendido en la preparación de la fuga, era uno de los tres únicos cruces fronterizos entre Michigan y Canadá; los otros dos eran Detroit (que tenía un túnel y un puente) y Sault Sainte Marie, en la península superior. Al parecer también se podía cruzar en barco por el río Detroit, al sur de la ciudad; había un puesto de aduanas en el lado canadiense.

Port Huron era una ciudad pequeña, poco conocida en aquel entonces, pero todos los escolares de Michigan sabían que era allí donde creció Thomas Edison. Los que participábamos en mítines contra la guerra sabíamos que Port Huron era el lugar donde un grupo de estudiantes de la Universidad de Michigan, encabezado por Tom Hayden, escribió el manifiesto de los Estudiantes por una Sociedad Democrática (SDS), conocido como la Declaración de Port Huron. Ninguno de nosotros había leído el texto, pero sabíamos que la simple mención de las siglas SDS enfurecía a nuestros padres, así que nos consideramos automáticamente miembros y exhibíamos de manera prominente copias de «La Declaración» (que adquirimos en el *head shop* local) en sitios donde un padre o un ayudante del director pudiera verlo y ponerse colorado.

Yo había elegido Port Huron como punto de fuga no por su significación histórica, sino porque aparentemente tenía la distancia más corta de agua entre los dos países. El río Saint Clair tenía menos de un kilómetro de ancho, y en el lado canadiense se alzaba la ciudad de Sarnia, Ontario. Pero cuando llegamos a Port Huron y miramos hacia Sarnia, nos encontramos con que era un sitio francamente feo. Toda la orilla del río estaba ocupada por una refinería de petróleo o una planta química (el gran cartel de DOW, que podía verse desde el otro lado del río, lo delataba).

En un punto del camino a Port Huron, Jacko se había preguntado si podríamos simplemente nadar hasta Canadá (creo que lo dijo para cabrear a Ralph). Una mirada al río Saint Clair disipó cualquier idea de intentarlo, si es que en realidad había sido una idea. Daba la sensación de que si lanzabas una cerilla en el Saint Clair ardería como Cleveland.

Solo había una manera de cruzar en coche a Canadá, y era por el Blue Water Bridge. Desde debajo del puente divisábamos lo que parecían ser los puestos de control a ambos lados del cruce. No parecía acogedor. Decidimos que el puente no iba a funcionar. Usaríamos la barca de Joey.

Entonces la misión se convirtió en encontrar un lugar donde bajar la barca para cruzar el río hasta Canadá, un lugar con aspecto lo bastante desierto para que no nos atraparan. Justo al norte del puente comenzaba el lago Huron, y este se extendía tan deprisa que a los seiscientos metros ya eran al menos ocho los kilómetros de lago que separaban ambos países. Justo al sur de Port Huron había un pequeño pueblo llamado Marysville. Nos dirigimos allí y encontramos un parque con una rampa de botadura. No había policía ni nadie de inmigración cerca. Todavía se veía un montón de basura de aspecto industrial al otro lado del río, en Canadá, pero justo al norte de eso parecía haber una larga extensión de campos y bosques. Daba la impresión de ser nuestra mejor opción.

Joey dio marcha atrás en el coche por la rampa de botadura, hasta el borde del agua. Ralph estaba nervioso por la posibilidad de que nos descubrieran, y yo mantuve la mirada fija en el otro lado del río, en busca de los canadienses. No vi ninguno y el sol de última hora de la tarde iluminaba la costa canadiense desde el oeste y no revelaba absolutamente ninguna actividad. No había guardias de fronteras con prismáticos vigilándonos ni patrulleras protegiendo su territorio soberano. Solo menos de un kilómetro de río que lamía nuestra orilla de la misma manera que lamía la suya. Aunque se suponía que iba a ser solo un ensayo, una parte de mí ya quería subirse a la barca en ese mismo momento, cruzar el Saint Clair y no regresar.

Eso no iba a suceder. A Joey se le escapó un «¡Mierda, mierda, mierda!», y yo salí a ver cuál era el problema.

—¡No está el motor! ¡Mi padre se ha llevado el fueraborda! ¡Mierda!

—¡Joder, Joey! —Ralph dio varias patadas al remolque de la barca, pero ninguna de ellas hizo aparecer el motor fueraborda—. ¿Cómo puedes ser tan estúpido?

El Eagle Scout con la medalla al mérito de remo tomó la palabra:

—Eh, son unos ochocientos metros de río y somos cuatro. ¡Rememos!

—No tenemos remos —dijo Joey en voz baja, sintiendo la vergüenza de haber destrozado nuestra gran evasión—. Mi padre debe de haberlos cogido. Usamos la barca la semana pasada. No puedo creer que no lo viera cuando me fui.

—Genial, simplemente genial. —Ralph seguía cabreado—. Sabéis que no sé nadar.

Lo sabíamos.

—No vamos a nadar —intervino Jacko—. Vamos a comprar comida para llevar en White Castle y pasaremos un rato aquí. Y he traído «postre». —Llevaba un canuto muy grande, pero perfectamente enrollado en la mano.

Esto pareció quitar hierro a la situación, y si había una cosa en la que podías contar con Jacko era en que tenía la marihuana mejor y más cara de tierras lejanas.

Nos dirigimos de nuevo a Port Huron. Encontramos un local de hamburguesas y nos llevamos nuestro picnic al parque de la ciudad, junto al río. Había un monolito con una placa en honor a Thomas Edison. Nos sentamos allí con nuestras hamburguesas, mirando al monumento y tratando de elaborar una lista de cosas que inventó Edison: bombilla, tocadiscos, proyector de cine. Había más, pero con eso bastaba para que fuera un gran tipo.

—Tío —añadí, cayendo accidentalmente en el modo sabelotodo—, hay un montón de inventores de nuestro estado: Edison, Henry Ford, Kellogg, Dow. No está mal para un solo estado.

—Bueno, a la mierda Dow —interrumpió Ralph.

—Sí, a la mierda Dow —repitió Jacko.

—Sí, a la mierda Dow, que le den —agregué, en caso de que hiciera falta más énfasis.

—Edison dijo que, pese a todos sus inventos, de lo que más orgulloso estaba era de no haber inventado jamás armas ni nada para la guerra —dijo Jacko.

Nos quedamos impresionados de que supiera algo tan serio, tanto si era cierto como si no.

Yo estaba mirando al puente que teníamos encima. Ya empezaba a bajar la luz y —aunque esta aventura, a pesar del percance con el motor, era más divertida que nada que hubiera hecho hasta entonces en mi último año— continuaba empeñado en no irme de la zona fronteriza sin un plan para escapar a Canadá. Tenía que mantener la misión en marcha. Por supuesto, la capacidad de conseguir que los otros tres volvieran a centrarse en por qué estábamos allí era un poco más difícil en ese momento, porque ya se habían fumado la mitad del canuto *king-size*.

—Vamos, tío, pruébalo —me imploró Jacko—. Solo una vez.

Yo todavía era virgen en lo que respecta a, bueno, en lo que respecta a todo; pero en ese momento era el único joven de diecisiete años que conocía que por lo menos no había probado la marihuana u otras sustancias ilegales. Yo no estaba contra ella por ningún motivo legal ni moral, y no me preocupaba que mi primer porro me llevara a inyectarme de heroína. De hecho, me daba cuenta de que todo el mundo se volvía más agradable y divertido, una vez colocado, y no había nada malo en ello. Mi temor era el siguiente: en mi opinión, yo ya estaba demasiado puesto, colocado, loco. O al menos lo pensaba. Estaba convencido de que mi estado alterado natural cotidiano no necesitaba ningún potenciador. De verdad creía que si fumaba un porro o probaba un ácido podría no bajar nunca. Estaba bien donde estaba, pensando en cosas como colarnos en Canadá en una barca sin motor.

—Siempre podemos simplemente echar una carrera por el puente —propuse, sabiendo que, con el porro rematado, estarían dispuestos a cualquier cosa.

—¿Qué significa echar una carrera? —preguntó Ralph en un tono que indicaba un raro momento de lucidez.

—¿No te refieres a echar a correr? —se preguntó Joey.

—No, no me refiero literalmente a echar una carrera por el puente —le expliqué—. Quiero decir que nos metemos en el coche y hacemos como que vamos a visitar a nuestros primos canadienses. Yo puedo hablar un poco de canadiense. Lo único que tienes que hacer es hablar más despacio y poner una «u» de más en algunas palabras.

—Pensaba que hablaban francés —interrumpió Ralph.

—Lo hacen —le dije—. Es como un lenguaje secreto al que recurren cuando no quieren que Estados Unidos sepa lo que están diciendo. Ya he estudiado dos años de francés, así que estaré listo si tratan de recurrir a ese truco.

—Bien pensado —dijo Joey.

—Pero no hemos de preocuparnos por el francés en el puesto de control estadounidense —les aseguré—. Solo les diré a los guardias fronterizos que vamos a pescar un poco con nuestros parientes canadienses. Luego pisaremos a fondo y pasaremos al otro lado antes de que se les ocurra que no parecemos muy emparentados.

—Hombre, no sé —dijo Jacko sin pensar mucho en ello—. ¿Qué pasa si sacan sus armas y empiezan a disparar? ¿Y si nos persiguen con algún puto camión del ejército o algo así? Joder, no sé.

—Además —añadió Joey—, no olvides que remolcamos la barca de mi padre.

—Podríamos dejar la barca a este lado con una nota —sugerí—. Recuerda que esta noche no vamos a pasar para quedarnos. Solo vamos a ver si, cuando necesitemos escapar, seremos capaces de hacerlo.

—Bueno, si no va en serio, entonces prefiero que no nos separemos de la barca —respondió Joey.

—Tiene más sentido llevar la barca —dijo Ralph—. De esa manera se ve que vamos en un viaje de pesca o algo así.

—De acuerdo, llevamos la barca —dije, sintiéndome como

si estuviera hablando a Cheech y Chong, y otro Chong—. Pero vais a tener que dejar que conduzca yo, porque no tenéis aspecto de poder poneros detrás del volante. Y Jacko, asegúrate de que no llevas más drogas encima. Eso sí que nos dará problemas si nos paran.

—Estoy limpio, señor —dijo riendo.

—Supongamos que pasamos el control de Estados Unidos —se preguntó Ralph— y llegamos al otro lado del puente. Cuando estemos en la parte canadiense, ¿qué decimos?

—Creo que hemos de decir lo que vamos a decir de verdad el año que viene cuando tengamos que hacer esto. Hemos de decirles que nos resistimos al reclutamiento y hemos venido para solicitar asilo de una nación amante de la paz.

—Y ahí es cuando sacan sus pistolas canadienses y nos disparan —propuso Jacko—. Cuatro cabrones americanos menos. Buen trabajo, chicos —dijo con su mejor acento británico de Flint.

—No nos van a disparar, y no son británicos —les recordé—. Solo se lo creen. Ni siquiera creo que lleven pistolas. Pero podrían llevarnos a interrogar, así que simplemente diré que estaba bromeando, que solo estamos en el instituto y que hemos de volver a casa esta noche, porque tenemos que ir a la iglesia por la mañana.

—No te pases, Mikey —advirtió Jacko—. Tampoco tenemos pinta de monaguillos.

—Mira, creo que deberíamos probarlo —supliqué—. Estamos aquí. Tenemos que saber a qué nos enfrentamos y, suponiendo que pasemos a los soldados estadounidenses, creo que todo irá bien.

Hubo algunos murmullos más acerca de no querer recibir un disparo ni de que el coche se precipitara desde el puente, pero después de unos minutos me había convencido de que era lo mejor que podíamos hacer. Me puse en el asiento del conductor, Ralph se sentó delante conmigo y Joey y Jacko se acomodaron en la parte de atrás, tratando de recuperar la sobriedad.

El Blue Water Bridge, a pesar de que solo tenía que cruzar

ochocientos metros de agua, era una estructura imponente. Se elevaba más de 50 metros por encima del río Saint Clair. Se construyó así para que pudieran pasar por debajo los enormes barcos de los Grandes Lagos. Era la puerta de entrada al lago Huron, y para llegar al puente tenías que subir por una larga rampa que se elevaba por encima de un barrio antiguo de Port Huron que había albergado a los inmigrantes irlandeses del lado paterno de mi familia. Cuando el coche enfiló la rampa, mi corazón comenzó a latir acelerado. Todo el mundo se arregló el peinado cuando avistamos el solitario punto de control estadounidense. Había una serie de cabinas para cada carril de tráfico, algunas con luz roja, otras con luz verde, y pensé que sería mejor estar en el carril de la luz verde. Había focos enormes, y vimos a los hombres de uniforme dentro de cada caseta. Al acercarnos a una cabina solté una advertencia final.

—Está bien, tranquilos, dejad que hable yo, y si hay algún problema, piso a fondo. Solo mantened la cabeza abajo por si empiezan a disparar. —Pausa—. Estoy bromeando. Nadie nos va a disparar. —O al menos eso creía.

El soldado de la cabina me hizo una seña para que pasara. Cuando me acerqué a su lado, la ventanilla de la cabina estaba abierta, pero dentro no había un soldado. Parecía más bien un voluntario de camino escolar.

—Son veinticinco centavos, por favor.

—¿Eh?

—Veinticinco centavos.

Yo no entendía.

—Un cuarto de dólar, hijo.

Quería que le pagáramos.

—Claro —le dije. Busqué en mi bolsillo—, tenga.

Le di el cuarto de dólar

—Gracias.

¿Eso era todo?

—¿Nada más? —le pregunté al hombre.

—Bueno, por lo general, la gente piensa que es demasiado.

Siguen hablando de subirlo a medio dólar. No creo que le siente muy bien a la gente.

—No, me refiero a si ya podemos ir a Canadá ahora. ¿No tiene que hacernos preguntas ni nada?

—Oh, Señor, ¡no! —Se rio—. Yo solo cobro el peaje. Os harán algunas preguntas cuando lleguéis allí —agregó, señalando a Canadá.

—Así que cualquiera puede irse de Estados Unidos, así como así, sin que le hagan preguntas.

—Bueno, eso espero. Es un país libre. Dime, ¿hay alguna razón por la que no podáis salir? ¿Vuestros padres saben dónde estáis?

—Oh, no, o sea, sí... Solo preguntaba. Nuestros padres iban delante de nosotros. Nos esperan allí.

—Bueno, entonces, mejor que os pongáis en marcha. ¡Y ahora estás interrumpiendo el tráfico!

Pisé suavemente el pedal del acelerador, o por lo menos creo que lo hice, y el coche se propulsó hacia delante. En ese mismo instante, sonó un fuerte silbato. Pisé el freno. Estaba tan confundido y asustado que no sabía qué hacer. Jacko seguía diciendo: «¡Acelera!» Y Ralph decía: «¡No! ¡Para!» No puedo recordar lo que hice, o lo que hice mal, o por qué alguien hacía sonar un silbato, pero en el retrovisor lateral vi que el hombre había salido de la cabina y se acercaba a mi puerta. ¡Sabía que había sido una trampa! Me armé de valor para lo que iba a suceder. Miré a Ralph. Había sacado su cuchillo.

—Joder, guarda...

El viejo estaba al lado de mi ventana.

—Lo siento, hijo —dijo educadamente y un poco sin aliento—. No había visto la barca que remolcas.

¡La barca! ¡La barca! La maldita barca nos iba a delatar. ¿Qué coño estábamos haciendo con una barca? Oh, mierda, ¿dónde nos había metido?

—Serán otros veinticinco centavos por la barca.

Mierda. ¡Uf!

Pero en ese momento, Jacko, que al parecer no había oído

la petición del hombre de otro cuarto de dólar, abrió la puerta, bajó y echó a correr por el Blue Water Bridge.

Al tiempo que yo le entregaba al hombre los veinticinco centavos, este le gritó a Jacko.

—Hijo, ¡vuelve al coche! ¡No hay tránsito de peatones en el puente!

—Voy a buscarlo —le dije de manera apresurada—. No se preocupe. ¡Lo siento!

Pisé el acelerador y alcancé a Jacko en cuestión de segundos.

—Entra de una puta vez o harás que nos detengan —le gritó Ralph.

Paré el coche y Ralph agarró a Jacko del brazo. Jacko recuperó la sensatez y entró en el coche.

—¡Joder! —dije—. Eso ha sido una estupidez.

—Eh —dijo—, no quería correr ningún riesgo.

—Jacko —dijo Joey—. Ese tipo no va a hacernos nada. ¡Es un viejo! Debe de tener cincuenta años.

Las cosas se calmaron y cruzamos el río Saint Clair, dejando atrás Estados Unidos. A mitad de camino, había un cartel grande que decía «Bienvenidos a Canadá», y todos soltamos un gran «Yuju».

Pero todavía teníamos que pasar el puesto de control canadiense. Paré el coche junto a la cabina de Canadá. Esta vez, no era un guardia de camino escolar. Ese canadiense tenía aspecto oficial, como uno de los policías montados, aunque no lo era. Me hizo una seña para que me acercara.

—¿Ciudadanía?

Esa fue la única palabra que dijo. Vaya, pensé, aquí van directo al grano.

—Sí —respondí—. ¡Gracias!

—¿Ciudadanía? —dijo, en voz más alta.

—Sí —repetí—. Nos gustaría.

No podía creer la generosidad de los canadienses para que, de buenas a primeras, te ofrecieran la ciudadanía.

El canadiense me miró. Con dureza.

—No tengo tiempo para tonterías. ¿Cuál es tu nacionalidad y lugar de nacimiento?

Ah.

—Eh, Michigan. Estados Unidos.

—¿Y dónde naciste?

—Flint, Michigan.

—¿Y el resto?

—Estadounidense.

—Estadounidense.

—Estadounidense.

—¿Y dónde nacisteis?

—Flint.

—Flint.

—México.

Vaya.

—¿Eres ciudadano de México o de Estados Unidos?

—Tengo doble nacionalidad —dijo Ralph.

—¿Cuál es el propósito de vuestra visita a Canadá?

—Solo se nos ha ocurrido cruzar el puente porque nunca habíamos estado aquí —le dije.

—¿Para qué es la barca?

—Oh, es de Joey. Su padre la tenía enganchada al coche —le contesté, pensando rápido.

—¿Qué edad tenéis, chicos?

—Diecisiete.

—Diecisiete.

—Dieciséis.

—Diecisiete.

—Muy bien, parad en ese espacio de ahí.

Dirigí el coche a un pequeño aparcamiento situado delante, lleno de gente con aspecto oficial. Salió un hombre vestido de uniforme.

—Por favor, bajad del coche, abrid el maletero y entrad.

Bajamos y entramos en el edificio con el de la policía montada (o lo que fuera). Otros dos agentes comenzaron a registrar el coche.

—Vosotros dos parecéis colocados —dijo, mirando a Jacko y a Ralph—. ¿Lleváis drogas?

—No, señor —dijo Jacko con educación—. Y no estamos colocados, señor. Estamos felices de estar en Canadá.

Oh, cielos.

—¿Qué es exactamente lo que pretendéis, chicos? ¿Sabes que tu barca no tiene motor?

—Sí, señor —le dije—. El coche y la barca son del padre de Joey y no quería que soltáramos la barca. Nos dijo que nos la podíamos llevar.

—Ajá —respondió el canadiense.

—Pero hay algo que me gustaría preguntarle —dije, decidiendo tirarme a la piscina—. Supongamos que quisiéramos huir del reclutamiento y trasladarnos a Canadá, ¿podríamos hacer eso?

El policía me miró de arriba abajo, y gritó en dirección al escritorio.

—Revisión de cavidades.

¿Qué?

—Por aquí, por favor —dijo otro funcionario. Y entonces se detuvo, y los seudopolicías montados se echaron a reír.

—Es broma. No somos como los guardias de frontera de Estados Unidos. No hace falta que os bajéis los pantalones. Solo los llamaremos y les diremos que ya estáis de vuelta.

Más risas. Yo conocía ese estilo de humor retorcido de la televisión canadiense. Lo necesitaban para contrarrestar todos esos documentales espantosos de castores y alces.

Nos acompañaron otra vez al coche, donde, afortunadamente, no encontraron nada, más que la barca sin motor.

—Podéis dar la vuelta y regresar a Estados Unidos —dijo el jefe canadiense.

Tentando mi suerte, le pregunté de nuevo.

—Pero, señor, ¿y si un día no queremos que nos recluten? ¿Podemos venir aquí o no?

—Si venís aquí legítimamente como objetores a la guerra, el Gobierno canadiense os dará asilo, sí. ¿Os han reclutado? ¿Alguno de vosotros está en las fuerzas armadas?

—No.

—Entonces, buenas noches. Y ya podéis iros.

Nos metimos en el coche de Joey y volvimos a Michigan cruzando el Blue Water Bridge. Los guardias fronterizos del lado estadounidense por suerte tenían prisa, así que nos hicieron las mismas preguntas sobre ciudadanía que los canadienses y nos dejaron pasar. No habría ningún control de cavidades esa noche. Durante el resto del viaje a casa no hablamos mucho, aparte de revisar lo que habíamos aprendido: Canadá nos aceptaría en caso necesario, pero habría que soportar su sentido del humor canadiense.

Un trato justo, para ambas partes.

En febrero, la fecha de mi cumpleaños fue la número 279 en el sorteo de reclutamiento, y al año siguiente fue la 115. Ambas cifras estaban más allá del corte. Me calificaron 4-F en mi tarjeta militar y no tuve que aprender francés ni el sistema métrico decimal, o cómo mojar las patatas fritas en requesón.

A pesar de eso, mi aprecio por Canadá se mantuvo durante mucho tiempo.

Dos citas

Estaban Linda Limatta y su hermana Sue, y también Mary Powers, Marcia Nastle y Luanne Turner. Estaban Barb Gilliam, Lisa Dean, Debbie Johnson, no me invento nada. Denise Hopkins, Cheryl Hopkins, Karen Hopkins y cualquier otra Hopkins. Estaban Kathy Minto y Kathy Collins, Kathy Root y Cathy O'Rourke, sí, si se llamaba Kathy también serviría. Estaban Mary Sue Johnson, Mary Jo Madore, Mary Sue Rauschl y Maribeth Beach. Jill Williams, Diane Peter, Lora Hitchcock, Wendy Carrell, Jeanie Malin, Madeline Peroni, Louise Prine, Suzanne Flynn y Susie Hicks, y no había ni una de ellas, ni una sola de ellas, a la que me atreviera a acercarme y simplemente preguntarle si quería venir conmigo al cine un viernes por la noche.

Bueno, estaba Susie Hicks. Yo iba por el pasillo con ella entre la quinta y la sexta hora, de camino a la clase de consejo estudiantil. En mi último año en el instituto me presenté al consejo estudiantil. Gané con una plataforma que prometía eliminar el concurso de reina de las ex alumnas. Eso inmediatamente me eliminó de la lista de todas las chicas guapas del instituto. Pero no me importaba; no tenía ninguna oportunidad con ellas de todos modos.

Susie Hicks era la única excepción. Era la subdelegada de su clase, estaba conmigo en el consejo estudiantil, cantaba en el musical del instituto y también era buena deportista. Siempre se reía de mis chistes y yo, por supuesto, de alguna manera malinterpreté eso al creer que pensaba en mí como un posible novio. Claramente, no entendí que solo porque le caigas bien a una chica no significa que le gustes.

Susie y yo teníamos que recorrer tres largos pasillos antes de llegar al consejo estudiantil, lo cual me concedía mucho tiempo para dar el paso. Me había preparado el discursito esa mañana delante del espejo. Tranquilo, que no parezca que le estás pidiendo una cita, ten un plan de retirada para disimular el enorme daño y decepción si te dice que no. Con una previsión optimista como esa, estaba seguro de conseguirlo.

Usé todo el pasillo 1 caminando con ella y simplemente tratando de calmarme y conseguir que mi corazón latiera a intervalos regulares y dejara de salírseme del pecho a través de la camisa. El pasillo 2 lo gasté tratando de recordar mi guión: me había olvidado de qué decir y qué pedir (pero no de a quién pedírselo, sabía a quién pedírselo, ¡estaba caminando con ella!). Doblamos la esquina al tercer y último pasillo y, con el último oxígeno que me quedaba, abrí la boca.

—Su... Susie —tartamudeé—. Es-estaba pensando...

Y en ese momento un proyectil de mortero en forma de Nick West, capitán del equipo de baloncesto, delegado de la clase y propietario de una cara robada a Robert Redford se interpuso entre nosotros.

—Eh, Susie —dijo al acercarse a darle un rápido beso—. ¡Te veo después del consejo!

Si acaso me sentí agradecido por la interrupción de Nick. No tenía ni idea de que salían juntos y habría sufrido la peor de las humillaciones si hubiera llegado a formular la pregunta. Dejé escapar un suspiro de alivio. No sentía remordimientos por el hecho de que el mundo fuera un lugar injusto. Al contrario, estaba contento de que me recordaran que no me habían enviado a la Tierra para salir con reinas de la belleza. O al menos eso sonaba lo bastante bien para soportar la siguiente hora. (Sí, la eligieron reina de la belleza. Y lo reconozco, amaba desesperadamente a las reinas de la belleza, a todas y a cada una de ellas.)

Confesión: cuando se trata de interacción social soy una persona tímida. Sí, yo. Mi idea de un sábado por la noche emocionante en el instituto era quedarme en casa viendo *Mannix* y *Misión imposible* en CBS (el viernes por la noche daban *El gran Chaparral* y *Nanny y el profesor*). De vez en cuando salía con mis amigos, y cuando parecía que la actividad planeada por la noche no incluía infringir leyes estatales o federales o ir en coche con un borracho de dieciséis años al volante, participaba en encender sacos de excrementos de perro en el porche de alguien para luego tocar el timbre y salir pitando.

Sin embargo, las chicas me intimidaban demasiado para que me acercara a ellas, y eso no estaba mal. Tenía cosas que hacer, libros para leer y... y..., se me ha olvidado, ¡pero era importante! Me consolaba con las estadísticas y la probabilidad: si había 1.500 millones de mujeres en el planeta, la posibilidad de que al menos una de ellas quisiera estar conmigo eran de cómo... ¡el cien por ciento! Así que estaba en alguna parte. Por favor, ¿podía ser entre Bay City y Sterling Heights? Si resultaba que a mi único amor verdadero lo habían colocado (por error) en Eslovenia, entonces supongo que lo único que podía hacer era sentarme y esperar que la CBS continuara con otra temporada de *Mannix*.

Cita 1

Fue en tercer año cuando los dioses, tal vez aburridos de que sus mentes omniscientes fueran tan divinamente perfectas todo el tiempo, decidieron gastarme una broma, solo para ver cómo me derrumbaba en un charco de sufrimiento. De manera inesperada, me mandaron a Linda Milks, de último año ¡y animadora!, a mi taquilla en el último día del curso escolar.

—Eh, estaba pensando, ¿quieres salir conmigo?

Supuse que estaba hablando con alguien del otro lado de la taquilla, así que seguí tratando de marcar mi combinación.

—Eh, tú —dijo, tocándome suavemente en el hombro—. ¿Quieres salir conmigo?

Yo estaba paralizado por el miedo y no podía hablar. El miedo se convirtió rápidamente en vergüenza al mirar alrededor para ver quién la había enviado a gastarme esa broma pesada. Pero no había nadie en el pasillo. Solo Linda, mirándome con aquellos ojos castaños, cabello largo y oscuro y un cuerpo (¡un cuerpo de chica!) que estaba cubierto por una toga de graduación granate y oro.

—Eh, ¿yo?

—Sí, tú. Vamos, que será divertido. Te gusto, ¿no?

—Eh, sí, seguro. Claro, quiero decir, eres... ¡Linda!

Por fin fui capaz de decir una palabra sin tartamudear: «Linda.»

—¿Dónde está tu anuario? Quiero firmarlo.

Busqué en mi taquilla y se lo di. Ella escribió junto a su foto de último curso: «Tu amiga es la respuesta a tus necesidades. Consulta la página 200. Con amor, Linda.»

A continuación, pasó a la página 200 del anuario y escribió una carta a toda página sobre lo mucho que significaba para ella y asegurando que siempre estaría ahí para mí. Y lo firmó de nuevo con «amor».

Me quedé allí leyéndolo, sin tener ni idea de qué decir o hacer. Finalmente la miré, a la animadora, y ella era todo miradas empalagosas y sonrisas. Quería preguntarle si estaba colocada o se había confundido con alguien de la clase de taller.

—Gracias. Es muy bonito. La gente no suele escribir este tipo de cosas en mi anuario. ¿Estás segura de que no quieres tachar nada de esto?

—Ja, ja, ja, ja. ¡Tonto! Por eso me gustas. Bueno, aquí está mi número... —Estaba escribiendo en una hoja que había arrancado de su cuaderno—. Llámame este verano. Iremos a pasar el rato y hacer algo.

—Vale. Lo haré. Gracias.

—No me lo agradezcas todavía. ¡Y no te olvides de llamar!

Sin creer todavía que era real, me revisé para ver si todavía estaba vivo: ¿pelo despeinado? Sí. ¿Nariz taponada? Sí. ¿Rollo de grasa? Sí. ¿Granos en la frente? Sí. Sí, estaba entero. Seguía siendo yo.

¿Y era a eso a lo que la animadora acababa de invitar a salir?

Linda Milks era un año mayor que yo. Decidió tomar clases de discurso en su último año y formar parte del equipo de debate, algo inusual para una animadora. No estaba muy interesada en los temas que se trataban, pero sí estaba interesada en lo que yo decía en clase, sobre todo cuando hacía mi imitación de Nixon. Eso la alegraba, y a menudo se volvía y me lanzaba una sonrisa que decía... ¿qué decía? ¡No tenía ni idea! Estaba en el último curso y era animadora y me sonreía a mí. Con eso bastaba.

Cuando me pedía ayuda en los deberes se la ofrecía con gusto. Pero habría hecho lo mismo por el chico de granja con ropa heredada o por el matón que siempre me decía que quería ver si su puño podía ayudar a reorganizar mi cara para darme «una mejor oportunidad con las damas». Linda dijo que hacía debate para ganar algo de «confianza en sí misma», así que la ayudé de varias formas y con distintos métodos a dar un discurso eficaz. Un par de veces pasó por mi casa para hablar, pero hasta que leí su carta en mi anuario no me di cuenta de que venía a por algo más. De verdad quería que fuéramos amigos. Estaba desconcertado. Pensé que estaba recibiendo la oportunidad de practicar hablando con una chica de último curso, lo cual era un gran éxito de por sí. Debo admitir que me gustaba cuando se ponía su uniforme de animadora los días de partido. Hacía que la clase de discurso cobrara vida.

Después de que terminaran las clases, pasó un mes entero antes de que me atreviera a marcar su número, y solo después de ensayarlo una docena de veces. Finalmente lo marqué de verdad, y me contestó. Una respiración profunda, y a continuación mi propuesta: vamos a una sesión matinal en la que proyectan una película nueva titulada *Willy Wonka y la fábrica de chocolate*, y luego a un picnic a Richfield Park después del cine.

Todo inocente, actividades seguras, a la luz del día. Le encantó la idea y me pidió que la recogiera el sábado a mediodía.

La parte más importante de esto era que mis padres no iban a tener ni idea de que tenía una cita. Si lo averiguaban, me enfrentaría a una inquisición a la que no creía que pudiera sobrevivir.

¿Quién es?

¿Qué? ¿Es mayor que tú?

¿No es católica?

¿Es una animadora?

¿Estás seguro de que no te ha confundido con otro Mike? No la conocemos.

¿Dónde vive?

¿Quiénes son sus padres?

¿Cómo es que nunca hemos oído hablar de ella?

¿Qué notas ha sacado?

¿No va a ir a la universidad?

Espera, dame tu anuario. ¿Es esta? Oh, no señor, ¡no vas a ninguna parte con ella!

Algo por el estilo, pero con más preguntas.

Así que el truco consistía en conseguir el coche para la tarde sin levantar sospechas. Les dije que iría a recoger a un par de chicos y que nos iríamos a jugar veintisiete hoyos en el campo de golf Flint Park. Eso era un montón de golf, especialmente para mí. Pero estoy seguro de que estaban felices de saber que iba a hacer ejercicio, así que me dieron las llaves y yo partí a la Tierra Prometida.

El asiento de control de natalidad (quiero decir, el asiento envolvente) aún no se había fabricado en serie, de manera que los asientos eran solo un banco largo. Cuando Linda entró en el coche se puso a mi lado, y yo no tenía ni idea de cómo iba a ser capaz de conducir después de eso. ¿He mencionado que era animadora? ¿He hablado de su sonrisa perfecta y su piel de ángel blanco y la forma en que cruzaba las piernas, como dos vigas diseñadas para soportar el peor de los terremotos? Creo que no.

Fuimos al cine del centro comercial Dort, una sala de la primera generación de cines de centro comercial, diseñados para ofrecer una «mayor comodidad», y en este caso significaba que tenían respaldos metálicos rígidos que podían reclinarse para estar más relajado. Al menos uno de nosotros se relajó durante *Willy Wonka*. Desde luego no era yo. No recuerdo mucho de la película, porque no podía parar de pensar en el picnic que había dejado en el coche. Había puesto un cubo de Kentucky Fried Chicken en el maletero y era un día de treinta y dos grados. Mi otra preocupación era: ¿qué estaba haciendo en una película infantil en mi primera cita? Sin embargo, Linda pensó que era dulce, y al salir me dijo que la mayoría de los chicos no la habrían llevado a ver una película como esa. No lo tomé como un cumplido. Yo quería ser como la mayoría de los chicos.

La segunda parte de la cita fue mejor. En primer lugar, no morimos por intoxicación alimentaria. Encontramos un lugar agradable en el parque y yo abrí el cubo de pollo y saqué un poco de limonada caliente. Extendí una manta sobre la hierba y nos sentamos y hablamos de Vietnam, de la clase de arte de la señora Corning y de la *Galería nocturna* de Rod Serling. Me dijo que había sido bueno para ella, y yo la miré y traté de averiguar lo que quería decir. Luego llegó el momento de irnos (tenía que devolver el coche). Tiramos las sobras en el cubo de basura, enrollamos otra vez la manta y entramos en el coche. La llevé a su casa. Nos sentamos en el sendero de entrada.

—Gracias por el buen rato —dijo.

—No hay de qué. Yo lo he pasado bien.

—¿Ha sido tu primera cita? —preguntó con compasión.

—Eh, ¿qué quieres decir? No, ya había salido. Un montón. Ella sonrió, se inclinó y me besó en la mejilla.

—Salgamos otra vez —dijo.

¿Otra vez? ¿Quieres decir, pasar por todo esto otra vez? Yo estaba agotado.

—Claro —dije—. Será divertido.

Se levantó, me ofreció otra de sus dulces sonrisas y nunca la volví a ver.

Cita 2

Sharon Johnson era la vicepresidenta del consejo estudiantil. A menudo nos enfrentábamos y votábamos en sentido contrario. Ella defendía mucho que todo el mundo se llevara bien y quería encontrar «puntos de consenso». En ese momento yo estaba en último curso, quería organizar manifestaciones, un boicot a la cafetería y revueltas en la hora de estudio. Ella odiaba a los hippies, pero tocaba la guitarra en el coro y dirigía a la escuela en *Where have all the flowers gone* en el festival de talentos de primavera. Pensaba que el consejo estudiantil tenía que planificar bailes escolares y organizar «jornadas de fiesta» temáticas. Yo creía que el consejo estudiantil tenía que preguntar por qué no había profesores negros. Ella ponía los ojos en blanco y negaba con la cabeza.

Era la candidata perfecta para una cita.

Habían pasado casi cuatro meses desde mi primera y única cita y, siendo un adolescente, me estaba volviendo loco. ¿Y qué mejor manera de saltar del acantilado que obsesionarme con una chica que me encontraba ligeramente reprobable?

El congresista local, Don Riegle, entonces un republicano liberal (más tarde cambió de partido), había solicitado reunirse con dos representantes estudiantiles de cada una de las escuelas secundarias del condado en su oficina de Flint. En Davison High nos eligieron a Sharon y a mí. Me ofrecí a conducir y le dije que pasaría a recogerla.

Era un sábado por la mañana temprano cuando aparqué en el sendero de entrada de su casa. Toqué el claxon para hacerle saber que estaba allí (salir del coche y llamar a la puerta me habría hecho parecer demasiado atrevido; tenía que actuar con calma). No hubo respuesta, así que toqué el claxon por segunda vez. En ese momento apareció en la ventana de su habitación del piso de arriba. Solo llevaba un sujetador.

—¡Para el carro! —me gritó—. ¡Ya te he oído la primera vez!

Solo con desear que tuviera otras cosas que gritarme para que se quedara allí un ratito más en ropa interior no iba a hacer que sucediera. Cerró bruscamente la ventana. Me quedé con la mirada clavada en esa ventana y esperando ansiosamente la repetición.

Pero cuando volví a ver a Sharon, estaba saliendo por la puerta principal, esta vez con la ropa puesta.

—Vamos —ordenó—. Y deja de mirarme al pecho.

—¿Qué quieres decir? ¡Acabas de enseñarme el pecho!

¿Eso era lo mejor que podía hacer? ¿Hacerme el ofendido? ¿Como si estuviera loco por verle los pechos? Joder, podría haber pensado en algo agradable, podría haberle ofrecido un cumplido o una indicación de que estaba guapa, incluso podría haber adivinado que ella había salido a la ventana de esa manera porque yo le gustaba. Pero era incapaz de encontrar esa posibilidad en la piscina de poca profundidad que era la experiencia de mi vida con las chicas.

Llegábamos tarde a la reunión del congresista. ¿Y qué? ¡Había visto a Sharon Johnson en sujetador! Fui incapaz de escuchar nada de lo que el congresista tenía que decir, porque estaba tratando de recordar y guardar esos cuatro segundos en la ventana.*

Cuando llegó el momento de despedir a los chicos de secundaria, me acerqué al señor Riegle a pedirle un favor.

—Congresista —dije—, quería saber si vendría a nuestra escuela a hablar sobre la guerra.

—Si se ajusta a mi agenda, claro. Pídeselo a mi equipo y veremos si podemos arreglarlo.

---

* Esto fue en los días anteriores a la repetición instantánea, las grabadoras de vídeo digital y otros dispositivos que mantienen los recuerdos para ti. En 1971 estabas obligado a utilizar tu materia gris y a mantener el placer almacenado durante largos períodos.

Acompañé a Sharon a su casa. Ella no estaba contenta con mi petición al congresista, porque era famoso por ser uno de los solo dos republicanos del Congreso que se oponían a la reelección de Nixon a causa de la guerra. Sharon sentía que mi invitación a Riegle iba a incomodar al director de nuestro instituto.

—¿Qué va a decir el señor Scofield cuando llame el congresista y diga que puede hablar en la escuela? —preguntó, preocupada—. ¿Crees que será capaz de decirle que no a un congresista? ¡Por supuesto que no!

—Me alegro de que estés conmigo en esto —le dije con una sonrisa—. ¿Quieres ir al cine alguna vez?

Guau. Lo había hecho. Lo había dicho. Y lo único que había hecho falta era ver un sostén.

¡Pero espera! Oh, no, aquí viene el rechazo.

—Por supuesto. ¿Qué tal el sábado por la noche?

—Perfecto.

—Nos vemos el lunes en el consejo estudiantil.

Y el lunes ya estábamos otra vez, con ella votando al lado de la mayoría para rechazar mi última propuesta de declarar inconstitucional la «noche de la iglesia» (no se permitían actividades extraescolares los miércoles por la noche en las escuelas públicas de Davison, porque era la noche en que las iglesias protestantes de la ciudad celebraban sus cultos intersemanales).

Cuando llegó el sábado, elegí la película a la que iba a llevarla, una que había visto en el verano y no me había cansado de ella: *Billy, el defensor*. Creía que esa película la convertiría a mi visión del mundo: un ex boina verde de origen nativo y aspecto zen que la toma con los paletos locales y los conservadores cuando estos intentan cerrar una «escuela libre» hippy. ¡Y había pechos en la película!

Era una gélida noche de otoño cuando metí el Impala de mi padre en el sendero de su casa. Esta vez me levanté y me acerqué a la puerta. Su padre abrió y me saludó con la sospecha justificada que se requería en esos tiempos. Digamos que cuando hizo un análisis rápido de mi mirada no le gustó lo que vio. Sharon apareció vestida con un suéter recatado, pero con un escote lo suficientemente bajo como para confirmar la evaluación de su padre de lo que los dos pretendíamos.

—¿Cuándo piensas traerla a casa? —preguntó.

—En cuanto termine la película, señor Humphrey —dije en mi mejor imitación de Eddie Haskell—. Solo dos horas, señor.

—De acuerdo, no más tarde de las once y media.

Bien. Las once y media. Perfecto. Eso nos daría unos buenos veinte minutos para darnos el lote, fuera lo que fuese.

Nos metimos en el Chevrolet y cerramos las puertas. Puse la llave en el contacto y la giré. Nada. La giré otra vez. Todavía nada. Muerto. Pisé el pedal del acelerador y traté de arrancar otra vez. Silencio. Ese coche no iba a ninguna parte. Afortunadamente, estaba lo bastante oscuro como para que no se viera lo colorada que tenía la cara.

—Uf. Lo siento mucho —le dije—. Le pasa esto de vez en cuando. Creo que necesita una batería nueva.

—Entonces, ¿qué vamos a hacer? —dijo Sharon con voz coqueta.

—Supongo que podemos pedirle a tu padre que nos acerque.

—Sí, podríamos hacer eso, pero no creo que sea buena idea.

—Entonces, ¿qué propones?

—Podríamos quedarnos aquí sentados hablando.

—Claro —dije—, pero ¿no nos verá aquí fuera?

—No se ve nada desde dentro por la noche. Y no mirará aquí hasta que sean casi las once y media. Además, piensa que ya nos hemos ido.

Eh. Vale. Parecía un plan. Así que hablamos.

Hablamos de los maestros que nos gustaban y de los que no. Hablamos de tener hermanos, hablamos del equipo de fútbol y el coro y de a qué universidad pensaba ir cada uno de nosotros. Hasta hablamos de nuestras batallas en el consejo estudiantil.

Todo el tiempo me preguntaba cuándo empezaría la cuestión sexual. No tenía idea de por dónde empezar, de modo que asumí que ella acabaría tomando la iniciativa —imagino que se puede suponer eso cuando la persona en cuestión se acerca a la ventana y te saluda en sujetador— y seguí adelante con más conversación sobre *Todo en familia*, Peter, Paul & Mary, la nueva autopista que atravesaría Flint, dardos, Jesús, cómo me libre de la clase de gimnasia en décimo curso, la reciente muerte de Jim Morrison, Walt Disney World que abría el mes siguiente, sus nuevos pantalones de campana, la reciente misión del *Apolo 15*, el Concierto por Bangladesh, dónde estaba Attica, una tienda de telas nueva que ella había descubierto en el centro comercial, el derecho al voto a los dieciocho años: todo menos sexo. Después de haber agotado todos los temas de debate, eché la precaución al asiento trasero.

—Bueno, nunca hemos hablado de ti en la ventana la semana pasada —le dije, como si simplemente estuviera pasando a la noticia siguiente.

—Oh, ¿te refieres a estos? —dijo mientras se bajaba ligeramente el jersey para revelar un poco más de escote.

—Sí, esos. ¿De dónde los has sacado?

Eso la hizo reír. Se deslizó en el asiento y puso su cabeza en mi hombro.

—Simplemente pensé que merecías un vistazo —dijo—. Nada más.

—¿Quieres decir nada más entonces, o nada más ahora mismo?

—Quiero decir que viste lo que viste, ahora disfrutemos de este momento.

Hice lo posible por disfrutarlo. Su pelo olía a frutas tropicales, aunque no tenía ni idea de qué eran en realidad las frutas tropicales a menos que contaran los plátanos. Puse mis dedos entre su cabello para apartárselo de la cara. Ella se sentó.

—Oh, Dios, ¡mira lo que hemos hecho a las ventanas!

¿Qué ventanas? Habría sido una buena pregunta, porque no podía ver las ventanas, o al menos no podía ver a través de ellas. El vapor cubría hasta el último centímetro después de dos horas hablando y dos minutos pensando en que «algo» iba a pasar. Ya no se veía la casa, y desde luego nadie podía ver el interior de ese coche. Si ese iba a ser el momento, entonces era la hora de actuar.

—Uf —continuó ella—, ¡parece que hemos estado tonteando aquí toda la noche!

—¡Pues vamos a justificar el vapor! —sugerí en un estilo anticuado.

—Creo que será mejor que entre antes de que mi padre nos vea.

Y dicho esto, abrió la puerta del coche.

—Vamos —dijo—, a ver si puede arrancar tu coche.

Salí y fui con ella hasta la puerta. Entramos en la casa y allí estaban su madre, su padre y su hermana menor, todos sentados en la sala de estar.

—¿Cómo ha ido la película? —preguntó su madre.

—Muy buena —respondió Sharon, convincente—. Papá, al entrar el coche de Mike se ha parado en el sendero. ¿Crees que podrías echarle un vistazo?

El señor Johnson, como la mayoría de los padres en un pueblo de fábricas de automóviles, estaba más que encantado de que lo retaran a mostrar sus conocimientos de mecánica.

—Claro, vamos a ver cuál es el problema.

Salimos y recorrimos el sendero. Cuando nos acercamos al Impala, las ventanas continuaban medio cubiertas de vapor. Empecé a preparar mi defensa.

—Mike, ¿por qué no arrancas? —dijo, ajeno a que la humedad de la boca de su hija había alterado el aspecto de mi coche.

Rápidamente entré y bajé la ventana con el fin de ayudar a disipar la traslucidez del parabrisas. También hice girar la llave en el contacto, pero el motor no hizo ningún ruido.

—Vale, vamos a arrancarlo y a ver si funciona.

Se fue al garaje, puso su coche al lado del mío, sacó sus cables y conectó su batería a la que estaba bajo mi capó.

—Prueba otra vez —gritó.

Giré la llave hacia la derecha y al instante el motor se encendió. Por fin algo arrancaba esa noche.

—Ya está —dijo, mirando por primera vez a través del parabrisas, ya desempañado—. Has de ir a que miren esa batería.

Le di las gracias y le dije adiós a Sharon.

—Nos vemos el lunes —dije, tratando de cubrir el sonido del final de mi carrera de citas en el instituto.

—Hasta el lunes —dijo.

Veinte nombres

—Moore, ¡llevas la camisa por fuera!

Era la voz del señor Ryan, el subdirector para disciplina del instituto y lo tenía encima. No en sentido figurado. Lo tenía literalmente pegado a mi espalda.

—¡Date la vuelta!

Obedecí.

—Conoces las reglas. Hay que llevar la camisa por dentro.

Me la puse.

—Inclínate.

Llevaba el azote, un versión reducida de un bate de críquet con agujeros para imprimirle la máxima velocidad.

—Vamos, no es justo —protesté—. ¡Es una camisa!

—Inclínate, no hagas que te lo pida otra vez.

Hice lo que me pidió. Y mientras me estaba doblando, marqué la fecha en mi calendario mental como la última vez que iba a obedecer.

¡Zas!

Lo sentí intensamente. La plancha de madera plana y dura golpeando mi trasero y el retraso de dos segundos hasta la aparición del dolor.

¡Zas!

Lo hizo otra vez. En esta ocasión dolió mucho. Ya sentía el calor de mi piel a través de los pantalones y quería quitarle ese azote y partírselo en la cabeza.

¡Zas!

El peor dolor era la humillación que estaba experimentando debido a la creciente multitud y a que todos los presentes en la cafetería estaban levantando la cabeza para ver lo que ocurría en el pasillo.

—Con esto servirá —dijo el sádico—. Que no vuelva a verte otra vez con la camisa por fuera.

Y dicho esto se alejó. No tenía idea de lo profundamente que había cambiado mi vida, y la suya. En un único acto de castigo corporal se había labrado su propia desgracia. ¿Cuántas veces había pegado a un niño en su carrera? ¿Mil? ¿Diez mil? Fuera cual fuese la cifra, esta vez sería la última.

Tiene gracia, ¿no? En un momento vas caminando por el pasillo con la camisa por fuera, estás pensando en chicas o en un partido de béisbol o en que solo te queda un chicle del paquete, y una hora más tarde estás tomando una decisión que afectará al resto de decisiones que tomarás el resto de tu vida. De un modo tan aleatorio, sin planear. De hecho, hace que te avergüences de la idea de hacer planes para tu vida y te das cuenta de que en realidad estás perdiendo el tiempo si de verdad quieres planificar a qué universidad ir, o cuántos hijos tener o dónde quieres estar dentro de diez años. Un día estoy pensando en la facultad de derecho y la semana siguiente he consagrado todos los magros recursos y energía de un adolescente a privar a un adulto de cualquier poder que crea ostentar con ese azote.

Me enderecé, colorado para que me vieran todos en la cafetería. Había muchas risitas y carcajadas, pero sobre todo abundaba esa expresión que la gente tiene cuando acaba de ver algo que no ha visto nunca antes. Yo era conocido por ser un buen estudiante. Era conocido como alguien al que nunca le habían dado con el azote. Nadie esperaba ver al subdirector atizándome. No era la clase de estudiante al que le dicen: «Inclínate.» Y eso era lo que resultaba tan entretenido en esa azotaina en particular para la multitud reunida.

No es que el subdirector para disciplina Dennis Ryan no

me la tuviera jurada ni que no hubiera hecho nada que mereciera su ira. Había hecho muchas cosas. Cuando estaba a mitad de mi último curso, había organizado mis propias miniprotestas contra casi todas las órdenes de Ryan y el director, el señor Scofield. La última de estas revueltas había consistido en convencer a nueve de los dieciocho estudiantes de la clase de Shakespeare de último año de abandonar la clase.

El profesor acababa de devolver mi trabajo de veinte páginas de *Hamlet* con un gigantesco 0 en rojo. Esa era mi nota. Nada. Cero. Me levanté.

—No puede tratarme así —le dije con educación—. Y oficialmente me voy de la clase. —Me volví hacia los estudiantes—. ¿Alguien quiere unirse a mí?

La mitad lo hicieron.

El cero bajaría mi promedio a un 3,3 a final de año. Y era imposible que me importara menos.

No era mi primer encontronazo con un profesor. El profesor que dirigía la clase de consejo estudiantil también me suspendió. Seguramente, presenté más mociones y participé en más debates que nadie. Y eso era lo que molestaba al profesor que era el asesor del consejo estudiantil.

—¿Cómo puede suspenderme? —le confronté.

—Te suspendo porque has creado demasiados problemas aquí —respondió con petulancia—. Me gusta tener un buen consejo estudiantil, pacífico y tranquilo. Me has puesto las cosas muy complicadas este año.

Todo esto pesaba en mi mente al volver a casa ese día de mi azotaina pública por parte del subdirector. ¿Cómo iba a vengarme? Esa noche no tuve que mirar más allá del periódico vespertino.

Un ejemplar del *Flint Journal* local forraba la caja de basura que estaba sacando del garaje. Bajé la mirada y, entre manchas de salsa de ensalada y refresco de fresa, me fijé en un artículo que me recordó que la edad de voto en Estados Unidos acababa de bajarse a dieciocho años. «Hum —pensé—, cumpliré dieciocho dentro de unas semanas.»

Entré en la casa y, al cabo de una hora, cogí el semanario de la ciudad, el *Davison Index*. Allí, en primera página, acechándome, retándome, me llamaba mi futuro: «Hola, Mike, lee esto.» ¿El titular?

ELECCIONES AL CONSEJO EDUCATIVO
EL 12 DE JUNIO, DOS VACANTES

Eh. Podré votar para el consejo educativo en unos meses. Bien.

Espera.

Espera un momento. Si puedo votar... ¿puedo presentarme? ¿Puedo presentarme a un puesto en el consejo educativo? ¿Eso no me convertiría en uno de los jefes del director y el subdirector? ¿Sí? ¿Sí? Guau.

Al día siguiente, llamé a la oficina del condado, el organismo que se encargaba de las elecciones.

—Eh, sí —tartamudeé al teléfono, sin llegar a creer que estaba haciendo esta llamada—. Eh, quería saber si, ahora que los chicos de dieciocho pueden votar, ¿también podemos presentarnos?

—No. No a todos los cargos. ¿A qué cargo se quiere presentar?

—Consejo educativo.

—Un momento, deje que lo mire. —Al cabo de un minuto volvía a estar al teléfono—. Sí. La edad requerida para los candidatos al consejo educativo es dieciocho años.

Guau. No podía creerlo. Pero entonces me entró el pánico. ¿Cómo iba a costearme algo así? Debían de cobrar mucho dinero para poner tu nombre en la lista.

—¿Cuánto cuesta ir en la lista? —le pregunté al hombre.

—¿Costar? Nada. Es gratis.

¿Gratis? La cosa mejoraba. Hasta que añadió lo siguiente:

—Por supuesto, necesita tener el número requerido de firmas en una petición para que su nombre esté en la lista.

Maldición. Sabía que tenía que haber alguna pega. Había

veinte mil residentes en el distrito escolar de Davison, contando la ciudad de Davison y los distritos municipales de Davison y Richfield. Ir por todo el distrito escolar para recoger Dios sabe cuántas firmas iba a ser casi imposible. O sea, todavía tenía que hacer un montón de deberes de álgebra.

—¿Cuántos nombres necesito en estas peticiones? —pregunté con resignación.

—Veinte.

—¿Veinte?

—Veinte.

—¿Ha dicho veinte?

—Sí. Veinte. Necesita veinte firmas en peticiones que puede recoger en las oficinas del consejo educativo.

No podía creer que solo se necesitaran veinte nombres en una petición, y luego, de repente, sería candidato oficial. O sea, ¡veinte nombres no era nada! Conocía a no menos de veinte colgados que firmarían cualquier cosa que les pusiera delante.

Le di las gracias al hombre y al día siguiente fui a la oficina del superintendente a recoger la petición. La secretaria me preguntó si estaba recogiendo la petición para uno de mis padres.

—No —respondí. Y en lugar de añadir: «Quiere ver las marcas en mi trasero o mejor llamo a los servicios de protección a la infancia?», simplemente dije—: Es para mí.

Ella cogió el teléfono e hizo una llamada.

—Sí, tengo aquí a un jovencito que dice que quiere presentarse al consejo educativo. ¿Cuál es la edad requerida? Ajá. Ya veo. Gracias.

Colgó y se mordió el labio.

—¿Qué edad tienes? —preguntó.

—Diecisiete —contesté.

—Oh, bueno, entonces no te puedes presentar. Has de tener dieciocho.

—Pero tendré dieciocho el día de las votaciones.

—Un momento —dijo, y cogió el teléfono otra vez.

—¿Puede presentarse un chico de diecisiete años que cumplirá dieciocho antes de las elecciones? Ajá. Ya veo. Sí. Gracias.

—Aparentemente, puedes presentarte —dijo, al tiempo que buscaba en el archivador y sacaba la petición—. Asegúrate de que todas las firmas son de votantes registrados que viven dentro de los límites del distrito escolar. Si no tienes veinte nombres válidos, no entrarás en las listas.

Tenía los nombres en cuestión de una hora. Cuando los veinte firmantes me preguntaron para qué me presentaba, simplemente dije:

—Para echar al director y al subdirector.

Esa fue toda mi plataforma desde el primer día, y pareció funcionar bien, al menos con veinte ciudadanos.

—¿Y la universidad? —preguntó mi madre, perpleja cuando le dije que había decidido presentarme al consejo educativo—. ¿Cómo puedes formar parte del consejo educativo e ir a la Universidad de Detroit?

—Supongo que si gano podré ir a la Universidad de Michigan en Flint.

A ella le gustó cómo sonaba. Si ganaba, no me iría de casa. Mis padres no eran de los que te dan la patada a los dieciocho (aunque fue a esa edad cuando se marcharon mis hermanas). No les gustaba vernos marchar.

Volví al día siguiente al consejo educativo y entregué mi petición. Enseguida se corrió la voz en la ciudad de que un hippy se había presentado a las elecciones de junio. Me marqué el objetivo de llamar a todas las puertas del distrito escolar. Escribí un folleto para entregarlo a los votantes en el que subrayaba mis opiniones sobre la educación en general y sobre las escuelas de Davison en particular. Le dije a la gente que había que echar a los administradores del instituto. Supongo que eso asustó a la mayoría de los padres.

No obstante, había algunos en la ciudad que estaban encantados con la idea de tener a un joven en el consejo educativo. Está bien, todos tenían menos de veinticinco años.

Y luego estaba la mayoría, los que se fijaban en que llevaba el pelo largo. La semana que empecé la campaña, el gobernador racista de Alabama, George C. Wallace, ganó las primarias presidenciales demócratas en Michigan. No era una buena señal respecto a mis posibilidades. (Esta fue también la primera vez que voté. Entregué mi primer voto como ciudadano a la congresista Shirley Chisholm para presidente.)

Los tipos de la Cámara de Comercio de la ciudad estaban horrorizados ante la idea de que ganara yo, un crío, igual que lo estaban muchos de los pastores protestantes, los palurdos locales y la multitud que defendía la guerra (que estaba formada por todos los anteriores).

El problema era que los mandamases de la ciudad tenían una estrategia francamente mala para detenerme. Seis de ellos fueron al consejo educativo y entregaron sus propias peticiones para presentarse contra mí. Seis contra mí. Estaba claro que se habían saltado algunas clases de educación cívica cuando eran jóvenes. No ganas presentando más candidatos: divides el voto y tu oponente saldrá ganando con la pluralidad. Por suerte para mí, no sabían lo que significaba pluralidad y yo sí. Los provoqué y reté a más republicanos a presentar sus propias candidaturas para ver si podían ganarme.

Y fue entonces cuando tuve que probar mi propia medicina. Además de los seis adultos conservadores que se opondrían a mí, una joven de dieciocho años también decidió presentarse, y así dividió el ya muy escaso voto joven liberal que iba a recibir. La otra candidata de dieciocho años no era sino la vicepresidenta del consejo estudiantil, Sharon Johnson, la chica que había sido una de mis dos únicas citas en el instituto.

—¿Por qué te presentas? —le pregunté, un poco fastidiado de que me estuviera robando protagonismo.

—No lo sé, pensaba que estaría bien. ¡Podríamos estar los dos en el consejo educativo!

Había dos vacantes en el consejo, y su idea era que podríamos ganar los dos y trabajar juntos.

¿Por qué seguía atormentándome? Primero el consejo estudiantil, luego el sujetador, después las ventanillas empañadas y ahora iba a dividir el voto joven y hundir cualquier pequeña oportunidad que tuviera de resultar elegido.

Una semana antes de las elecciones, recibí mi primer mensaje anónimo de odio. Estaba dirigido a los dos jóvenes de dieciocho años que se presentaban. Decía:

Sharon Johnson
Michael F. Moore

Qué subnormal os ha convencido de presentaros al consejo escolar.

Moore, hablas de tu amplio conocimiento de toda clase de cuestiones. ¿Dónde y cuándo has adquirido esos conocimientos? Si ni siquiera tienes conocimiento para cortarte el pelo.

Estás pidiendo a los ciudadanos de Davison que te voten al consejo educativo y de hecho insultas su inteligencia al hacerlo.

¿Mi consejo para los dos? Que mamá os quite los pañales; conseguid un trabajo o id a la escuela, adquirid un poco de sabiduría que solo se consigue por medio de la experiencia y los golpes y luego volved y presentaros a cargos. Ni siquiera habéis empezado a vivir todavía.

Sharon, al menos eres una jovencita hermosa y mereces un mejor destino que ser elegida para el consejo educativo, que en realidad es un trabajo desagradecido.

Uno que sabe de qué está hablando.

Sí, Sharon, eres una hermosa jovencita y no como ese melenudo. Por lo que respecta a los mensajes anónimos, este fue uno de los más amables que recibí jamás.

La mañana del día de las elecciones, me levanté, me comí mis cereales con coco y fui al instituto. Aún faltaban cinco días para la graduación, y tenía exámenes finales. Se repartieron los anuarios y estos contenían los resultados de otras elecciones: la clase de los mayores me había votado como «cómico de la clase».

Cuando terminaron las clases matinales a las 13.30, fui a

votar por mí. Había centrado toda mi campaña en conseguir que todos los jóvenes de entre dieciocho y veinticinco años acudieran a votar. Había casi doscientos potenciales votantes solo en mi último curso. Había gastado menos de cien dólares en la campaña. Teníamos carteles pintados con troquel y aerosol en el sótano de mis padres. No preparé anuncios, solo el volante de una página que había entregado puerta por puerta.

Hubo gran afluencia de votantes y cuando cerraron las urnas a las 20 horas comenzó el escrutinio. Menos de dos horas después, se anunciaron los resultados.

—Damas y caballeros —anunció el vicepresidente del consejo—, tenemos los resultados. En primer lugar... Michael Moore.

Estaba anonadado. El grupo de estudiantes hippies que se había reunido para observar el escrutinio enloqueció de alegría. Un periodista de una emisora local me preguntó cómo me sentía después de batir a siete «adultos».

—Bueno —dije—. Yo también soy adulto. Y me siento estupendamente.

—Pues felicidades —dijo el periodista—, es la persona más joven que ha sido elegida nunca para un cargo público en el estado de Michigan.

—¿De verdad?

—Sí. Has mejorado el récord anterior en tres años.

En el gimnasio donde se habían contado los votos, vi las caras de decepción de los agentes inmobiliarios, los vendedores de seguros, las mujeres del club de campo. Al día siguiente, un periodista de Detroit me llamó para decirme que era el más joven cargo electo en todo el país (no había nadie de menos de dieciocho años que ostentara un cargo público). ¿Tenía que hacer algún comentario?

—Guau.

¿Qué más iba a decir? Estaba sumido en mi propio torbellino sobre lo que acababa de ocurrirme en la vida. Iba a ser una de las siete personas a cargo del distrito escolar, y el jefe tanto del director como, lo que era más importante, del subdirector Ryan. Estaba en posición arrebatarle ese puto azote.

A la mañana siguiente fui a clase como había hecho en los últimos doce años. Iba caminando por el pasillo hacia la clase de escritura creativa del señor Hardy cuando vi al subdirector Dennis Ryan viniendo hacia mí. Tiene gracia, no llevaba nada en la mano.

—Buenos días, señor Moore.

¿Señor Moore? Era la primera vez. Pero, eh, al fin y al cabo, ¿de qué otra forma te dirigirías a tu nuevo jefe? Sin embargo, seguía siendo un estudiante. Raro. Él siguió caminando y yo también.

Se convirtió en una semana de choques de palmas y saludos al estilo *black power* (ya lo sé, ya lo sé, era Davison) entre los estudiantes, muchos de los cuales se regodeaban del caos que iba a provocar. Estaba haciendo diversas propuestas a mis electores: que los deportistas fueran a clase; poner una máquina de cigarrillos en la cafetería; instituir la «jornada lectiva de cuatro horas»; tirar la leche y que sirvieran solo chocolate; descubrir el contenido de la «sorpresa de los jueves» en el almuerzo y matar a la persona que la preparaba.

Cinco noches después, el 17 de junio de 1972 (alerta incongruente: a la misma hora, a ochocientos kilómetros de allí, unos ladrones estaban entrando en un lugar llamado Watergate), formé fila dentro del instituto de Davison con mis casi cuatrocientos compañeros de graduación, todos nosotros con nuestros gorros granate y oro y nuestras togas. Los códigos de vestimenta seguían vigentes, pero cierto número de estudiantes decidió en secreto no llevar pantalones ni faldas. Se aseguraron de que en la parte superior, bajo la toga, llevaban la blusa o camisa y corbata requeridos, porque eso podían verlo las autoridades. Mostrar las partes bajas se produciría después en el campo de fútbol, al final de las ceremonias. También contábamos con globos de agua bien escondidos.

El señor Ryan recorrió la fila cinco minutos antes de la ceremonia, inspeccionando a cada uno de los estudiantes, sobre todo para asegurarse de que no había proyectiles en manos de la gente y cerciorarse de que todos los chicos llevaban corbata.

Y fue entonces cuando Ryan se acercó a Billy Spitz. Billy era de una familia de escasos recursos. Su idea de una corbata era lo que se llama corbata de cordón, dos largas cuerdas colgando de un cierre ornamental en el cuello. Para muchos que venían del sur a trabajar en las empresas de Flint, ponerse una corbata de cordón equivalía a engalanarse. Era lo que llevabas a un baile o a la iglesia. Era una corbata.

Para Ryan, no.

—¡Sal de la fila! —le espetó a Billy—. ¿Qué es esto? —continuó al tirar de la corbata de cordón que Billy lucía bajo la toga.

—Es mi corbata, señor —respondió Billy con timidez.

—¡Esto no es una corbata! —repuso Ryan para que todos lo oyeran—. Te vas de aquí. Vamos. Fuera. No vas a graduarte.

—Pero, señor Ryan...

—¿Me has oído? —soltó Ryan, al agarrarlo y apartarlo físicamente del resto de nosotros, mostrándole la puerta.

Esto envió una onda expansiva en la fila de graduados. Incluso en el último minuto del instituto, teníamos que ser testigos de un postrero acto de crueldad.

Y ninguno de nosotros dijo nada. Ni el chico duro que estaba detrás de Billy, ni la chica cristiana que tenía delante. Ni yo. Pese a que ahora era oficialmente una de las siete personas a cargo de las escuelas, permanecí en silencio. Quizá solo estaba demasiado anonadado para hablar. Quizá no quería causar problemas antes de salir al campo de fútbol, porque estaba planeando causar un lío allí (los estudiantes me habían elegido para dar el discurso ante la clase). Quizá todavía me atemorizaba el señor Ryan y haría falta algo más que unas elecciones para que me enfrentara a él. Quizá simplemente estaba contento de que no me hubiera tocado a mí. La verdad es que no conocía a Billy, así que, como los otros cuatrocientos, me ocupé de mis asuntos.

Cuando llegó el momento de hablar en el escenario de la

graduación, repasé las únicas tres frases que había escrito. Tenía siete páginas de papel amarillo enrolladas en la mano para que pareciera que había preparado el típico discurso de graduación. De hecho, tenía en mente decir otra cosa.

Me había enterado de que uno de nuestros compañeros de clase, Gene Ford, no iba a recibir los cordones dorados de la Sociedad Nacional de Honor, porque, debido a su grave discapacidad, había sido educado básicamente en su casa. Aunque sacaba buenas notas, nadie tuvo en cuenta sus notas de casa, lo cual sin duda lo habría calificado para la Sociedad de Honor.

Cuando no llevaba ni un minuto de discurso, hice una abrupta parada y le dije a la multitud que al estudiante sentado en la silla de ruedas en primera fila se le negaban sus cordones honoríficos porque no era «normal» como el resto de nosotros. ¿Y si fuéramos nosotros los anormales?, sugerí. Señalé que algunos de nosotros, alumnos de último curso, habíamos elegido no llevar nuestros cordones honoríficos para no separarnos de aquellos que, por la razón que fuera, no tenían las mismas notas que nosotros. Me metí en un discurso extemporáneo sobre la naturaleza opresiva de estar en las escuelas y no tener voz ni voto en nuestra propia educación. Entonces dije que me gustaría entregar mis cordones honoríficos a Gene.

Y así bajé del escenario e hice eso. ¿Y los miembros del consejo educativo presentes? Bueno, solamente habían disfrutado de un tráiler de la película que estaba a punto de empezar conmigo en los cuatro años siguientes.

Al día siguiente sonó el teléfono y mi madre dijo que era la madre de Billy Spitz. Cogí el teléfono. La mujer estaba conteniendo las lágrimas.

—Mi marido y yo y la abuela de Billy estábamos sentados esperando a que Billy subiera al escenario cuando dijeran su nombre. Llamaron a toda la clase y nunca dijeron el nombre de Billy. No pudimos verlo sentado con el resto de vosotros.

No lo entendíamos. Estábamos confundidos. Y entonces nos preocupamos. ¿Dónde estaba? Nos levantamos y empezamos a buscarlo. Fuimos al aparcamiento y lo encontramos en el coche. —Empezó a llorar—. Billy estaba allí, en el asiento de atrás, hecho un ovillo y llorando. Nos contó lo que había hecho el señor Ryan. No podemos creer que esto haya ocurrido. ¡Llevaba corbata! ¿Por qué ha pasado esto?

—No lo sé, señora Spitz —dije en voz baja.

—¿Estabas allí? —me preguntó.

—Sí.

—¿Viste al señor Ryan haciendo eso?

—Sí.

—¿Y no hiciste nada?

—Aún era un estudiante. —Y un cobarde.

—¡También eras miembro del consejo educativo! ¿No puedes hacer nada al respecto?

Por supuesto, no podía hacer nada. No iban a postergar la graduación para corregir esta injusticia. Quizá tuve la ocasión de hacer algo la noche anterior. Pero no lo hice. Nunca olvidaría este pequeño pero poderoso momento de mi silencio y de mirar hacia otro lado. Le prometí que no dejaría las cosas así y que, como dije cuando me presenté, trabajaría para que echaran al señor Ryan.

Dos días después, me pidieron ir a la casa de la secretaria del consejo educativo y jurar el cargo. Fui en bicicleta a su casa, descalzo, y tomé el juramento sin zapatos.

—¿Dónde están tus zapatos? —me dijo.

—No llevo —dije.

Ella se limitó a mirarme los pies.

Levanté la mano derecha y cuando llegó el momento de decir las palabras sobre «defender la Constitución de todos los enemigos, extranjeros y nacionales», yo añadí:

—Sobre todo nacionales.

Ella me miró y puso los ojos en blanco. Había dado clases a mi madre en el instituto.

—Seguramente fue la peor maestra que he tenido nunca

—me dijo después mi madre. También me dijo que debería haberme puesto zapatos.

El período de luna de miel en mi primer año en el consejo educativo fue mayor de lo que ninguno de nosotros había esperado. La mayoría de las mociones que presenté para mejorar las escuelas —entre ellas el establecimiento de algunos derechos para los estudiantes— se aprobaron. El consejo escuchó lo que tenía que decir sobre cómo se dirigía el instituto y cómo al subdirector más le valdría estar en el cuerpo de policía (de Chile). Dije que el director no era un pensador progresista; sofocaba las discrepancias y creaba un clima que no alentaba las nuevas ideas. En mi primer año me convertí en hilo conductor del consejo estudiantil, maestros y padres para que sus voces pudieran oírse.

Un lunes por la noche, unos ocho meses después del inicio de mi mandato, el presidente presentó «cartas de renuncia» del director del instituto y el subdirector de disciplina Dennis Ryan. Estaba aturdido. No podía creer que solo diez meses después de que me golpearan con una tabla de madera de alta velocidad, la misión que emprendí al presentarme para el consejo educativo se había cumplido. Me pilló por sorpresa, porque no creía que fueran a hacer nada respecto a ese problema. Cierto, no iban a despedirlos públicamente. Les dejaron dimitir para salvar la cara. Que salvaran la cara no era algo en lo que estuviera interesado todavía, porque todavía no era lo bastante mayor para sentir compasión y misericordia por dos hombres que simplemente se habían equivocado de oficio, y tenían derecho a ser tratados con dignidad y respeto, aunque uno de ellos no nos hubiera concedido el mismo derecho a mí ni a Billy Spitz ni a otros. Así que, para ahondar aún más en la herida, pregunté al presidente de la reunión pública si el director y el subdirector habían tomado esta decisión por cuenta propia o si él mismo les había pedido esas cartas. Asintió con la cabeza muy despacio y simplemente dijo:

—Esto último.

Al día siguiente, los estudiantes del instituto no podían creer que uno de los suyos les hubiera dicho al director y al subdirector: «¡Están despedidos!» Empezamos a pensar: «¿Qué más podemos hacer?»

Era una idea peligrosa.

Nixon en tres actos

Acto I: Nixon es el nuestro

Todo buen católico culpaba a Lyndon Johnson de la muerte de Kennedy. No es que él tuviera nada que ver con el asesinato en sí (aunque había quienes lo creían), pero todos sabíamos que odiaba a Kennedy, y a Kennedy él le importaba bastante poco. Kennedy se vio obligado a presentar a Johnson de vicepresidente para conseguir que los estados racistas del sur votaran por él, estados que eran demasiado tontos para saber que Johnson no compartía nada de su odio por los negros y que, de hecho, les haría tragar la legislación más importante por los derechos civiles desde la guerra de Secesión en el momento en que llegó a la presidencia.

Lo que no podíamos aceptar era que a Kennedy lo asesinaran en el estado de Johnson, porque si alguien tendría que haber estado a su lado para impedir una tragedia ese debería haber sido Lyndon Baines Johnson. Si los católicos tomaron nota de alguna cosa después de noviembre de 1963, fue que nunca jamás se irían de vacaciones a Dallas.

Johnson, a los nueve meses de la muerte de Kennedy, intensificó la guerra de Vietnam contando una mentira. El 4 de agosto de 1964, anunció que ese día los norvietnamitas habían atacado un barco estadounidense en el golfo de Tonkin. Eso no ocurrió. Johnson presidió entonces el país durante una carnicería de proporciones épicas, echando por la borda cualquier bien que hubiera hecho por el que pudiera ser recordado, como las leyes de derechos civiles o su guerra contra la pobreza.

En marzo de 1968, Johnson renunció a presentarse a la reelección. Aunque yo solo tenía catorce años, seguí todo el proceso y deposité mis esperanzas en que Eugene McCarthy o Bobby Kennedy obtuvieran la nominación demócrata. Lo que era inaceptable para mí era el acceso del vicepresidente, Hubert Horatio Humphrey, a la Casa Blanca. Él había respaldado lealmente a Johnson en la guerra, y para mí con eso bastaba. Lo hecho, hecho está: Humphrey estaba descartado.

Yo estaba despierto viendo el programa de Joey Bishop cuando a Joe le pasaron una nota que le hizo atragantarse. Anunció que Robert F. Kennedy, al que la noche anterior habían disparado después de ganar las primarias presidenciales en California, acababa de morir. Yo grité, y mis padres, que ya estaban acostados, vinieron a la sala de estar.

—¿Qué estás haciendo viendo la tele? —preguntó mi madre.

—¡Bobby ha muerto!

—¡No! —exclamó mi madre, cruzando los brazos ante el pecho y sentándose—. Oh, Dios, oh, Dios.

—Solo cuélgalo allí en la puerta —dijo Salt, ordenándome dónde poner el póster de «Nixon es el nuestro». Ahí. Perfecto.

Thomas Salt era alumno de último año de secundaria y encargado del club Estudiantes por Nixon, y aunque yo era de primer año, ya había ascendido al número dos a cargo de todo lo que teníamos que hacer. Éramos estudiantes del seminario St. Paul de Saginaw, Michigan, y desde luego estábamos en minoría cuando se trataba de apoyar al bribón de Richard Milhous Nixon. Vivíamos en un oasis de demócratas (obviamente, todos eran católicos, y Nixon era el malvado que había sido derrotado por nuestro único presidente católico). Todo el seminario respaldaba a ciegas a Humphrey, pero no Salt ni yo, ni unos cuantos valientes más. No defendíamos a los belicistas. Punto. Fueran del partido que fuesen.

Bueno, no estoy seguro de si era aplicable a todos nosotros, porque los otros cuatro eran hijos de acaudalados republicanos cuyos padres eran o bien abogados de grandes empresas o ejecutivos en Dow Chemical o en alguna de las fábricas de automóviles. Probablemente les gustaba Nixon porque lo llevaban en la sangre. Yo me había unido a ellos porque me negaba a apoyar a Humphrey sobre bases estrictamente morales, y aunque podría parecer extraño usar la palabra moral respaldando a Richard Nixon, tal y como yo lo veía, no tenía elección.

Oh, lo siento, había alternativa. Estaba George Wallace, que se presentaba como klan-didato independiente a presidente (ganaría en cinco estados del sur). Mi congresista de Flint, Don Riegle, dijo que Nixon le había contado que «tenía un plan secreto para terminar con la guerra». Prometió que Vietnam terminaría a los seis meses de su victoria. (Y así fue. Seis meses después de su segunda victoria, en 1972.)

Pero, por el momento, Nixon era el «candidato de la paz», y eso era todo lo que necesitaba oír. Además, estaba a favor de rebajar la edad de voto a los dieciocho años. Dijo que crearía una agencia de protección ambiental (la EPA). Sostuvo que ilegalizaría tratar a las chicas en las escuelas de manera diferente que a los chicos (título IX). También era un personaje sombrío, cambiante, e instintivamente sabías que no se podía confiar en él más que en su perro, *Checkers*. Pero dijo que terminaría con la guerra.

Además de nuestra campaña en el campus del seminario, pasamos las tardes de sábado yendo puerta por puerta en Saginaw, una ciudad de obreros que no servía de mucho a los republicanos. Hicimos campaña de todas maneras, e hicimos todo lo posible por el hombre al que todos llamaban Tricky Dick.

Yo era de primer año, así que necesitaba obtener un permiso especial para hacer campaña por Nixon fuera del seminario. Se me concedió, siempre y cuando aceptara hacer algunas tareas en casa del obispo auxiliar de la diócesis (y antiguo rector del seminario), James Hickey.

Era a principios de octubre de 1968, y mi trabajo consistía en ayudar a vaciar y limpiar la piscina exterior del obispo. El obispo Hickey permanecía al corriente de los tejemanejes del seminario que había ayudado a fundar una década antes, y eso significaba que había oído hablar de nuestra campaña por Richard Nixon.

—Me he enterado de que te interesa la política —me dijo, mientras yo limpiaba el interior de la piscina.

—Sí, su ilustrísima. Mi familia siempre ha prestado atención al gobierno y eso.

—Ya veo, pero ¿por qué Nixon?

Ya estaba bastante nervioso, porque no tenía ni la más ligera idea de cómo limpiar una piscina. Temía que pudiera dar la respuesta equivocada y que eso supusiera mi «adiós al sacerdocio».

—La guerra está mal. Matar está mal. Él terminará con la guerra.

—¿Sí? —dijo el obispo mirándome fijamente por encima de sus gafas de montura metálica.

—Eh, eso es lo que dice. Dentro de seis meses no habrá guerra.

—Sabes que este hombre tiene un, ¿cómo decirlo?, un historial de no decir la verdad.

Me había metido en un problema enorme. Lo siguiente que esperaba oír era que estaba cometiendo un pecado mortal por ayudar a Richard Nixon.

—Recuerdo la primera vez que se presentó al Senado en California —continuó el obispo—. Inventó un montón de cosas sobre su oponente que no eran ciertas. Cosas horribles. La gente no lo descubrió hasta después. Pero era demasiado tarde. Entonces ya era senador.

Yo no sabía de qué estaba hablando. La temperatura de octubre estaba bajando y el agua que me salpicaba de la manguera era fría y desagradable. No quería escuchar ese sermón. Además, ¿qué hacía un obispo con piscina propia?

—No lo sabía —dije con respeto—. No lo apoyé en mil novecientos sesenta —agregué con la esperanza de que me sirviera de dispensa.

—¿Qué edad tenías en mil novecientos sesenta?

—Iba a primer curso. Incluso memoricé el discurso de investidura del presidente Kennedy.

—¿Aún puedes recitarlo?

Por supuesto que podía. Había estado recitando el discurso a las monjas durante años para ganar puntos.

—Bueno, deja que te escuche un poco.

Así que me puse firme, con el trapo y la escobilla en la mano, y recité mi parte favorita.

—«El mundo es muy diferente ahora. Porque el hombre tiene en sus manos mortales el poder de terminar con todas las formas de pobreza humana y también con todas las formas de vida humana. Y aun así las mismas convicciones revolucionarias por las que lucharon nuestros antepasados siguen debatiéndose en todo el globo: la convicción de que los derechos del hombre no proceden de la generosidad del Estado, sino de la mano de Dios.»

Le gustó. Así que pensé que continuaría con otro fragmento, esta vez poniendo el acento de Kennedy:

—«A esas gentes de chozas y aldeas de todo el globo que luchan por romper las cadenas de la miseria les decimos que haremos todo lo posible por ayudarles a que se ayuden a sí mismos durante el período que haga falta; no porque los comunistas puedan hacerlo, ni porque busquemos sus votos, sino porque es justo. Si una sociedad libre no puede ayudar a los muchos pobres, no podrá salvar a los pocos ricos.»

—¡Impresionante! —exclamó, con una sonrisa aprobatoria en el rostro—. Estas son palabras importantes. No las olvides nunca. —Hizo una pausa—. Y, por supuesto, no te estoy diciendo lo que has de votar, pero hazme un favor y reflexiona sobre las palabras que acabas de recitarme.

La guerra, por supuesto, no terminó seis meses después de que Nixon llegara al poder. Empeoró. Invadimos otro país (Camboya), se espió a grupos y periodistas contrarios a la guerra y, para celebrar la Navidad de 1972, tiramos más bombas en Vietnam del Norte que en cualquier otra batalla de la guerra. En total, terminamos matando a más de tres millones de personas en el sureste asiático, y más de cincuenta y ocho mil de nuestros soldados no volvieron vivos. El obispo sabía esto; después me di cuenta de que no me había llamado para que limpiara su piscina, sino para lavarme él la cabeza. La primavera siguiente el obispo Hickey fue enviado a Roma, más tarde se convirtió en obispo de Cleveland y, finalmente, en cardenal de la archidiócesis de Washington D. C. Dos mujeres misioneras que él envió a El Salvador fueron brutalmente asesinadas junto con otras dos religiosas por parte del gobierno respaldado por Estados Unidos. En Washington fue categórico en su oposición a las guerras en Nicaragua y El Salvador.

Al cabo de un año de esa conversación, después de dejar el seminario, hice un pacto conmigo mismo para no revelar nunca que había hecho campaña por Richard Milhous Nixon.

Acto II: Caballos en la Elipse

—No te vas a llevar a tu hermana a Washington —dijo mi padre, sentado a la mesa del comedor.

—Ni hablar —intervino mi madre.

Era un adulto de dieciocho años y podía hacer lo que quisiera, pero mi hermana Anne tenía diecisiete y aún iba al instituto. Yo había anunciado que iba a ir con amigos a Washington para participar en una multitudinaria manifestación contra la guerra el día que Nixon iba a ser investido por segunda vez. En el coche teníamos que ir yo, nuestros líderes juveniles de la iglesia, Gary Wood y Phyllis Valdez, el amigo de ambos Peter Case, mi colega Jeff Gibbs y mi hermana, Anne.

La disputa en la mesa para que viniera Anne se intensificó. Todos los temas estaban abiertos a debate: la guerra, el pelo largo, la misa con guitarras, John Sinclair (que creció en la misma calle), los Weathermen que se reunían en Flint, signos de la paz pintados en las paredes del sótano, el efecto que todo ello estaba teniendo en nuestra hermana menor Veronica, etc.

Al final, Anne dijo que iba a venir y no hubo más discusión. Silencio. Fin de la cena.

Llegamos a la casa de mi primo Pat, a las afueras de Washington, antes de medianoche. Allí nos quedamos planchados y, cuando nos despertamos, hicimos los planes para el día. Había un foro y Leonard Bernstein iba a dirigir un Concierto de Petición de Paz en la catedral nacional, con la participación de los senadores Edward Kennedy y Eugene McCarthy.

Cuando llegamos a la catedral la tarde siguiente, nos asombró el tamaño de la multitud que trataba de entrar. La cola se extendía en lo que parecía un kilómetro. No había forma de que entráramos, hasta que Peter dijo que tenía una idea.

—No me quitéis ojo —dijo—, y uno por uno venís y os unís a mí.

Peter abrió una bolsa de cacahuetes, se acercó a la parte delantera de la cola, encontró a alguien de aspecto amable y le ofreció cacahuetes. Siguió una conversación jovial que hizo que pareciera que Peter conocía al tipo que «obviamente» le guardaba un sitio. A continuación los otros cinco teníamos que repetir este encuentro casual para acercarnos y que pareciera que aquel era nuestro sitio. Y uno por uno lo hicimos. Al parecer fue demasiado para un tipo de la fila que estaba observando cómo se desarrollaba toda la treta. Dejó su lugar en la fila y caminó hacia nosotros.

—Me estoy preguntando cómo maneja esto tu conciencia ahora mismo —dijo en una voz que sonó notoriamente similar a la de mi conciencia—. ¿Crees que está bien colarse así y privar a la gente que ha llegado antes que tú de la oportunidad de entrar?

Ninguno de nosotros dijo nada. Ninguno estableció contacto visual con él. Era como si no estuviera allí. Pero nosotros sí estábamos.

—Es increíble —comentó, negando con la cabeza—. ¿No tenéis nada que decir? En una iglesia, nada menos.

Ninguno de nosotros se sentía orgulloso de lo que había hecho. Lo que habíamos hecho estaba mal. Pero también habíamos conducido mil kilómetros y en realidad nos importaba un pimiento. O al menos tratábamos de aparentarlo. Todos los que nos rodeaban oyeron el sermón y teníamos todas las miradas clavadas en nosotros. No veíamos la hora de entrar en la iglesia y que nos bajaran de la cruz.

El concierto no se pareció a nada que hubiera visto antes. Bernstein dirigió a miembros de la Sinfónica Nacional y otras orquestas en la *Misa en tiempos de guerra* de Haydn. Fue una obra de música clásica evocadora y hermosa, y me fijé en la tristeza en los rostros de muchos de los que me rodeaban. Hubo lecturas y poemas, y emocionó profundamente a las dos mil quinientas personas que estaban presentes (otras dos mil quinientas escucharon a través de los altavoces situados en el césped, a las puertas de la catedral).

El día de la investidura llegamos temprano para poder atisbar la limusina de Nixon antes de que entrara en el Capitolio. Había mucha seguridad, pero nos acercamos lo suficiente para ver el coche blindado y gritarle y levantar nuestros carteles para que pudiera verlos. El presidente saludó al pasar y nosotros devolvimos el saludo, aunque no mostramos los cinco dedos. Yo estaba muy lejos del seminario.

Esta manifestación en la Elipse, junto al monumento a Washington, no fue tan multitudinaria como anteriores concentraciones contra la guerra, pero aun así asistieron más de setenta y cinco mil personas. Era la mayor multitud de la que había formado parte, y fue una experiencia intensa y cargada de ira. La gente estaba harta de Nixon y sus maneras asesinas. Nos pusimos en lo alto de la colina, al pie del monumento a Washington, mirando directamente a la manifestación y la Casa Blanca, con la esperanza de que Nixon hubiera vuelto y estuviera mirando por la ventana.

Después de un par de horas, algunos de los manifestantes

decidieron que había llegado el momento de una acción más agresiva. El monumento a Washington está rodeado por las banderas de los cincuenta estados. Un grupo de estudiantes pensó que las banderas tendrían mejor aspecto si ondeaban cabeza abajo. Y se pusieron manos a la obra. La policía de parques nacionales estaba en minoría y pidió refuerzos. En cuestión de minutos llegó la caballería. Decenas de policías a caballo ascendieron por la colina hacia el monumento. Como no estábamos participando en esta manifestación paralela no temíamos que pudiera pasarnos nada. Errónea suposición. Los hombres a caballo empezaron a golpear con sus porras a todo el que veían. Salimos corriendo colina abajo, como la mayoría de la multitud. La policía decidió perseguirnos. No sabía si era humanamente posible dejar atrás a un caballo, pero de alguna manera bajamos la colina como balas. Oí a un caballo detrás de mí, y en ese momento pensé que podía hacer al instante algo que el caballo no podía hacer.

Parar.

Al frenar en seco, el caballo pasó de largo. Había muchos más manifestantes que perseguir. Yo grité al resto del grupo para que me siguieran y salimos por el lado derecho de la muchedumbre, donde no había policía. Sin aliento, todos coincidimos en que nos había ido de un pelo y decidimos que ya habíamos hecho suficiente para hacer oír nuestras voces. Hicimos un último gesto obsceno a la Casa Blanca («¿Lo has visto en la ventana?»; «Sí, creo que lo he visto») y nos dirigimos a Michigan.

Acto III: Bad Axe

Había trabajado para él, había protestado contra él. Y ahora quería un cierre. Quería decirle adiós.

Estaba claro que Nixon no iba a durar en la Casa Blanca. A finales de la primavera de 1974, después de la entrada en las oficinas Watergate del Partido Demócrata, después de las vistas en el Senado y de las revelaciones de John Dean, después de que Alexander Butterfield reconociera que Nixon grababa todas las conversaciones en el Despacho Oval, después de que la Casa Blanca autorizara la entrada en el consultorio del psiquiatra de Daniel Ellsberg, después de que Nixon perdiera en el Tribunal Supremo y de que se publicaran los papeles del Pentágono, y después de que intentara taparlo todo, el presidente Richard Milhous Nixon colgaba de un hilo cuando decidió visitar tres pequeñas localidades situadas al norte de Flint, Michigan.

Había estado escondiéndose en la Casa Blanca, bebiendo, hablando a viejas pinturas en la pared, temiendo salir y enfrentarse a la opinión pública, la mayor parte de la cual ahora quería que o bien dejara la presidencia por voluntad propia o que fuera el primer presidente en ser destituido. Nixon no quería ninguna de las dos cosas. Era un luchador. Nunca se había rendido, ni siquiera cuando lo tenía todo en contra, como muchas veces antes. Era Dick Nixon de Yorba Linda, California, y no iba a ir a ninguna parte salvo al lugar que su destino le deparara.

Obligado a tener que decir durante una conferencia de prensa: «No soy un sinvergüenza» (el mantra de los sinvergüenzas en cualquier parte), Nixon estaba buscando una forma de esquivar a la prensa —«el enemigo», «los judíos»— y conectar directamente con la gente, con su «mayoría silenciosa», que sabía que lo idolatraba.

Esa oportunidad llegó cuando nombró al congresista republicano James Harvey juez federal en enero de 1974. Esto creó la necesidad de unas elecciones parciales para cubrir su escaño, y Nixon decidió que la sólidamente republicana zona de Michigan era el lugar perfecto para tomar el reconstituyente que necesitaba.

También fue donde yo decidí que finalmente lo conocería y le pediría que dimitiera. Fue en abril de 1974, y mi amigo Jeff, mi hermana Veronica y yo subimos al coche y nos dirigimos a Bad Axe, Michigan, la pequeña población donde Nixon haría la que sería la última aparición de campaña de su presidencia.

Bad Axe era la capital del condado de Huron, Michigan. Tenía un juzgado y un cine que estaba rodeado por kilómetros y kilómetros de terreno agrícola. (Fue en una de estas granjas al sur de Bad Axe donde Timothy McVeigh y Terry Nichols se quedaron con el hermano de Nichols antes de las bombas de Oklahoma City).

La zona formaba parte de una península rodeada por tres lados por el lago Huron, y estaba poblada por alguna de la gente más conservadora del estado de Michigan. ¿Cómo de conservadores? El liberal más cercano probablemente vivía al otro lado del lago, en Canadá.

Bad Axe nunca había merecido una visita presidencial antes. Así que todo el pueblo estaba engalanado de rojo, blanco y azul para recibir al primer delincuente de la nación. Se planeó un desfile para Nixon, y nos preparamos para unirnos a la comisión de bienvenida.

Por fortuna, cuando llegamos a Bad Axe vimos que no éramos los únicos que pensábamos que Nixon tenía que dimitir. Había al menos otras trescientas personas que protestaban entre los pocos miles de felices ciudadanos de Bad Axe que esperaban ansiosamente la llegada del presidente.

Encontré un buen lugar en la acera, en primera fila de la calle principal. Llevaba un cartel que decía en letras gruesas «Nixon sinvergüenza». Jeff y Veronica llevaban carteles que decían «*Impeachment* ya» y «*Criminal de guerra*». Mensajes básicos, directos. Sin ambigüedades ni sutilezas. Lo bastante cortos para que pudiera leerlos al pasar.

Los vecinos que nos rodeaban trataron de bloquear nuestros carteles. Pero con trescientos compañeros al lado era imposible que consiguieran que nos fuéramos. La gente nos gritaba: «Largo los de fuera» y «Hippies, arded en el infierno». Muy directo. Sin ambigüedad. Pero sin violencia.

Después de alrededor de una hora, el desfile empezó a recorrer Huron Avenue. Había camiones de bomberos y coches de policía y una banda de música y animadoras y *boy scouts* y jóvenes de Futuros Granjeros de América. Sentados en el techo de dos coches iban el alcalde y el candidato republicano al Congreso, James *Nadiemeconoce* Sparling, saludando a la multitud que vitoreaba. Si era eso lo que esperaba Nixon —una manifestación emotiva de apoyo desbordante— iba a conseguirlo en Bad Axe.

Por fin apareció la limusina presidencial. Nixon iba de pie y sacaba la cabeza por el techo solar, moviendo la cabeza y saludando como un Jack-in-the-Box. Exhibía su famosa sonrisa de Nixon, mostrando las manos con la señal de la V de la Victoria que hacía con los dedos índice y corazón. Estábamos a menos de tres metros de él, y yo levanté el cartel a la altura de sus ojos para que pudiera verlo con claridad.

Y lo hizo. El coche no iba a más de diez por hora. Al pasar a mi lado, lo miré directamente a los ojos, y él a los míos. En ese instante me pareció que todo ocurría a cámara lenta. Me miró, con mi pantalón de peto y pelo largo. Yo lo miré. El maquillaje que llevaba era tan exagerado, tan grueso, que tenía la cara como una losa naranja petrificada y sus intentos de sonreír estaban en cierto modo impedidos por el enlucido que le habían puesto en la jeta. Parecía enfermo. Muy enfermo. No esperaba ver eso. Por razones que tendré que explicar en la puerta de San Pedro, sentí una tristeza instantánea por él. Era como un cadáver al que habían sacado sobre ruedas para agitar a la gente y conseguir que votara por un hombre al que ni siquiera conocían. Aunque la multitud del pueblo estaba animada y feliz de verlo, Nixon no se alegraba de verlos a ellos. Era como cuando vas a una obra de teatro o a una película y «ves» la actuación, «ves» al actor interpretando su papel, cumpliendo el expediente, y en ese momento la obra se ha perdido, ha terminado y no se puede recuperar. Eso fue Nixon en Bad Axe. El hombre que había sido congresista, senador, vicepresidente y ahora presidente, el hombre que se había reunido con líderes del mundo y en un momento se planteó lanzar una bomba atómica sobre Vietnam del Norte, el hombre que trepó hasta lo más alto más de una vez, ahora estaba en un lugar que no había visto nunca, reducido a pasearse en un Pontiac en un desfile preparado como una sesión fotográfica, una bonita noticia de la tarde, pero no estaba engañando a nadie. No era Nixon en China. Era Nixon en Bad Axe. Aplastante e irrevocablemente humillante. Era lo único que le quedaba.

Cuando sus ojos miraron mi cartel de «Nixon sinvergüenza», hizo lo posible por apartar la mirada y simular estar contento, pero al lado había otro cartel y al lado otro y 297 más. Cuando vi su triste reacción a mi cartel, instintivamente lo bajé, avergonzado de estar golpeando a un hombre caído, un hombre despiadado y despreciable, pero de todos modos un hombre avergonzado y solo. Un hombre de vuelta al condado de Orange o a la cárcel. Puede que estuviera rodeado por miles de personas en Bad Axe, pero la única hacha* que contaba en ese momento era la que solo unas semanas después le golpearía en la cabeza. William Milliken, gobernador republicano de Michigan, rechazó unirse a él en el desfile. Nixon era un paria, y él lo sabía, y, además, ¿qué sentido tenía todo en ese momento?

Os lo diré. Nixon dijo que acabaría con la guerra —¡nos aseguró que acabaría con la guerra!— y en cambio envió a otros veinte mil jóvenes americanos a la muerte. Dejó caer tantas bombas sobre civiles en Vietnam, Laos y Camboya que hasta el día de hoy no existe un recuento exacto de víctimas. (¿Son 2 millones? ¿3 millones? ¿4 millones? A ese nivel estamos hablando de cifras de holocausto, y aquel que pagaba sus impuestos, lo había apoyado y era culpable y lo sabía y solo tenía ganas de vomitar.) Nixon había cometido crímenes de guerra tan atroces que todavía hoy vivimos con el legado de sus acciones. Perdimos nuestra brújula moral con él y nunca la recuperamos. Ya no sabemos cuándo somos los buenos y cuándo somos los terroristas. La historia ya ha escrito nuestra derrota y la historia dirá que empezó con Vietnam y Nixon. Antes de Vietnam había mucha esperanza. Desde Nixon solo hemos conocido la guerra permanente.

* *Axe* significa «hacha» en inglés. (*N. del T.*)

Por alguna razón, sin saber entonces lo que ocurriría en nuestro país, levanté otra vez mi cartel. No quería saber nada de eso y no quería saber nada de él.

Caminamos hacia el lugar donde iba a dar su discurso, pero la policía se aseguró de que no nos acercáramos a él. Él alardeó por los altavoces de sus subsidios a los agricultores locales. Preguntó a la multitud si su médico «tenía que trabajar para sus pacientes o para el gobierno». Y luego se dirigió a los jóvenes reunidos allí.

—Os he traído una paz duradera —les dijo—. La vuestra será la primera generación en este país que no conocerá la guerra. Y vosotros, los jóvenes de allí, ¡seréis el primer grupo de chicos de dieciocho años que no serán reclutados en más de veinticinco años!

La multitud vitoreó. Nixon, el presidente de la paz. Nosotros abucheamos lo más alto que pudimos. Era más bien un alarido. Nixon no haría ninguna otra aparición de campaña antes de renunciar a la presidencia al cabo de unos meses. Estuvimos en la última.

Ojalá pudiéramos decir también que fue la última guerra de Estados Unidos.

Intervención de crisis

Entró directamente por la puerta de la calle, empuñando una escopeta.

Los profesores que me habían formado en intervención de crisis me habían advertido que este día llegaría alguna vez. Lo llamaban el suicidio espectáculo.

—Se acabó, hijos de puta —gritó después de entrar en el centro de ayuda telefónica donde yo trabajaba—. Adiós y que os den por el culo a todos.

—Espera —dije en voz baja mientras salía de la sala de los teléfonos—. Espera. Habla conmigo.

Hay algunas situaciones en la vida que el ciudadano promedio trata de evitar: 1) un camión que viene en sentido contrario por tu carril; 2) flotar en el río Niágara a cincuenta metros de las cataratas; 3) un perturbado con una escopeta de doble cañón gritando en el pasillo.

Por desgracia para mí, yo era el único presente, haciendo el «turno de cementerio». Mierda, ¿acababa de llamarlo así?

—Vamos —continué, tratando de ocultar el temblor en mi voz—. No va a pasar nada. Estamos aquí por ti.

Con esa última palabra, el movimiento amplio y disperso de sus ojos se detuvo y se clavó en mí. Y entonces empezó a sollozar, pero sin lágrimas.

—Vamos, hermano, no pasa nada. Desahógate.

Y dicho esto dejó de sollozar.

—¿Eras tú el que ha hablado conmigo por teléfono? —preguntó.

—Creo que no —contesté—. Debes de haber hablado con Craig. Su turno acaba de terminar y ya se ha marchado. Pero yo hablaré contigo. Primero baja el arma, ¿vale?

Y en cuanto lo dije puso el dedo en el gatillo.

Se me cerraron los pulmones y sentí que mi corazón quería seguir el mismo camino. Tenía medio segundo para decidir qué hacer. ¿Correr? ¿Embestirlo? ¿Rogarle que me perdonara la vida? ¿Tratar de permanecer en calma y aparentar fortaleza para calmarlo? ¿Rezar mi última oración?

—¡Espera! —dije imperiosamente, sin gritar—. Eso no es una opción.

Él se detuvo y me miró como un perro que no quiere obedecer la orden de su amo, pero por alguna razón su cerebro sabía que debía hacerlo.

—¿Qué quieres decir con que no es una opción? —me gritó.

—Porque —dije con firmeza y utilizando la mirada más severa de que fui capaz teniendo en cuenta el miedo que sentía—. Porque... yo... lo digo.

Una idea de mi formación hizo clic en mi cabeza: lo llamaban el suicidio espectáculo porque el suicida necesita público. Si me mataba, no tenía público. Sabía que no iba a matarme. Iba a matarse él. Y dejarme vivir con esa imagen durante el resto de mi vida. Yo era el sustituto del padre abusivo, la mujer infiel, el amigo desleal, el jefe cabrón, la voz en su cabeza. Iba a castigarme como lo habían castigado a él durante toda su vida, o quizá solo la semana anterior.

Con el dedo en el gatillo, colocó el cañón bajo su barbilla y se preparó para apretarlo.

—No estoy impresionado —espeté—. ¿Me oyes? Y ahora mismo me estás cabreando porque no tienes ni idea de lo mucho que me importas y ahora mismo soy lo único que tienes y, maldita sea, si te das un momento para bajar esa arma y hablar conmigo sabrás que tienes un amigo aquí, yo, aquí mismo, y joder, ¡merezco al menos un par de minutos de tu tiempo!

No tenía ni idea de lo que acababa de decir. Lo que sí sabía era que sonaba fatal. Nada de eso estaba en la «formación en empatía» que los trabajadores sociales del condado nos impartieron cuando se me ocurrió la idea de abrir este sitio. Entonces tenía diecinueve años, y no veía que ninguna organización de adultos trabajara bien cuando se trataba de ayudar de verdad a gente joven. Un adolescente huía y luego lo atrapaban, y en lugar de tener a alguien que escuchara porque había huido —porque a lo mejor tenía una razón para huir— simplemente lo devolvían a casa, muchas veces para que volvieran a maltratarlo o a abusar sexualmente de él. La experiencia que tuve con una amiga que necesitaba abortar pero no pudo hacerlo porque era ilegal en Michigan, además de un compañero de clase que había muerto por sobredosis y otro chico de mi antiguo grupo de *boy scouts* que se había ahorcado bastaron para que pusiera en marcha esta línea de emergencia. Mis reglas: la dirigirían personas jóvenes para personas jóvenes. Necesitas un sitio para quedarte a dormir, lo tienes. Necesitas un test de embarazo, te lo proporcionamos. ¿Estás colocado? Pásate y vamos a bajar mientras estás sentado con nosotros. Nunca llamaremos a la policía, y tus padres nunca lo sabrán.

El espíritu del proyecto era espeluznante para muchos de los adultos de la zona, aunque algunos, como los Veteranos de Guerras en el Extranjero y los rotarios, nos extendieron cheques porque sabían que estábamos haciendo un buen trabajo, aunque no fuera ortodoxo. Los resultados eran que los fugados no seguían huyendo, que las chicas no eran obligadas a tener bebés que no podían cuidar a los dieciséis años; proporcionábamos control de natalidad gratuito y nuestras líneas telefónicas estaban en funcionamiento desde las tres de la tarde a la medianoche (hasta las dos de la madrugada los fines de semana), siete días por semana.

Estábamos en 1975 y yo tenía veintiún años. Aquel fue mi primer enfrentamiento con un arma cargada. Mi único objetivo era conservar los dos cartuchos en los cañones de esa escopeta. El siguiente sonido que oí no fue el estallido de un disparo.

—¡No me grites! —me chilló.

¡Uf! Había preferido entablar conversación conmigo a apretar el gatillo.

—Lo siento, no quería gritar —dije con voz temblorosa—. Es solo que he pasado un mal día y esto no puede terminar con un suicidio.

Ponerlo todo de mi lado lo desconcertó.

—Eh, tío —dijo, bajando el arma—. ¿Estás bien?

Bien. Así que ahora había confundido a un tipo loco y angustiado. La situación podía evolucionar de diferentes maneras. Decidí esforzarme y mantener la calma.

—Lo siento —dije—. No es muy profesional por mi parte.

—Es que no puedo continuar —dijo él, calmándose un poco—. Nada en mi vida ha funcionado. Y no quiero que me detengas. Solo quiero que me dejes irme de este mundo y...

—Eh, eres tú el que tiene el arma. —En realidad no tenía que recordárselo—. Tienes el derecho y el poder para dejar este mundo en el momento que quieras. Lo único que te pido son unos minutos de tu tiempo. ¿Puedes darme eso, por favor?

Los músculos de su cuerpo se relajaron un poco más, y pareció olvidar que todavía empuñaba un arma lista para disparar.

—Sí, puedo hacerlo.

—¿Y si me dejas que te guarde la escopeta mientras hablamos? Cuando terminemos te la devolveré. Todavía cargada. Entonces podrás tomar tu decisión.

Hubo una larga pausa y una mirada aún más larga mientras consideraba la oferta.

—Vamos. Dame el arma —dije con una leve sonrisa—. Lo último que tú y yo necesitamos ahora mismo es un arma.

Mientras lo decía, se me escapó una risa nerviosa y una mueca destelló fugazmente en su cara. Me había acercado más a él y estaba extendiendo la mano. Me entregó el arma. Suavemente puse el seguro con mano temblorosa y luego abrí la escopeta y saqué los cartuchos.

—No se perderán —le tranquilicé—. Vamos a hablar allí dentro.

Y durante las dos horas siguientes escuché la historia de su vida. Como era el único que estaba allí, oí que sonaban los teléfonos en la otra sala y saltaba directamente el contestador. Me habló de que había dejado la escuela taller y luego había perdido una serie de empleos por su afición a la bebida. Su mujer lo había abandonado y había vuelto con él dos veces, pero ahora había empezado a salir con otro tipo del mismo edificio. No tenía hijos, aunque le gustaría tenerlos, y sus padres lo consideraban un perdedor. Vi lo bajo que había caído, y empecé a preguntarme si había algún punto de no retorno más allá del cual uno no puede salir del pozo de la desesperación. Se cansó al cabo de un rato y me preguntó si había alcohol en el local. Le dije que no estaba permitido, a menos que se tratara de ocasiones especiales como que algún tipo quisiera volarse los sesos. Se rio con eso y a continuación decidió centrarse en mí.

—Bueno, ¿cuáles son tus problemas? Todo el mundo tiene problemas. ¿Cuáles son los tuyos?

No quería deprimirlo más. Le dije que los mismos que los de todos los hombres: las tías.

—Tienes razón en eso, tío. Nos tienen pillados. Y luego no aflojan.

—Sí —dije—, pero tienen sus cosas buenas.

—Je, je, tienes razón en eso, sí señor —dijo en ese código especial que solo se usa entre tíos.

—Solo hemos de insistir hasta encontrar la buena —continué—. Están en alguna parte. La tuya y la mía. Hay demasiadas mujeres en este planeta para que no haya una buena para cada uno de nosotros. Solo hay que seguir buscando.

—Sí, seguir dándole.

Ya se nos habían acabado los clisés de los años setenta cuando cayó en la cuenta de que los teléfonos habían estado sonando sin parar.

—Tío, ¿no hay nadie más aquí?

—No.

—Oh, mierda, no te estoy dejando trabajar. Será mejor que vuelvas al trabajo. —Hizo una pausa y pensó un momento—.

A menos que necesites que me quede un rato y te eche una mano con los teléfonos.

—No, está bien. Ya estoy a punto de cerrar en cuanto haga el papeleo. ¿Estás bien ahora?

—Eso creo. ¿Vas a devolverme la escopeta?

—Sí. Ese era el trato. Tu vida está en tus manos. Solo te pido que pienses en no ponerle fin esta semana. Podrías intentar una visita a Alcohólicos Anónimos. Salir con tus amigos sobrios. ¿Puedes hacerlo?

—Claro. Puedo intentarlo.

Le devolví la escopeta.

—¿Y los cartuchos?

—No, creo que me los quedo. Un recuerdo de esta noche, ¿te parece bien?

—Sí —dijo, asintiendo con la cabeza.

Cuando se fue en su camioneta escuché en su radio a todo volumen *Fly by Night* de los Rush. Al verlo enfilar Coldwater Road hasta el cruce de la M-15, me fijé en que respetaba todas las señales de tráfico y límites de velocidad, pequeñas señales que proporcionaban aquellos que, al menos por el momento, en esa apacible noche de verano, querían vivir.

Una educación pública

No estoy seguro de cuándo terminó la luna de miel, pero mis días en que era la novedad por ser el cargo electo más joven estaban llegando a su fin. Y fue Dios quien me mató.

Fue en una reunión mensual del consejo educativo de Davison, más o menos como cualquier otra reunión mensual. Preguntas de los ciudadanos. Hecho. Solicitud de baja maternal. Aprobada. Una moción sobre el pago de algunas facturas. Aprobada. Entonces yo presenté una moción para que nuestras escuelas públicas abrieran las noches de los miércoles para actividades extracurriculares, igual que cualquier otra noche de la semana. Como era la «noche de la iglesia» (la noche en que las iglesias protestantes celebraban los servicios intersemanales), las escuelas públicas estaban siempre cerradas. Yo planteé al consejo educativo que eso era ilegal. Traje a un abogado de la ACLU a la reunión para que defendiera el caso. Como si lo hubiera traído de Moscú. Miraron al abogado de la asociación de defensa de los derechos civiles como si fuera un intruso que se metía donde nadie lo llamaba. Toda la cuestión se pospuso para su «posterior estudio».

En la siguiente reunión, el comité creado para investigar si tenía que mantenerse o no el veto a las actividades escolares nocturnas la noche de los miércoles presentó sus hallazgos: había que eliminar el veto. Amén.

El presidente también mencionó que negar el acceso a nuestras escuelas a estudiantes que no van a la iglesia podría ser una violación de la Constitución. Y que probablemente no venceríamos en un juicio.

Yo no había amenazado con ninguna acción legal, pero supongo que eso es lo que supusieron al ver al abogado de la ACLU sentado en primera fila. Presenté otra vez la moción, uno de los otros dos católicos del consejo la secundó, y el consejo votó de manera unánime por hacer lo correcto. Pero fue un voto a regañadientes, y a los otros miembros del consejo no les gustó que los colocaran en la posición de tener que votar contra los deseos de los cristianos evangélicos del pueblo.

Las Iglesias metodista libre y baptista de Davison me vigilaban. No iban a olvidar lo que había hecho para desafiar su influencia y poder en la localidad. Y no se limitarían a rezar una plegaria por mi alma.

La prudencia habría dictado que me calmara, que retrocediera un poco, que tratara de volver a congraciarme con ellos para poder seguir teniendo cierta eficacia en el consejo. Y durante un tiempo eso fue lo que hice. Pero me acercaba a los veinte años, la vida pasaba por delante muy deprisa, y me estaba haciendo mayor. La prudencia todavía no se había asentado.

—Señor presidente —dije—, me gustaría presentar una moción para que apoyemos la declaración de Lansing y reafirmemos públicamente que nuestras escuelas defienden una política de no discriminación y que creemos que las escuelas integradas proporcionan la mejor educación.

Y luego —¿por qué no?— otra vuelta de tuerca.

—Y que invitamos a gente de todas las razas a venir y establecer su hogar en Davison.

Una pausa larga, muy larga.

—Esto es ridículo —dijo finalmente el presidente del consejo Russell Alger, exasperado—. En Davison no discriminamos y no hay necesidad de hacer esto. Siguiente punto del orden del día.

—No ha preguntado si alguien secunda mi moción.

—¿Por qué está haciendo esto? Cualquiera puede mudarse a Davison y asistir a nuestras escuelas —dijo el dentista del consejo.

—Entonces ¿por qué de seiscientos estudiantes solo hay unos quince negros?

—Bien —dijo—. Secundaré la moción.

Hubo entonces una ronda de votación y todos votaron en contra.

—¿Hay otras mociones? —espetó el presidente Alger.

—Sí —dije, todavía sin rendirme—. Me gustaría proponer que la Escuela Primaria Central lleve el nombre de Escuela Primaria Martin Luther King, Jr. Creo que esto enviará un mensaje positivo a los estudiantes y al resto del condado de Genesee de que Davison es de verdad el lugar que acaba de describir.

—Michael —dijo el miembro del consejo Patrick McAvinchey, el único que seguía siendo afable mío—. No has de seguir insistiendo. Todo el mundo lo entiende. Sigamos adelante.

Nadie secundó esa moción. El periódico local se hizo eco de mi idea de una manera que inflamó a los residentes locales. Decidí que necesitaba tener un registro de lo que realmente decía en esas reuniones.

Entré en la siguiente reunión y puse mi grabadora Sears Silvertone encima de la mesa.

La señora Ude, la secretaria del consejo, me preguntó para qué era eso.

—Es para que pueda grabar nuestra sesión pública. Solo para mi uso personal. —Pulsé el botón de grabación.

Ella miró al presidente Alger con expresión de horror que parecía decir: «Párelo, por favor.» Alger se levantó, se acercó y apagó la grabadora, de la manera en que un padre apagaría la tele cuando te niegas a irte a dormir. Yo volví a pulsar el botón. Esta vez el dentista del consejo, el doctor McArthur, se acercó desde el otro lado de la mesa para apagarla.

—No va a grabar estas sesiones —dijo—. No haga que le quitemos la grabadora.

He visto bandas callejeras y, desde luego, pueden ser amenazadoras en ocasiones. Si has de enfrentarte a una banda de representantes públicos electos —adultos que tienen al menos treinta años más que tú— y te amenazan de esta manera, bueno, te hace falta un minuto para procesarlo.

—Escuchen —dije—, no deberían ver esto como nada distinto de lo que es, una oportunidad para que yo tenga constancia de lo que se dice aquí, especialmente de lo que digo yo. Esto es una sesión pública. No debería haber problema.

—Señor presidente —dijo otro miembro del consejo, el señor Greiner—, quiero presentar una moción para desautorizar aparatos de grabación de cualquier clase durante nuestras sesiones.

—Lo secundo —dijo el doctor McArthur.

—¿Todos a favor? —preguntó el presidente.

La votación fue 6 a 1. Se me ordenó que apagara la grabadora o terminarían la sesión.

Les dije que la apagara el sargento de armas. Como no tenían una «sargento de armas», la apagó el dentista.

Al día siguiente, el periodista del *Flint Journal* que estaba presente en la sesión escribió un artículo sobre lo ocurrido. Causó un revuelo entre los periodistas de la zona, y por supuesto entre los tipos de la ACLU. En la siguiente sesión, se presentaron ellos y unos cuantos ciudadanos, y pusieron sus grabadoras sobre la mesa del consejo educativo.

Me fijé en que dejaban que la gente grabara sin tener que solicitar permiso. Pregunté si iban a imponer su política por la fuerza.

—No vamos a permitir ninguna grabación de estas sesiones —bramó el presidente Alger—. Apaguen todas las grabadoras ahora y sáquenlas de nuestra mesa.

—Se da cuenta de que Michigan ha aprobado una ley de sesiones abiertas —intervino el periodista del *Journal*.

—No está autorizado. Retire este aparato.

Nadie se movió. Todos los miembros del consejo me miraron a mí: «¡Tú nos has hecho esto! ¡Estás acabado!»

La sesión se levantó abruptamente. Voces airadas llenaron la sala.

Al día siguiente, llamé al fiscal del condado, Robert Leonard, para ver si podía ayudarme. Para ser fiscal, Leonard era un tipo bastante liberal. Había establecido en el estado la primera oficina de defensa del consumidor. Un día, mientras hablaba en una manifestación contra la guerra, señaló desde la tarima al agente infiltrado del FBI que estaba entre la multitud.

—Ahí está, espiándoles por ejercer sus derechos constitucionales —gritó Leonard al micrófono. Eso no le granjeó el cariño del FBI.

El fiscal Leonard estaba encantado de ayudarme. Hizo que su ayudante informara al consejo de que estaban infringiendo la ley al no permitir que el público o la prensa grabara las sesiones. Para un grupo de gente bien peinada y defensora de la ley y el orden, que les reprendieran las fuerzas de seguridad de una manera tan pública era una humillación que iba más allá de cualquier otra cosa que hubieran experimentado antes. Me arriesgaría a decir que esa gente ni siquiera había visto una multa de aparcamiento en su vida. Si hubieran podido enviarme a mi habitación y castigarme durante un año, lo habrían hecho de inmediato.

También presenté una demanda contra el consejo. No podían creer lo que estaba haciendo. En la siguiente reunión, dieron marcha atrás y retiraron la norma que prohibía las grabadoras.

Una vez aprobada la moción, le di al botón de grabación. Querían pegarme.

Todos los miembros del consejo menos uno me dieron la espalda en sus sillas giratorias. Evitaron cualquier contacto visual o cualquier conversación conmigo. Yo era el chivato, y ellos habían alcanzado el punto de ebullición.

Pasaron las siguientes sesiones con poca o nula fanfarria, y los asuntos se decidían con rapidez y suavidad, sin apenas discusión. Era tranquilo. Demasiado tranquilo. Algo no olía bien.

En ese momento, uno de los miembros del consejo se refirió a lo que otro había dicho en la «sesión anterior». Pero yo había estado en la sesión anterior y, gracias a las maravillas del casete, sabía que no se había dicho nada semejante en la última sesión. Después de la sesión, me acerqué al único miembro del consejo que todavía me hablaba. Le pregunté qué era esa cuestión que habían discutido.

Suspiró.

—Nos hemos reunido sin avisarte —dijo en tono de disculpa—. No es correcto y no iré a ninguna sesión más. Les he dicho que hemos de parar.

Estaba hundido. ¿Estaban celebrando reuniones secretas del consejo educativo a mis espaldas? Dijo que se habían reunido en la casa del presidente para que nadie se enterara.

Fui a casa, anonadado. No había Internet en esa época, así que no podía buscar «cómo detener a un ciudadano». Al día siguiente, fui a contarle al fiscal lo que había ocurrido. Se subió por las paredes.

—¡Esos cabrones! Estoy harto de ellos. ¡Los mandaré a todos a prisión!

Estuve a punto de preguntarle si podía decirlo otra vez solo para regodearme.

—Kenny —dijo gritándole a su ayudante—, llama a la radio y a las teles. Vamos a presentar cargos contra los miembros del consejo educativo de Davison.

Y lo decía en serio. Y lo hizo. Solo era una falta, pero aun así, le dijo a los medios que iba a presentar órdenes de detención. Por si acaso preferían ir a prisión que trabajar conmigo, también presentó una orden para asegurarse de que se cumplía con la ley estatal que requería sesiones abiertas. El fiscal Leonard ya estaba harto después de las numerosas violaciones de la separación Iglesia-Estado, la prohibición de las grabadoras en sesiones públicas y ahora eso.

—Son reincidentes —declaró el fiscal a la emisora de radio local—. No dejan de infringir la ley, y no conozco ninguna otra forma de llamarles la atención.

La noticia agitó a la pequeña población republicana, y el presidente del consejo educativo que estaba infringiendo la ley se reunió de inmediato con el fiscal y se comprometió a no volver a hacerlo.

—Es culpa suya —me dijo la impenitente señora Ude antes de la siguiente reunión—. Fue su conducta lo que nos llevó a reunirnos sin usted. ¿Qué le hace pensar que le queremos en nuestras reuniones?

—No son sus reuniones —le dije—. ¡Estas sesiones corresponden a los ciudadanos de este distrito! Y ellos me han elegido para que los represente. Y cuando celebran reuniones secretas sin informarme, elimina el derecho de esas personas a participar.

—Oh, vaya —fue lo único que pudo decir antes de alejarse.

Al cabo de unos meses me fijé en que el distrito escolar estaba repartiendo contratos de obras y servicios sin convocar concursos públicos.

—Es ilegal no hacerlo —dije, usando su palabra favorita que empezaba por «i»—. La ley del estado exige que hagamos licitaciones en todos los casos y que aceptemos el mejor precio para el distrito escolar.

Me senté y me pregunté por qué tenía que explicar a gente que afirmaba que amaba el capitalismo y la libertad de empresa que el mercado competitivo era una buena idea. Pero no me hicieron caso, asegurando que era poco práctico e innecesario.

Al cabo de unos días concerté una reunión con la oficina del fiscal general y conduje hasta Lansing con el fin de reunirme con el ayudante del fiscal general para tratar de esta práctica ilegal.

El ayudante del fiscal miró los registros que le traje y manifestó su acuerdo: el consejo educativo de Davison estaba infringiendo la ley.

—¿Por qué no se lo dice? —propuse—. Creo que están cansados de oírlo de mi boca.

—Eso es justamente lo que pienso hacer.

Se corrió la voz en la población de que la máxima autoridad policial de Michigan estaba investigando ahora al consejo educativo de Davison. Y claro está, en la siguiente sesión se anunció que se instituiría un proceso de licitación pública. También se nos dijo, amargamente, que «ser obligados a aceptar la oferta más baja no garantizaba el mejor trabajo, y que podría terminar costándonos más caro a largo plazo».

Entonces, ¿qué hace alguien cuando quiere rebajar el nivel de animadversión? Escribe una obra de un solo acto en su tiempo libre y se presenta al concurso anual de talentos del distrito escolar para que se represente en el instituto. ¿Y cuál sería el tema de la obra? Oh, digamos que un número un poco vanguardista sobre la crucifixión de Jesús. En el último momento en el Calvario, Jesús, en lo alto de una cruz de papel de aluminio, decide que no quiere que lo crucifiquen así.

—¿Es aquí donde me queréis? —grita Jesús al público en la noche de estreno del programa de talentos—. ¿Clavado en una cruz? ¿Para no tener que escucharme más preocupándome por los pobres o los enfermos o los oprimidos? ¿Para poder pegar réplicas de mí en las paredes de vuestras casas mientras yo estoy en la cruz, sufriendo? Bueno, yo digo NO.

Y dicho esto, Jesús se arrancaba los clavos de las manos y bajaba de la cruz.

Tenía un grupo de amigos entre el público y, con eso como pie, se fueron levantando de manera aleatoria y empezaron a gritarle a Jesús.

—¡Vuelve a la cruz a la que perteneces!

—¡No te queremos vivo, te queremos muerto!

—¡Vuelve a la cruz! ¡Vuelve a la cruz!

Entonces todos empezaron a cargar hacia el escenario. Un hombre sacó una «pistola» y «disparó» a Jesús. El ahora muerto de nuevo Hijo de Dios fue arrastrado otra vez a su cruz y dejado allí. Los actores salieron entonces del escenario tan contentos.

El referéndum para echarme del consejo educativo se estableció para el primer viernes de diciembre. Solo habría una pregunta en el referéndum: ¿hay que emplumar a Michael Moore y sacarlo de la ciudad en un tren? De hecho, creo que la formulación oficial fue: «Debe ser retirado Michael Moore del consejo educativo de Davison?»

Eso era todo. Solo una pregunta en el referéndum, y toda la población estaba convocada a votar sobre esa única pregunta. Desde luego, no era exactamente un potenciador de la confianza.

En mi defensa he de decir que al comité de recusación —formado por hombres de negocios y amigos de los miembros del consejo educativo— no le resultó fácil conseguir las firmas necesarias en el período requerido para presentar la cuestión a votación.

De hecho, cuando llegó la fecha límite, les faltaban centenares de firmas. Así que el consejo educativo concedió diez días más al grupo.

Cuando pasaron los diez días, aún les faltaban unas pocas firmas. Y el consejo concedió otra prórroga (ilegal) de diez días. ¿Y sabéis qué ocurrió cuando pasaron esos diez días? Todavía no había suficientes nombres de personas que querían eliminarme. Así que, por increíble que parezca, el consejo les dio una tercera prórroga de diez días.

Yo fui a buscarme un abogado. Al final de la tercera prórroga de diez días, tenían por fin las firmas que necesitaban. ¿O no? Al repasar los nombres de las peticiones, me encontré con al menos media docena de personas que habían fallecido, y varias personas que habían firmado dos veces. Y luego allí estaba Jesse el barbero. ¡Había firmado tres veces! Estaba claro que quería que me echaran.

Presenté una demanda en el tribunal del condado para acabar con todo ese circo. El juez, que se afeitaba la cabeza todos los días para mostrar un aspecto de Kojak, presentó el siguiente dictamen:

Parece que tanto el comité de recusación como el consejo educativo han cometido diversas irregularidades y posibles violaciones de la ley. No obstante, me parece que la gente de Davison quiere tener su referéndum en relación a usted, señor Moore. Así que voy a autorizar su celebración. Si se vota contra usted, señor Moore, puede volver a apelar a este tribunal.

Me daba vueltas la cabeza. El juez acababa de señalar numerosas instancias de la ley que se habían infringido, pero aun así iba a autorizar la votación. Estaba condenado.

Programar la votación en un viernes de la temporada navideña fue una jugada genial del consejo educativo. ¿Alguna vez has ido a votar en viernes? Exactamente. Así pues, ¿quién iba a saber que era día de elecciones cuando llegara ese viernes? Los que me odiaban y querían sacarme de allí, esos.

Cada parte tenía que escribir algo en la papeleta. Los que querían eliminarme disponían de un centenar de palabras para resaltar mis «crímenes». Y yo contaba con un centenar de palabras para responder a sus acusaciones. Decidí que no valía la pena perder el tiempo. Escribí simplemente: «La cuestión que se les plantea en esta votación es una cuestión moral que debe decidir entre usted y su conciencia. Sinceramente, confío en que tomará la mejor decisión posible para usted y sus hijos. Con cariño, Mike.» Además de ser el cargo electo más joven, podría haber sido la primera persona en inscribir la palabra «cariño» en una papeleta de votación.

El día de la recusación volví al mismo gimnasio donde había ganado el puesto dos años y medio antes. Cuando llegué a las 7 de la mañana, el comité ciudadano de recusación ya estaba en acción. La secretaria del consejo educativo les permitió sentarse a la mesa donde los votantes se registraban. Cada media hora, más o menos, leían los nombres y llamaban a aquellos que todavía no habían ido a votar. Era una operación digna de observar y una vez más se habían pasado de listos, y me habían ganado por desgaste. En las semanas anteriores al referéndum hice lo que había hecho antes para ser elegido. Escribí una «Carta a la población de Davison» y fui a llamar a todas las puertas del distrito.

La cola serpenteaba a lo largo del gimnasio hasta las puertas de atrás, salía por el pasillo y llegaba a la entrada de la escuela. Cuando cerraron las urnas trece horas después, estaba claro que la participación había sido muy elevada.

En medio del gimnasio instalaron cuatro largas mesas de comedor para formar un cuadrado en el que vaciaron las papeletas. Empezó el recuento con la colocación de las papeletas del SÍ en una mesa y las del NO apiladas en la otra. Durante la siguiente hora y media, hubo cambios en quién tenía la pila más alta. Subieron cada vez más, hasta la altura del cuello. Y entonces ocurrió algo. La pila de papeletas del NO siguió creciendo: 100 más alto, 200 más alto, 300 más alto. La última papeleta se colocó encima de la pila de las que me favorecían y la secretaria declaró que la recusación había fracasado y que yo había ganado.

Alguien gritó en la tribuna descubierta del lado sur del gimnasio, donde se habían apostado alrededor de un centenar de estudiantes, y luego siguieron más gritos. Se desató una fiesta espontánea y hubo saltos y bailes en todo el gimnasio. Me sentí aliviado. Las cámaras de televisión estaban allí para filmar el evento y yo salí en directo con el presentador a las once de la noche. Le di las gracias a la gente de Davison, declaré muerto al Partido Republicano local y prometí permanecer fiel a mí mismo. También pedí disculpas a mis padres por haberles hecho pasar por todo aquello. Había sido especialmente duro para mi madre. El comité de recusación estaba formado por gente con la que ella había vivido en Davison toda la vida. El director del comité había estado en el equipo de fútbol americano del instituto que entrenaba mi padre. Las copias de las peticiones de recusación que obtuve en el tribunal revelaron los nombres de muchos de quienes pensábamos que eran amigos de la familia. El tipo que iba a la iglesia con mi padre había firmado. La amiga del instituto de mi madre había firmado. La chica que se sentaba a mi lado en la banda había firmado también. Estaban todos allí. Y hasta el día de hoy, si le preguntas a mi padre (ahora tiene noventa años) si tal o cual firmó la petición, podría decírtelo en un instante.

Lo llaman «Alzheimer irlandés», te olvidas de todo menos de a quién le guardas rencor.

Cumplí con el resto de mi mandato, siempre votando en el sentido que quería, pero agotado por toda la experiencia. Me pidieron que hablara ante los estudiantes del instituto, y aproveché la oportunidad para leer un poema mío lleno de expletivos sobre el genocidio de los nativos americanos. El resultado fue que me vetaran del instituto de por vida (hasta el día de hoy no he vuelto).

Perdí en mi tentativa de reelección y me retiré del cargo público a los veintidós años para llevar una vida más tranquila. No olvidé que solo había hecho falta el consentimiento de veinte personas para ponerme en marcha en este camino. Me di cuenta de que ese era el mayor secreto de la democracia, que el cambio puede producirse solo con que unas cuantas personas hagan algo. No hace falta todo un movimiento, ni siquiera todo un distrito escolar. Puede empezar con solo veinte personas. Incluso con veinte colgados. Fue una lección buena, pero peligrosa para aprenderla a una edad tan temprana. Lo intimidante de la democracia es que parece imposible, inabordable, fuera del alcance de una persona promedio. A los veintidós años, sabía que eso era un mito. Y estaba agradecido a Davison por enseñarme que el mío era un gran país.

Pero nunca volví a cortarme el pelo en la barbería de Jesse.

Registro

Me convertí en periodista a los nueve años. La escuela primaria de St. John the Evangelist no tenía periódico estudiantil, de manera que pensé en empezar uno. No le pedí permiso a las monjas. ¿Por qué habría tenido que hacerlo? Solo quería informar de los resultados de nuestros equipos deportivos... sobre todo. También quería escribir sobre lo ocurrido el último viernes en la clase de ciencias. La señora LaCombe trajo la única televisión de la escuela en un carrito con ruedas y la encendió para que pudiéramos ver una clase de ciencias en NET (National Educational Television), un canal especial consagrado para su uso en las aulas de todo el país (después se convertiría en la PBS).

Me encantaban esos días especiales en que veíamos la tele en la escuela. Daba la sensación de que nos estábamos librando de algo. Y me encantaban los programas de ciencias, sobre todo cuando explotaba algo en un tubo de ensayo.

Mientras estábamos viendo la lección, la imagen de la pantalla se interrumpió y de repente apareció Chet Huntley, el presentador de NBC News, para leer un boletín.

«Acabamos de saber que han disparado al presidente Kennedy en Dallas...»

La señora LaCombe contuvo un grito y fue a buscar a la madre superiora. Ella entró y miró la noticia con nosotros. Cuando dijeron que todavía estaba vivo y que lo habían llevado al hospital nos pidieron a todos —y avisaron a las otras cla-

ses— que nos dirigiéramos directamente a la iglesia, nos pu-
siéramos de rodillas y rezáramos, rezáramos y rezáramos por
su vida.

Demostrando una vez más que o bien Dios tiene un gran
plan misterioso que ninguno de nosotros puede alterar, o que
de vez en cuando se toma un día libre, Kennedy sucumbió.
Nos enviaron a todos a casa antes de hora. Cuando mi padre
llegó de la fábrica, mi madre salió a recibirlo. Estaba lloviendo-
do. Esa noche comimos pescado en silencio.

Dos días después, mientras estaba sentado en el suelo de la
sala viendo en directo el traslado de la policía de Dallas del supuesto asesino Lee Oswald, Jack Ruby puso una pistola en el
abdomen de Oswald y disparó. Mi madre estaba pasando la
aspiradora.

Le grité.

—¡Apaga la aspiradora! ¡Han disparado a Oswald!

Ella no me oyó, así que siguió con la aspiradora. Yo me
acerqué y la desconecté.

—Han disparado a Oswald. Acabo de verlo.

No todos los niños de nueve años pueden ver cómo matan
a una persona real en directo en televisión. Durante el fin de
semana decidí que quería escribir sobre eso. Le pregunté a mi
padre si podía empezar un periódico.

—¿Cómo vas a hacerlo exactamente? —me preguntó.

Éramos una familia de trabajadores de General Motors. No
fundábamos periódicos.

—Pensaba que podía escribirlo en una hoja. Dijiste que
donde trabajas tenías una nueva máquina que imprime papel.
Si escribo algo en un par de hojas, ¿podrías hacer treinta copias?

Se lo pensó un momento.

—Bueno, se llama ciclostil. Y está en la oficina del encargado. Tendría que mecanografiarlo y pedir permiso. Ya veremos.

El lunes siguiente, papá vino a casa y dijo que podía imprimir veinticinco copias de mi periódico de dos páginas. Entusiasmado por la perspectiva, me senté con el lápiz y escribí la

página uno: mis ideas sobre por qué ya no teníamos un equipo de fútbol americano de séptimo y octavo curso, cómo sería nuestra temporada de baloncesto y mis estadísticas de béisbol favoritas que salían en la parte de atrás de los cromos de los chicles Topps.

En la página dos hablaba de lo que sentí con la muerte de Kennedy y al ver que disparaban a Oswald.

Al día siguiente, mi padre hizo veinticinco copias del *St. John Eagle* en AC Spark Plug y las trajo a casa. Él mismo había mecanografiado, impreso y grapado cada ejemplar. Era como un regalo de Navidad anticipado, y me di cuenta de que a mi padre le hacía feliz verme feliz de tener en mis manos mi primer periódico.

A la mañana siguiente, llevé el *St. John Eagle* a mi clase de cuarto curso y lo repartí a los compañeros que pensaba que lo leerían. La señora LaCombe lo vio y me pidió un ejemplar. En su rostro apareció una gran sonrisa.

—Vaya, mira tú —dijo ella—. Tiene buen aspecto.

¿Pensaría lo mismo la madre superiora? Cuando la señora LaCombe le enseñó mi periódico, ella pidió que me presentara en su despacho.

—¿Puedes decirme qué es esto? —preguntó sin rodeos.

—Es nuestro nuevo periódico estudiantil, el *St. John Eagle* —dije con orgullo, sin esperar ningún mazazo.

—No tenemos periódico estudiantil, Michael —dijo ella—. Y no lo necesitamos. Esto no está autorizado y no podemos aprobarlo. Así que vas a tener que recoger los ejemplares que has repartido y entregármelos.

Estaba aplastado. No tenía sentido para mí. ¿Qué había hecho mal? Pero no me atreví a protestar, de modo que me rendí con un «Sí, madre», y volví al aula para recoger el contrabando.

Al año siguiente, todavía con ganas de publicar un periódico, empecé uno nuevo llamado *Hill St. News*, y este no tenía por objetivo la escuela, sino nuestro barrio. Una vez más, mi padre me hizo las copias en el trabajo con dinero de General Motors, y esta aventura duró tres números antes de que un padre del barrio llamara a mi madre, furioso porque había puesto que su casa estaba en venta en mi sección de clasificados.

—Pero tenían un cartel de EN VENTA en el patio —rogué—. Solo estaba tratando de ayudar.

Por supuesto, no tenía ni idea de lo que costaban las casas, así que me adelanté y dije que vendían la suya por 1.200 dólares, lo cual, para un chico de diez años, era una fortuna. No importa, el *Hill St. News* cerró.

Dos veces más intentaría fundar un periódico escolar en el St. John, en sexto y octavo curso. Y cada vez me cortaron el grifo. Recibí el mensaje y me retiré del negocio del periodismo durante los nueve años siguientes.

Cuando vives en una población como Flint, desarrollada en torno a una empresa, casi todos los medios son propiedad y están controlados por esa empresa o sus lacayos (es decir, los representantes electos locales). En el caso de nuestro único diario, el *Flint Journal*, la situación era particularmente patética. El *Journal* estaba tan enamorado de General Motors que nunca vería con ojo crítico sus operaciones. Era un periódico de animadoras: ¡la empresa no puede hacer nada mal!

La población obrera de la zona de Flint odiaba ese periodicucho, pero era nuestro único diario, y por eso lo leíamos. Todos lo llamaban el *Flint Urinal*. Desde el punto de vista editorial, el periódico había estado históricamente en el lado malo de todos los conflictos sociales y políticos fundamentales del siglo XX; el «lado malo» significaba que, fuera cual fuese la posición que tomaban los sindicatos, el *Urinal* tomaba la contraria. En los primeros años atacó al alcalde socialista que había elegido la gente de Flint. Atacó la formación de la United Auto Workers y la gran huelga-ocupación de 1936-1938 que obligó a General Motors a firmar su primer contrato con el sindicato. Apoyó al candidato republicano a la presidencia mientras los trabajadores votaban demócrata. Apoyó la guerra de Vietnam. Y se convertiría en un impulsor incorregible del despilfarro en el desarrollo urbanístico que devastó el centro de la ciudad.

En 1976, mis amigos y yo ya nos habíamos quejado lo suficiente unos a otros sobre el estado del periódico en Flint y decidimos fundar uno nosotros. Al principio, lo llamamos *Free to Be*, pero eso sonaba demasiado hippy, así que lo cambiamos a *Flint Voice* en honor de la gran alternativa semanal que recibíamos por correo desde Nueva York, el *Village Voice*. Éramos siete los que fundamos el *Voice*, con edades comprendidas entre los diecinueve y los veinticinco años, pero solo tres teníamos algo de experiencia periodística: Doug Cunningham, que tenía un periódico *underground* en el instituto, el *Mt. Morris Voice*; Alan Hirvela, que participaba en un periódico alternativo en el campus de la Universidad Central de Michigan, y yo, con mi historial de cuatro periódicos fallidos en la escuela primaria. Solo Al tenía formación universitaria.

Nuestros primeros números apuntaban directamente al orden establecido de Flint. Publicamos artículos sobre el juez de Flint, que condenaba a los negros a sentencias más largas que a los blancos, sobre comisionados del condado que desplumaban al tesoro, sobre los coches trucados que Buick enviaba a la EPA para registrar un menor consumo de gasolina, y sobre algunas otras cuestiones que me sonaban familiares: otro consejo educativo de Flint que celebraba sesiones secretas, estudiantes de Flint a los que zurraban 8.264 veces en un año escolar o una encuesta que mostraba que la mayoría de los católicos ya no creía en el infierno. También hubo artículos que parecían adelantados a su tiempo: una columna de opinión sobre un palestino local titulada «Dónde está mi tierra prometida», una noticia que afirmaba que el azúcar procesado era veneno (acompañada por una receta de un aperitivo hecho con «ingredientes naturales»), así como una advertencia de que General Motors, que entonces empleaba a ochenta mil personas en

Flint, tenía un plan magistral para dejar la ciudad yerma. Este último artículo me instituyó firmemente como el loco del pueblo.

El periódico pronto se convirtió en lectura obligada para quienes prestaban atención a la política de Flint. El *Flint Voice* era un auténtico especialista en escándalos al que no le importaba a quién cabreaba. No hacíamos artículos sobre «Las 10 mejores heladerías de la ciudad» o «Veinte excursiones de un día que no te querrás perder». Nuestro periodismo era implacable y despiadado. Llevamos a cabo operaciones trampa en establecimientos que no contrataban empleados negros. Hicimos la crónica de cómo General Motors utilizaba deducciones fiscales para construir fábricas en México. Una noche, los pillamos literalmente desmantelando toda una cadena de montaje y cargándola en un tren para que luego la embarcaran hacia un país llamado China. Muchos no podían creer un artículo como ese: «¿Qué diablos va a hacer China con una cadena de montaje de automóviles? ¡Michael Moore está loco!» Fui blanco de las burlas por exponer estos tejemanejes.

También ofrecíamos un refugio donde los escritores brillantes de Michigan podían encontrar una salida. Muchos, como Ben Hamper, Alex Kotlowitz, James Hynes y el dibujante Lloyd Dangle terminarían convirtiéndose en autores superventas y periodistas cuyas columnas se publicaron en todo el país. Nunca dejamos pasar una oportunidad para meternos con el *Flint Journal* y, en 1985, escribí un artículo de investigación sobre ese miserable diario para la *Columbia Journalism Review*.

Además del plan de General Motors para destrozar Flint (un artículo al que solo nosotros podíamos dar cabida a finales de los setenta y primeros de los ochenta), nada consumió tanto nuestra atención como el alcalde de Flint, James P. Rutherford. También era el ex jefe de policía de Flint y había dejado en el departamento a varios agentes descontentos que estaban encantados de filtrarnos documentos y pruebas de sus actividades controvertidas. Uno de nuestros primeros artículos de portada sobre él se tituló «El alcalde Rutherford recibió un "regalo" de 30.000 dólares de un jugador condenado». Nos adelantamos al *Journal* una y otra vez (no es que fuera difícil), pero un día se cansaron de que los ganáramos, así que uno de sus columnistas simplemente nos robó nuestro artículo de investigación y lo publicó como si hubieran hecho el trabajo ellos. Cuando ocurrían cosas así, teníamos formas de defendernos. Como no estábamos educados y no nos movíamos en los círculos de la buena sociedad, no tolerábamos muy bien los robos, sobre todo si el ladrón era el *Flint Journal*. El día después del plagio, hicimos una visita a su sala de redacción. Llevamos un pastel para regalárselo al director. No, no éramos de los que lanzan tartas, éramos de los que reciclábamos regalos. La lata de la tarta estaba toda llena de mierda de perro. En lo alto de la pila de bosta humeante había una gran señal de *copyright* dibujada con nata montada de bote.

El director no estaba, de manera que nos quedamos un rato esperando a que volviera. Alguien debió de avisarlo porque nunca apareció. Por fin nos cansamos de esperar y simplemente dejamos el regalo en su escritorio y nos fuimos. Al día siguiente publicaron una corrección en la que reconocían que el artículo que habían publicado era originalmente nuestro.

No aflojamos con el alcalde y sus relaciones con los promotores inmobiliarios, General Motors, la Cámara de Comercio o la Fundación Charles Stewart Mott. En septiembre de 1979, publicamos un artículo de primera página que subrayaba que los empleados públicos habían contribuido a su reelección haciendo campaña puerta por puerta para él en horas pagadas por el ayuntamiento.

El alcalde se enfureció y amenazó con demandarnos por libelo. No lo hizo. Continuamos. No le gustó.

El defensor del pueblo municipal cogió nuestros hallazgos e hizo su propia investigación del alcalde. Los estatutos le exigían que presentara sus hallazgos al alcalde cuatro días antes de hacerlos públicos. Nuestras fuentes consiguieron una copia del informe confidencial —el cual certificaba que el 100% de nuestras acusaciones contra el alcalde eran correctas— y publicamos un artículo en el *Flint Voice* que aseguraba que el defensor del pueblo nos había respaldado.

El alcalde acusó al defensor del pueblo de violar los estatutos municipales y pidió al departamento de policía que investigara cómo habíamos conseguido el informe para el *Voice*. Nos negamos a cooperar y continuamos publicando artículos al empezar el año 1980.

En mayo de 1978, el Tribunal Supremo de Estados Unidos había dictado que era legal que la policía entrara en una sala de redacción y requisara material, con ciertas restricciones. *Zurcher vs. Stanford Daily* fue un caso que implicó a un periódico estudiantil, el *Stanford Daily*, y las fotografías que había tomado en una manifestación en la que nueve policías resultaron heridos mientras los estudiantes ocuparon el hospital del campus. La policía quería ver todas las fotos que había tomado el *Daily* con el fin de identificar a los estudiantes que habían participado en el altercado. Los estudiantes demandados aseguraron que se habían violado sus derechos constitucionales. El Tribunal Supremo no estuvo de acuerdo y falló que la policía tenía derecho a realizar esa investigación, siempre que tuvieran alguna base para hacerlo.

El dictamen del tribunal fue aclamado por los cuerpos de policía y por aquellos que odian a los medios en todas partes. Los periodistas se quedaron atónitos y advirtieron que se producirían abusos. Señalaron que las fuentes temerían confiar en los periódicos si sabían que la policía podía entrar como Pedro por su casa y recoger y llevarse archivos llenos de información confidencial.

Pasaron dos años y no hubo ni un solo registro policial más en las salas de redacción de todo el país.

Hasta la mañana del 15 de mayo de 1980.

A las 9.05, la policía de Flint, después de obtener una orden de registro del juez Michael Dionise, entró en las oficinas del periódico donde se imprimía el *Flint Voice* y confiscó todos los materiales relacionados con el número de noviembre de 1979 —que contenía el informe crítico de la supuesta infracción del alcalde—, hasta las planchas usadas para imprimir el *Voice*.

El *Flint Voice* se imprimía en la imprenta del *Lapeer County Press* (un semanario del condado que había sido colonizado en parte por mi familia en la década de 1830). No era la primera visita de la policía de Flint a nuestro impresor. Habían llamado ya en noviembre, pidiendo que entregara todo lo que el *County Press* tenía sobre nosotros. El editor, acogiéndose a la Primera Enmienda, se negó. Seis meses después, se presentó la policía. El editor preguntó si tenían orden de registro. No, dijeron los policías. Entonces no pueden entrar, dijo el editor.

Al cabo de unos días volvieron con la orden en la mano y se llevaron todo lo relacionado con el *Flint Voice*. Le dijeron al editor que no revelara que estaban allí. El editor obedeció.

Cinco días más tarde, el 20 de mayo, sonó mi teléfono en la oficina del *Voice*.

—Señor Moore, al habla el Departamento de Policía de Flint —dijo la voz al teléfono.

El agente que llamó no me dijo —y yo no lo sabía— que cinco días antes habían hecho un registro en la oficina de la imprenta. Sí me dijo que sabían «exactamente» la hora y el día en que había recibido el informe del defensor del pueblo y que parecía que se había cometido un delito. Preguntó si la filtración procedía del propio defensor del pueblo. Le dije que no era asunto suyo. Me recomendó que le dijera la verdad, porque iba a descubrirla tarde o temprano, y las cosas serían más fáciles si cooperaba.

Le di las gracias por su tiempo y colgué. Cuatro horas después, recibí una llamada del *Lapeer County Press* que se sentía «obligado» a contarme que se había llevado a cabo el registro y que la policía de Flint había confiscado todo lo relacionado con el *Flint Voice*. Me dio escalofríos. ¿La policía ya estaba en camino para hacer lo mismo en nuestras oficinas?

Volví a llamar al Departamento de Policía de Flint. Les dije que acababa de enterarme del registro. ¿Pensaban hacer lo mismo aquí?

Oh, no, ¡no vamos a hacer ningún registro! El agente del otro lado de la línea explicó que eso probablemente sería un incordio para él y para mí. ¿Por qué para mí?

Le dije al agente que si iban a venir al periódico tendría a las cámaras de televisión en camino en cuestión de minutos.

—Escuche —dijo sin rodeos—, si quisiéramos registrarle, ¿cree que iba a decírselo? Ni siquiera se enteraría, igual que no se enteró de nuestro registro de la oficina de la imprenta en Lapeer.

Llamé a una de mis fuentes en el Departamento de Policía de Flint y le pregunté qué sabía. Me llamó al cabo de una hora.

—Oh, sí, planean registrar tu local. Ya han redactado la solicitud al juez.

Llamé de inmediato a las agencias de prensa locales y a Associated Press.

—Necesito vuestra ayuda —les dije a cada uno de ellos—. La policía va a registrar nuestro periódico. Ya han hecho un registro en la oficina del periódico donde se imprime el *Voice*. ¿Podéis venir pronto?

Para que conste, estaban en nuestra oficina en la esquina de Lapeer y Genesee en cuestión de minutos. Todos menos el *Flint Journal*.

Se enfrió el asunto. La policía negó que estuviera planeando intervenir en nuestra oficina. Pero no podían explicar por qué habían confiscado todos nuestros materiales del periódico que era nuestro impresor. ¿El registro pretendía intimidarnos? Pasé la noche sacando todos nuestros archivos y documentos del edificio y almacenándolos en un lugar seguro donde la policía no pudiera encontrarlos.

En veinticuatro horas la CBS había enviado un equipo desde Chicago y el *New York Times* estaba cubriendo la noticia. Al fin y al cabo, era el primer registro en un periódico desde que el Tribunal Supremo había decidido autorizarlos. Llegaron más periodistas desde Detroit y Chicago. Llamó la ACLU y también el Comité de Periodistas por la Libertad de Prensa. Su director, Jack Landau, ofreció la asistencia legal que pudiéramos necesitar.

—Eres el primero —dijo—, pero no serás el último. Hemos de pararlo ahora mismo.

Presentamos una demanda en el tribunal del distrito para conseguir una sentencia que prohibiera a la policía entrar en nuestras oficinas. El juez dictó una moratoria y logró que la policía prometiera no intervenir hasta que él tuviera ocasión de estudiar el caso.

Los periódicos de todo el estado, desde Detroit a Battle Creek, publicaron editoriales que amonestaban a la policía de Flint por sus acciones y alentaban al juez a posicionarse a favor de la primera y la cuarta enmiendas. Los medios de todo el país cubrieron el caso, y Flint fue centro de atención por un motivo nada agradable. Yo no dormí mucho y estaba preocupado por lo que pudiera estar tramando la policía.

Dos semanas después, estábamos otra vez en el tribunal. Después de oír los argumentos, el juez falló a nuestro favor y comunicó a la policía que si después decidían que tenían base para un registro, tendrían que pasar antes por él. Nuestros partidarios vitorearon en la sala. Fue una rara victoria contra ese alcalde y su fuerza policial.

El incidente reactivó un proyecto de ley en el Congreso (presentado justo después de la decisión del Tribunal Supremo sobre el *Stanford*) para impedir registros policiales en las salas de redacción. Una semana después del veredicto del juez en Flint, el Comité Judicial del Senado de Estados Unidos convocó sesiones sobre la legislación. Jack Landau, el director del Comité de Periodistas, me llamó y me preguntó si podía viajar a Washington.

—Creemos que después de lo que te ocurrió en Flint es el momento perfecto para que se apruebe esta ley. ¿Puedes venir a Washington y ayudarnos?

—Cuando tenía diecisiete años me pidieron que fuera a

Washington a testificar —le dije, lo que sonaba demasiado raro para explicarlo, así que no lo hice—. Simplemente no creo que sea bueno para esa clase de cosas. Además, los republicanos vendrán aquí dentro de unas semanas a la Convención Nacional Republicana. Quiero estar encima de eso. Reagan va a pedirle a Gerald Ford que sea su vicepresidente.

(Solo unas horas antes de que votara la convención, el ex presidente de Michigan empezó a insistir en que Reagan también prometiera recuperar a Henry Kissinger. Reagan cambió entonces de opinión en el último minuto y sorprendió al elegir a George Bush. El futuro del país se desplegó a partir de esa decisión. No tengo tiempo para meterme en lo que ocurrió en los siguientes treinta años. Hay otros libros en las bibliotecas donde se puede leer al respecto.)

El 20 de junio de 1980, el comité del Senado votó a favor de la Ley de Protección de la Intimidad, también conocida como la ley «escudo de la sala de redacción», una ley que impediría a la policía volver a entrar en una sala de redacción a menos que se estuviera cometiendo allí un crimen real como un atraco o un asesinato. Pero luego la ley se paralizó y no se programó para una votación del pleno del Congreso. Los grupos defensores de la Primera Enmienda se preguntaban si alguna vez se aprobaría.

Un mes después, la policía local de Boise (Idaho) entró en la sala de redacción de la delegación de la CBS en Boise y requisó los vídeos de una protesta para poder descubrir las identidades de aquellos que habían participado. La cadena de televisión demandó y consiguió su propio mandato judicial contra los policías de Idaho. Los medios del país cubrieron la noticia, y políticos de Washington exigieron otra vez que se tomaran medidas sobre la propuesta de ley. Escribí cartas a miembros del Congreso e hice entrevistas.

Y entonces un día contesté al teléfono.

—Hola —dijo la voz con acento británico (o irlandés)—. Estoy buscando a Michael Moore.

—Soy Michael Moore —dije.

—Soy John Lennon.

Como yo era conocido por ser un buen bromista, también era repetidamente víctima de otros bromistas que buscaban venganza.

—Vale, Gary, muy gracioso —dije. Y colgué.

Veinte minutos después, el teléfono sonó otra vez. Era el defensor del pueblo municipal de Flint, Joe Dupcza.

—¡Acabas de colgarle a John Lennon! —dijo con dureza—. ¿Por qué coño has hecho eso?

—Vamos, Joe —dije—, ¿tú también estás metido en esto?

—No estoy metido en nada —dijo, todavía enfadado—. Lennon me ha llamado hace un par de horas. Al principio yo tampoco lo creí. Así que no te culpo. Estamos todos un poco nerviosos después de toda esta mierda.

—Oh... sí —dije—. Gracias por afirmar lo obvio, pero ¿cómo sabes seguro que era John Lennon?

—Le pedí su número y le dije que lo llamaría. Luego lo cotejé.

«Cotejar» en jerga policial significa coger un número de teléfono o una matrícula y verificarlo en el ordenador central de las fuerzas policiales. Joe Dupcza fue policía de Flint antes de ser defensor del pueblo. El teléfono de John Lennon era sin duda bien conocido en el FBI y su ordenador. La agencia se había pasado casi una década construyendo un expediente sobre él y tratando de deportarlo.

—Lo he cotejado y coincidía. Joder, en serio, era el puto John Lennon de verdad.

Me sentí mareado de repente por haber colgado el teléfono a un Beatle. «Dios mío —pensé—, estoy tan anonadado por lo que ha estado pasando que ya no confío en nadie. Estoy fatal.»

—Hemos hablado un rato —continuó Dupcza—. Se enteró de nuestro caso por el periódico y lo ha seguido y ha pensado que era horrible y quería saber si podía ayudar. Luego me ha pedido tu número.

Dupcza me dio el número de Lennon para que yo pudiera

llamarlo a Nueva York, pero en cuanto colgué, el teléfono sonó otra vez. Esta vez identifiqué el acento. Liverpool.

—Hola, soy John Lennon otra vez —dijo, tratando de tranquilizarme.

—Lo sé, lo sé —dije en tono de disculpa—. Acabo de hablar con el defensor del pueblo. Lo siento mucho. Perdón, por favor. Es que las hemos pasado canutas por aquí.

—No, no, lo comprendo —dijo, todavía tratando de calmarme—. Ya sé lo que es que la vigilancia policial te haga la vida imposible.

Reí.

—Sí, y tanto.

—Bueno —continuó—, he estado siguiendo lo que te ha estado pasando y con esta posible ley en el Congreso, y te llamo para ver si hay alguna forma en que pueda ayudar. Tal vez podría hacer un concierto benéfico para pagar los gastos legales o para tu periódico.

—¿En serio? Mmm, uf, no sé qué decir.

—Bueno, no has de decir nada ahora mismo. Estoy bastante ocupado trabajando en un álbum nuevo, así que no tendré tiempo hasta después de Año Nuevo.

—Uf, eso es una noticia genial —le interrumpí, con la voz subiendo media octava hasta perderse en un tono de colegiala—. ¡Un álbum nuevo!

—Bueno, he estado bastante callado durante un tiempo, con la paternidad y eso. Pero estoy listo para empezar otra vez y, ahora que soy legalmente residente de tu país, tengo intención de implicarme más y... —puso acento americano— ejercer mis derechos constitucionales. Y bueno, si hay algo que necesites, te doy mi número y puedes llamarme cuando quieras.

Al escuchar esta asombrosa oferta de boca del hombre que había significado tanto para muchos de nosotros, simplemente no supe qué decir. Pero lo intenté.

—¿Puedes actuar en el Shea Stadium otra vez?

Rio.

—Dios mío, no. Con una vez fue suficiente. Eh, hice ese concierto en Ann Arbor...

—Por John Sinclair. Estuve allí. «Diez por dos.» Fue a mi instituto.

—No me digas. El mundo es un pañuelo. Bueno, tengo que salir...

—John, yo, eh, mmm, muchas gracias. Han sido unos meses de locura. Seguro que te llamo. Muchas gracias. Esto significa mucho para todos nosotros.

—No te desanimes, socio —concluyó—. Ya nos veremos.

El 29 de septiembre el Senado aprobó la Ley de Protección de la Intimidad de 1980 por voto de voz. Dos días después, el Congreso lo aprobó 357-2. El 13 de octubre de 1980, el presidente firmó la ley. Así es como funcionaban las cosas entonces: ambos partidos salían de manera unánime en defensa de la intimidad de sus ciudadanos y los derechos de la Primera Enmienda. Y a apoyar la necesidad de que la prensa funcione sin amenazas ni intimidación.

Y lo único que tuvo que ocurrir para poner en marcha el proyecto de ley 96-440 y que se convirtiera en ley del país fue que dos policías entraran en la oficina donde se imprimía un pequeño periódico marginal en un lugar tan apartado como Flint, Michigan. Jaque. Y luego que lo hicieran otra vez en Boise. Mate.

Nunca llegué a devolverle la llamada a John Lennon. Ocho semanas después había muerto. Y un mes después de eso, Ronald Reagan y George H. W. Bush tomaron las riendas del país para los siguientes doce años. Había empezado una época oscura. Pocos se dieron cuenta al principio.

Bitburg

Gary Boren no tenía nada contra los alemanes, al menos contra los vivos. En la década de 1970, cuando estaba en el instituto, había sido estudiante de intercambio en Bremen, Alemania Federal, y había vivido durante un año con una familia alemana. Así que Gary estaba familiarizado con la generación de alemanes más jóvenes, de posguerra, y sabía que no se parecían a sus padres.

Era el Primero de Mayo de 1985. Mi conversación con Gary fue así:

> GARY: Bitburg.
> YO: ¿Pittsburg?
> GARY: Bitburg.
> YO: ¿Por qué quieres ir a Pittsburg?
> GARY: Yo nunca he querido ir a Pittsburg. Quiero ir a
> BITburg.
> YO: Ah.

Gary se educó en Flint. Yo no lo conocí de más joven, pero ya de adulto era, entre otras cosas, el abogado ad honórem de mi periódico (y el mío personal cuando necesitaba librarme de una multa de tráfico o una disputa con el casero).

—Mike, ¿puedes creer que Reagan vaya a Bitburg? —me preguntó, con la esperanza de que compartiera su incredulidad, y lo hice.

—Quiero ir allí y que sepa cómo me siento —continuó—.
¿Quieres venir?

En la primavera de 1985, las siete mayores potencias económicas del mundo (lo que después se conocería como el G-7, luego el G-8, el G-20, etc.) decidió celebrar una cumbre económica en Bonn (RFA). El presidente Ronald Reagan asistiría en representación de Estados Unidos.

En algún momento del proceso, alguien en su Administración pensó que sería buena idea que cuando Reagan estuviera en Alemania fuera a dejar una corona oficial en las tumbas de algunos soldados nazis. Varios grupos judíos y de defensa de los derechos humanos protestaron, pero él se cerró en banda y se negó a cancelar la ceremonia; y de hecho, solo para probar su tozudería y su decisión, subió la apuesta y dijo que no solo dejaría coronas en las tumbas de algunos nazis cualesquiera, sino que lo haría en las tumbas de los psicópatas de las SS. Muy bonito.

La ceremonia se celebraría en la pequeña localidad de Bitburg, cerca de la frontera con Luxemburgo. Y Gary quería ir a Bitburg.

Gary no era un activista político. No tenía tendencia a actuar por impulsos. Era la clase de persona cuyo patrón de actividades diarias —comer, hacer ejercicio, dormir— es de los que pueden servirte para poner el reloj en hora. Así que la rabia en su voz y su ansiedad de actuar políticamente —y públicamente— fue un agradable sobresalto para mi tarde.

Gary era único en otro aspecto. Su padre y su madre eran supervivientes de los campos de concentración de Auschwitz y Bergen-Belsen. Más de un millón de personas murieron en Auschwitz y 50.000 en Bergen-Belsen. Sus padres sobrevivieron. Eran de una pequeña ciudad de Polonia llamada Kielce. En 1940, Kielce tenía una población de 200.000 personas, entre ellos 20.000 ciudadanos judíos. Alemanes y polacos establecieron el gueto judío en 1941, pero en agosto de 1942 se desmanteló el gueto y la mayoría de sus habitantes fueron enviados al campo de concentración de Treblinka. Solo un par de miles se quedaron para trabajar como obreros forzados (es decir, esclavos). Los padres de Gary, Bella y Benny, estaban entre los esclavos. Ambos estaban casados con sus respectivos cónyuges, pero ninguno de estos sobrevivió a la guerra.

En 1944, los enviaron a Auschwitz, donde sobrevivieron al proceso de «selección» (los consideraron suficientemente aptos para el trabajo forzado). En 1945, cuando los rusos estaban a solo unos días de distancia de Auschwitz, los alemanes se llevaron a los que todavía necesitaban para el trabajo esclavo y los condujeron en lo más crudo del invierno hasta una estación de tren de Gliwice, Polonia, a treinta kilómetros de distancia. Muchos murieron. Aquellos que sobrevivieron, incluidos los padres de Gary, fueron cargados en carros de ganado hasta Bergen-Belsen, donde los británicos los liberaron el 15 de abril de 1945.

Se conocieron al año siguiente en un campo de refugiados de Múnich y se casaron. Uno de ellos tenía un tío que veinte años antes había emigrado a Flint, Michigan, para trabajar en las fábricas de General Motors. Debido a esa conexión pudieron venir a Estados Unidos y a Flint, donde fueron bien recibidos y lograron prosperar.

La terrible experiencia de Bella y Benny Boren se cobró un peaje no solo en ellos, sino también, en años venideros, en sus hijos, Gary y sus tres hermanos. Casi todos los demás miembros de su familia en Europa —abuelos, tías, tíos, primos— perecieron en el Holocausto.

El viaje a Bitburg, me contó Gary, sería su declaración personal contra aquellos que le hicieron eso a sus padres y, quizá más importante, un acto solitario de desafío contra su propio presidente que o bien era insensible o estúpido o cruel. En cualquiera de los casos, era imperdonable.

¿Y cuál era exactamente el propósito de que lo acompañara?

—Tú sabrás cómo colarnos en el cementerio —dijo Gary como si tal cosa.

Gary entonces sacó a relucir mi currículo de importantes

coladas: en la planta de la Convención Demócrata de 1984 en San Francisco sin credenciales de prensa; al viajar a través de Nicaragua hasta la frontera de Honduras sin documentos o visados adecuados; en el *backstage* superando el servicio de seguridad de los conciertos para conocer a Joan Baez o Pete Seeger.

—¿Cuándo va a ir Reagan? —pregunté.

—Este domingo.

—¿Este domingo?

—Sí, vamos. Yo me encargaré de los billetes de avión.

No necesitaba que me convencieran. Estaba preparado para la aventura y estaba preparado para cualquier cosa que molestara al actor presidente. Si Bonzo iba a Bitburg, yo también.

Cuarenta y ocho horas más tarde estábamos en un avión de Detroit a Hamburgo, Alemania Federal. Llegamos a Bonn, la capital de la RFA, a última hora de la tarde del viernes.

Nuestro primer paso después de desembarcar consistía en convencer a las autoridades alemanas de que nos dieran las credenciales de prensa que necesitábamos para acompañar a Reagan en Bitburg. No iba a ser fácil, considerando que la fecha límite para solicitar esas credenciales era un mes antes, y la Cumbre Económica de Bonn ya estaba a mitad.

Había miles de periodistas en Bonn, todos para cubrir un gran no evento dirigido por los líderes de Francia, Alemania, Italia, Reino Unido, Estados Unidos, Canadá y Japón. Al final de la cumbre, los líderes posaron para los fotógrafos e hicieron público un comunicado conjunto en el que afirmaban que iban a seguir en el camino (no dijeron en qué camino iban a seguir). También dijeron que todos se oponían a la inflación. Vale.

Pero la gran noticia de la cumbre económica —al margen de la revelación de que Reagan se hospedaba en un castillo propiedad de un ahijado de Adolf Hitler— fue la primera acción de Reagan cuando bajó del avión en Bonn. A diferencia del resto de nosotros, que corríamos a presentar protestas por pérdida de equipaje, Reagan dictó una orden ejecutiva que prohibía todo comercio con Nicaragua. Los otros líderes mundiales se quedaron perplejos por esta medida —no tenía nada que ver con su cumbre económica— y rápidamente trataron de poner la máxima distancia entre ellos y Reagan. Ninguno de los líderes —ni siquiera sus compañeros de derechas, Margaret Thatcher del Reino Unido o Brian Mulroney de Canadá— apoyaron el embargo de Reagan de lo que él calificó de «régimen comunista».

Fuimos a la oficina de prensa de la cumbre y un encargado de relaciones con los medios de la Casa Blanca nos dijo que deberíamos hablar con «Herr Peters en el Centro de Prensa de Estados Unidos, al lado del Bundestag» para solicitar las credenciales.

—Lo siento, pero creo que llegan un poco tarde —nos dijo Peters cuando finalmente lo encontramos—. Ya no se conceden más credenciales de prensa.

Insistimos en que nos habían asegurado credenciales y en que se suponía que tenía que ocuparse de nosotros.

—Me temo que lo único que pueden hacer en este punto —dijo— es dirigirse a Frau Schmidt.

Oh, genial. El viejo recurso a «Frau Schmidt».

Encontramos a Frau Schmidt. Estaba recogiendo para irse a casa cuando llegamos a su despacho.

—Lo siento, no están en la lista —nos dijo después de hojear un fichero de tarjetas.

—Pero hemos de estar en la lista —repuse—. Hablé con la Casa Blanca la semana pasada y nos garantizaron credenciales de prensa. «Solo vayan a ver a Frau Schmidt cuando lleguen a Bonn», me dijeron. Así que ahora hemos volado hasta aquí con un gran gasto para nuestro periódico y, por alguna metedura de pata, no hay credenciales para nosotros.

La posibilidad de que hubiera habido una metedura de pata, un error cometido por falta de atención, o tal vez por pereza, era una idea repulsiva y altamente insultante para una alemana entrada en años. Se alejó, y al cabo de diez minutos volvió para entregarnos nuestros pases de prensa oficiales de la «Visita al Estado del presidente Reagan» con cordones bordados con los colores de la bandera de la República Federal de Alemania.

No usamos mucho los pases en Bonn, salvo para conseguir la primera comida decente en treinta horas. El Gobierno alemán había abierto su edificio parlamentario para agasajar a la prensa con toda la comida y bebida que pudiera consumir. El banquete ocupaba fácilmente dos manzanas.

—Ya sabes lo que dicen —remarcó Gary con una sonrisa mientras se tragaba su quinto paté de caviar—. Una prensa bien alimentada siempre cuenta la verdad.

Partimos hacia Bitburg por la mañana. Situada a unos ciento cincuenta kilómetros al sur de Bonn, Bitburg era una localidad de 24.000 habitantes: 12.000 alemanes y 12.000 soldados estadounidenses de la base aérea vecina, hombres y mujeres, y sus familiares. Bitburg, arrasado por Estados Unidos en un ataque aéreo en la Nochebuena de 1944 (era una escala y depósito de aprovisionamiento para las tropas nazis en la batalla de las Ardenas), se había convertido en un pueblo pintoresco enclavado en las colinas de Renania.

No hacía ni cinco minutos que habíamos bajado del autobús cuando se nos acercó el comité de bienvenida organizado para los periodistas visitantes. Nada de ir de oficina en oficina mendigando credenciales de prensa en Bitburg: esta gente tenía una alfombra roja para desplegar ante cualquiera que tuviera una cámara, una libreta o un lápiz bien afilado. Bernd Quirin, tesorero del ayuntamiento y director local de la Reserva del Ejército Alemán, nos reconoció como estadounidenses y se ofreció a brindarnos una visita personal por Bitburg, incluido el cementerio.

Aceptamos, y él nos condujo en su Audi durante las siguientes dos horas. Escuchamos la historia completa de Bitburg, que su padre fue herido en el frente ruso, cuánto amaban él y los ciudadanos de Bitburg a nuestro país y a Ronald Reagan... Los 12.000 soldados estadounidenses nunca causaron ningún problema en el pueblo, y no hubo discusiones sobre la visita de Reagan a aquellas tumbas de las SS; al fin y al cabo, explicó, esos SS solo eran «chicos obligados a servir en el ejército nazi».

Bernd nos llevó luego al cementerio. Por supuesto, no tenía ni idea de que estaba participando en una misión de reconocimiento, ayudando a un judío y a un periodista que planeaban crear un alboroto al día siguiente. Nos sentimos mal al pensar que, después de que nos detuvieran, probablemente irían a buscarlo a él para interrogarle sobre por qué había hecho «de chófer» de estos anarquistas.

A primera vista, lo que llama la atención del cementerio de Bitburg es lo pequeño que es. Si tenía en mente las imágenes de Arlington o Normandía, estas se borraron rápidamente por esta parcela de dos mil metros cuadrados de lápidas planas con seis cruces de cemento y una capilla que más parecía un crematorio.

Era el día anterior a la visita de Reagan y los alemanes estaban ocupados poniendo flores en todas las tumbas y haciendo limpieza. La prensa también estaba presente, fotografiando las tumbas de las SS desde todos los ángulos imaginables y entrevistando a ciudadanos de Bitburg sobre su relación con las SS.

Una mujer mayor estaba por ahí sacando flores de tumbas de no nazis y colocándolas abundantemente en las tumbas de los SS. Estaba murmurando algunas palabras desagradables en alemán mientras seguía en su cruzada personal mientras las cámaras filmaban. Su presencia estaba poniendo nerviosas a las autoridades de Bitburg.

—¿Por qué la está filmando? —preguntó el teniente de alcalde de Bitburg al equipo de televisión de la ABC.

Humillado por este tratamiento periodístico, se volvió hacia mí y me dijo:

—Ustedes los americanos no escuchan. Imprimen lo que quieren para que encaje en sus ideas de lo que es y lo que no es.

Entonces sacó dos cubiertas de la revista *Newsweek*. Una de ellas era la edición estadounidense; la otra, la internacional. Ambas tenían la misma foto de la tumba de un miembro de las

SS, pero en la edición estadounidense se veían dos banderas de la RFA metidas en la tumba nazi.

—*Newsweek* manipuló esta foto para dar a entender que los alemanes de hoy veneran a los nazis —dijo—. ¿Ha leído *El honor perdido de Katharina Blum*? Eso es lo que quieren los americanos: arrebatarnos nuestra dignidad y nuestro honor.

Nos despertamos el domingo por la mañana del gran día y empezamos a poner en marcha nuestro plan. Debajo de su jersey, Gary se envolvió el torso con una pancarta de casi cuatro metros cuadrados que nuestros amigos Jack y Laurie habían pintado para nosotros en Ann Arbor. Decía:

VENIMOS DE MICHIGAN, ESTADOS UNIDOS,
PARA RECORDÁRSELO:
ELLOS MATARON A MI FAMILIA

Con pases de prensa verdaderos y falsos en torno al cuello y bolsas de cámara en mano, partimos en una caminata de tres kilómetros hasta el cementerio.

Lo que descubrimos fue que de la noche a la mañana Bitburg se había convertido en un estado policial con 17.000 soldados, agentes de seguridad y policías alemanes de toda clase que habían rodeado el pueblo y establecido una serie de puestos de control, impidiendo el acceso al cementerio. Una cosa de la cual los alemanes se estaban cerciorando: nadie se acercaría al cementerio de Bitburg sin haber demostrado que era Walter Cronkite o David Brinkley. Y en el camino que conducía al cementerio, a unos ochocientos metros, la policía alemana nos paró.

—No pueden pasar de aquí —espetó un agente en alemán.

Gary, que habla alemán con fluidez, le dijo que nos habían asegurado que podríamos acceder al cementerio.

—Tendrán que discutirlo con el jefe de policía —dijo el agente, e hizo un gesto para que volviéramos a encaminarnos hacia el pueblo.

Regresamos al pueblo y fuimos al ayuntamiento, donde encontramos al jefe de policía asediado por otros periodistas, que al parecer se habían encontrado con el mismo destino que nosotros. Sopesando la situación, me dio la impresión de que los periodistas del grupo Knight-Ridder estaban teniendo la mejor de las suertes con el jefe, así que fuimos gravitando hacia ellos y nos quedamos cerca como si formáramos parte de su equipo. Por fin, el jefe se puso al teléfono y solicitó al puesto de mando del camino del cementerio que dejara pasar a este grupo de periodistas. Así que nos enganchamos a ellos, como si fuéramos sus fotógrafos.

De nuevo en el puesto de control, el mismo policía de antes nos dejó pasar. Nuestro alborozo por este golpe maestro no tardó en remitir cuando nos dijeron que era solo el primero de ¡siete! puestos de control que teníamos que superar.

Los siguientes dos controles policiales fueron pan comido con muchos «*Guten morgen*» y «Qué tal». La cuarta parada exigía un registro, pero no corporal, así que la pancarta de Gary pasó desapercibida.

El quinto grupo de policías —esta vez con aspecto menos policial y más de un grupo de *rangers* rubios, musculosos y bien armados con una extraña vibración homoerótica— era un poco más cascarrabias, porque nuestras credenciales no eran las oficiales emitidas por la Casa Blanca para el selecto grupo previamente aprobado de treinta periodistas que estaban autorizados a estar presentes en el cementerio, a solo unos metros del presidente. Pero como Gary hablaba perfectamente en alemán —y yo mentía a la perfección— de alguna manera los convencimos y pasamos por este penúltimo puesto de control.

Ahora el cementerio estaba a la vista. Estábamos asombrados de haber llegado tan lejos y decidimos que necesitaríamos una acción audaz para franquear la puerta final que nos llevaría a la tierra prometida. De manera inesperada apareció una camioneta con material de televisión de CBS News. Los tipos que la conducían empezaron a cargar sus cajas metálicas. Me acerqué a ellos y les pregunté si necesitaban ayuda.

—Claro —dijo con brusquedad uno del equipo—. Coge un par de esas.

Y esta, queridos lectores, se convirtió en una de las pocas veces en mi vida en que parecer un transportista se convirtió en un plus. Cogí la caja, Gary entró justo detrás de mí, y antes de poder decir «*Deutschland über alles*», ya estábamos dentro del cementerio de Bitburg, con libertad para movernos por allí a nuestro antojo.

Los corresponsales en Bonn de *Newsweek* y Associated Press, a quienes habíamos conocido en la capital alemana (donde les confiamos cuáles eran nuestros verdaderos planes) nos localizaron y corrieron a felicitarnos.

—¿Cómo demonios lo habéis conseguido? —preguntó Ken Jones de AP, con una gran sonrisa en la cara.

—Me refiero —añadió Andrew Nagorski de *Newsweek*— a que los alemanes llevan dos meses hablando de cómo han preparado los sistemas de seguridad más sofisticados para este viaje, y luego llegáis vosotros y entráis como si tal cosa.

Esbozamos una sonrisa de culpabilidad, y ellos prometieron no delatarnos.

Una hora antes de que llegara Reagan, apareció el servicio secreto en dos furgonetas negras para reconocer el cementerio, lo cual significaba que iban a hacer una última inspección en busca de bombas y que volverían a revisar una vez más las credenciales de todos.

Nos sacaron del cementerio para que la policía pudiera inspeccionarlo. Todo ese trabajo, ¡y otra vez estábamos fuera! Nos pusieron en un campo al lado del cementerio y nos prometieron que podríamos volver a entrar en cuanto terminaran la inspección. Cuando el cementerio fue considerado seguro, prepararon unos arcos detectores estilo aeropuerto para hacernos pasar a todos por ellos. Transcurrieron diez o quince minutos y el servicio secreto no logró conseguir que la máquina detectora de metales funcionara. (Esto llevó a que uno de los policías alemanes comentara en inglés: «Estúpidos americanos, pueden poner a un hombre en la Luna, pero no consiguen que funcione algo tan sencillo como esto.»)

Los federales por fin renunciaron al artefacto, sacaron sus detectores de metales manuales y empezaron a revisar a todos los de la fila, uno por uno. También estaban haciendo cacheos manuales de cuerpo entero, que sin duda descubrirían la pancarta enorme que envolvía el torso de Gary. Parecía que la aventura iba a acabarse.

Estábamos más o menos en la posición veinte de la fila y las cosas avanzaban con mucha lentitud. Hasta que, cuando la persona de delante de Gary dio un paso adelante para que lo cachearan, el jefe del servicio se acercó y dijo:

—Nos estamos quedando sin tiempo. Saltaos los cacheos y solo usad los detectores.

Uf. Gary y yo pasamos sin complicación.

Pero todavía teníamos que volver al cementerio, y para volver a entrar tendríamos que demostrar otra vez que formábamos parte del grupo de la prensa. Maldición. No teníamos esas tarjetas de prensa azules de la Casa Blanca, y nos habíamos fijado en que no dejaban pasar a otros que tampoco las llevaban. Volvían a enviarlos al campo, desde donde no podía verse el cementerio. Eso no nos servía a Gary y a mí. Decidimos que en lugar de que nos enviaran al campo, nuestra mejor opción consistía en rodear el cementerio por la parte exterior para quedarnos justo en medio de toda la acción. Nos situamos al lado del sendero por el que tendría que pasar la limusina de Reagan para entrar por la puerta del cementerio. La ubicación era perfecta. Era imposible que Reagan no nos viera. Tampoco necesitábamos estar con el grupo, porque continuaban llevándolos por las narices hasta los lugares aprobados oficialmente. Ninguno de esos periodistas estaría a una distancia en que Reagan pudiera oír sus preguntas. Además, en ese lugar nos encontrábamos con el grupo de periodistas reales, los que no estaban bajo ninguna obligación de seguir la reglas.

Solo faltaban unos minutos para que llegara Reagan, de manera que nos situamos en el sendero y nos preparamos para sacar la pancarta. Estábamos en una zona repleta de policía alemana, prensa internacional y unas pocas familias que tenían la desgracia de vivir en el barrio.

Corrió la voz de que la caravana estaba en camino. Gary y yo —sobre todo yo— nos estábamos poniendo cada vez más nerviosos. De repente, me quedé paralizado. ¿Qué demonios estábamos haciendo? Sabía que en el momento en que metiéramos la mano dentro de las chaquetas para sacar algo, iban a abalanzarse sobre nosotros, o algo peor. Comprendí que era una locura. La cara de todos los policías alemanes mostraba que estaban por la labor. Y nosotros estábamos a punto de convertirnos en su labor, su labor sanguinaria.

Atenazado por el pánico, localicé al corresponsal de prensa de la ABC Pierre Salinger (antiguo secretario de prensa del presidente Kennedy) y al instante se me ocurrió que podría protegernos de que nos aporrearan. Fui a hablar con Salinger.

—Señor Salinger —dije con nerviosismo—, mi amigo y yo estamos aquí y no formamos parte de la prensa. Hemos venido a llevar a cabo una acción cuando llegue Reagan, una acción no violenta. Sus padres son supervivientes del Holocausto.

—¿Cómo habéis llegado aquí? —preguntó, asombrado.

—Teníamos algunas credenciales y somos de Flint —dije, pensando que sonaba absurdo.

—Está bien, no delataré vuestro secreto —prometió.

—¿Podría hacer algo más por nosotros? —pregunté—. Estamos asustados de que puedan hacernos daño. Cuando saquemos la pancarta, ¿puede asegurarse de que su cámara nos está enfocando para que vean que esta imagen va a salir en directo por televisión? Tengo la sensación de que lo último que quieren hoy los alemanes es una grabación en la que salgan golpeando a un judío en el cementerio de Bitburg.

Se rio de buena gana.

—No, eso no lo quieren —dijo, todavía riendo—. Me gusta esto. Me gusta. Vale, tienes mi palabra, tendremos la cámara aquí mismo para protegeros.

—Gracias —dije—, gracias.

Calle abajo empezaban a oírse los vítores de la multitud. La caravana estaba a la vista. Era el momento. Gary metió la mano muy despacio en la chaqueta. Estaba tratando de cronometrar sus acciones para tener el tiempo justo de sacar la pancarta y darme un extremo mientras él cogía el otro, y que eso ocurriera justo cuando Reagan se acercaba a nosotros. Si lo hacía demasiado pronto, la policía nos sacaría de allí antes de que la limusina franqueara la verja. Si lo hacía demasiado tarde, perderíamos la oportunidad. En el momento que creyó que era el preciso —este hombre de Flint que era más analítico y puntual que nadie que hubiera conocido— sacó la sábana, me pasó una punta a mí y enseguida la desplegó antes de que nadie se diera cuenta de lo que estaba ocurriendo. Con Reagan a solo unos metros de distancia, exhibimos la pancarta ante la limusina, a escasos centímetros de la ventana donde podíamos ver las expresiones de Ronald y Nancy Reagan. El presidente sonriente leyó la pancarta y enseguida apartó la cara en lo que podría describirse como confusión. Nancy no estaba tan perpleja y nos miró con expresión de asco.

La policía nos rodeó de inmediato, igual que el cámara de ABC News. La policía vio la cámara y tomó la decisión rápida de no apalearnos. Los habíamos humillado al poner en evidencia un fallo de seguridad, y Dios sabe que querían castigarnos en ese mismo momento. Pero estábamos en la Nueva Alemania y las cabezas frías prevalecían. Ahora que los Reagan habían pasado la verja y estaban bajando del coche, nos quedamos en nuestro lugar. Las autoridades nos pidieron que retirásemos la pancarta y, sin querer tentar la suerte, obedecimos.

La ceremonia de depositar coronas en las tumbas duró solo ocho minutos. Antes de darnos cuenta, pasaron los Reagan otra vez. Así que, desobedeciendo órdenes o no, sacamos la sábana y aprovechamos esa última oportunidad para que el presidente pensara en lo que acababa de hacer: «ELLOS MATARON A MI FAMILIA.»

Con la limusina de Reagan saliendo del cementerio hacia

los libros de historia, empezó la auténtica locura. Los vecinos, que habían sido vetados en la ceremonia presidencial abreviada, recibieron autorización para entrar en el cementerio de Bitburg y colocar sus propias coronas. Salieron rápidamente con un viejo alemán agresivo que gritaba de vez en cuando: «Fuera judíos.» (Fue rápidamente silenciado, porque, bueno, no quedaban en Bitburg judíos que pudieran irse a ninguna parte.) Quedó patente que se estaba refiriendo a Gary y a mí, ofendido porque habíamos desplegado nuestra pancarta. No tenía nada de que preocuparse. No teníamos ningún interés en quedarnos en Bitburg.

Ya sin controles policiales, un flujo constante de bitburgueses estaba embotando el camino de entrada al cementerio. Por centenares llegaron para dejar claro que iban a depositar coronas y flores en las tumbas de los nazis muertos.

El momento más destacado de esta ceremonia popular llegó cuando Gerard Murphy, representante de los Veteranos de Estados Unidos en Guerras en el Extranjero, y su homólogo alemán del grupo de veteranos nazis depositaron conjuntamente una corona en las tumbas de los SS y declararon el final de la Segunda Guerra Mundial, otra vez.

—Hemos de olvidarnos de la guerra y el Holocausto —dijo Murphy en su discurso en el cementerio—. No hace ningún bien recordar el pasado. La situación actual exige que nos unamos para luchar contra nuestro enemigo común, el comunismo.

La multitud vitoreó. Nos marchamos.

Al dirigirnos hacia la salida del pueblo, hicimos autoestop y nos paró una mujer alemana que se dirigía a Hannover, en la misma dirección que nuestro aeropuerto. Ella se detuvo en la gasolinera de Bitburg para llenar el depósito antes de salir a la carretera.

—¿Sabe? —dije—, esta gasolinera era la sinagoga antes de la guerra. Un hombre de la ciudad nos contó que la quemaron la Noche de los Cristales Rotos. —La noche de 1938 en que los nazis de toda Alemania destruyeron casas, comercios y templos judíos—. Alguna gente quería poner una placa allí.

La mujer dijo que no sabía nada de eso, y tuvimos un viaje en silencio hacia el norte, salvo en un momento en que ella quiso saber algo más sobre nuestro exterminio de los indios americanos. Oh, sí, claro, todo el mundo tiene su holocausto.

Cuando nos acercábamos a Hannover, Gary propuso que parásemos en el campo de concentración de Bergen-Belsen, donde sus padres fueron liberados en 1945. La señora dijo que no sabía dónde estaba ni qué era. Le dimos las gracias, bajamos en el pueblo y tomamos un taxi hasta allí.

Llegamos a Bergen-Belsen cuando el sol se estaba poniendo sobre los numerosos montículos cubiertos de hierba que eran fosas comunes. Colina tras colina escondían los cincuenta mil cadáveres que se apilaban debajo. Sin lápidas, sin estrellas de David, sin nombres de nadie. Solo tierra apilada y hierba que crecía encima. No había nadie más aparte de nosotros.

Gary dijo que quería estar solo un rato.

Yo fui a sentarme en un banco y escribí esta historia.

La bendición

Mi sacerdote tenía una confesión que hacerme.

—Tengo sangre de verdad en las manos, Michael —dijo el padre Zabelka en voz baja—. Quiero que lo sepas.

El padre George Zabelka y yo estábamos sentados en el porche de la oficina de mi periódico. Él era el antiguo pastor de la iglesia del Sagrado Corazón de Flint (la iglesia en la que después me casaría). El padre Zabelka se había retirado, pero todavía trabajaba en una amplia gama de proyectos en la zona de Flint, entre los que estaba ayudarnos como voluntario del *Flint Voice*.

Viviendo en el centro de Flint, había dejado de ir a misa unos seis años antes, y por eso el padre George era lo más cercano que tenía a un sacerdote, porque yo todavía creía mucho en los principios fundamentales de la fe: ama al prójimo, ama a tu enemigo, trata a los demás como te gustaría que te trataran a ti. Estaba de acuerdo en que uno tenía la responsabilidad personal de asistir a los pobres, los enfermos, los presos y los marginados. En cambio, no defendía muchas de las doctrinas de la Iglesia en lo referido a determinadas cuestiones, normalmente las que hacían daño a la gente (gais), convertían a otras personas en ciudadanos de segunda clase (mujeres) y usaban el fuego del infierno para asustar a los creyentes en relación al sexo.

Disfrutaba en mis reuniones semanales o mensuales con el padre Zabelka e incluso asistía a sus oficios religiosos en iglesias del condado de Genesee. Se convirtió en mi pastor de facto.

Pero ahora quería decirme algo. Entonces solo hacía unos meses que lo conocía, y por eso la frase de las manos manchadas de sangre fue un poco sorprendente, y me sentí incómodo al momento.

Sacó una vieja fotografía y la señaló. En el centro de la foto había un avión, y delante del avión, un grupo de aviadores. Y en medio de los aviadores había un capellán, un sacerdote.

—Ese soy yo —dijo, señalando a una versión mucho más joven de sí mismo—. Ese soy yo.

Me miró como si se supusiera que yo tenía que saber algo o decir algo. Yo lo miré, perplejo y tratando de comprender lo que se suponía que tenía que comprender. Entonces caí en la cuenta de que él, como mi padre, acarreaba todas las cicatrices de la guerra. Solo por haber estado allí, ese buen párroco debía sentir todavía que era partícipe de un montón de muerte y sufrimiento. Lo comprendí.

—Así que estuvo en la Segunda Guerra Mundial —dije con simpatía—. Mi padre también. ¡Tanta muerte y destrucción! Tuvo que ser terrible ser testigo de eso. ¿Dónde estuvo destinado?

Él continuó mirándome como si no lo entendiera.

—¿Qué pone en el avión? —preguntó.

Miré de cerca para ver lo que estaba escrito en el morro del avión.

Oh.

—*Enola Gay*.

—Exacto —dijo el padre Zabelka—. Yo era el capellán de la 509 en la isla de Tinian. Era su sacerdote.

Y a continuación añadió:

—El seis de agosto de mil novecientos cuarenta y cinco, bendije la bomba que iban a arrojar sobre Hiroshima.

Respiré hondo, mirando la foto, luego aparté la vista y por fin lo miré nuevamente a él. Sus ojos oscuros parecían más oscuros todavía.

—Yo era el capellán del *Enola Gay*. Dije misa para ellos el cinco de agosto de mil novecientos cuarenta y cinco, y a la mañana siguiente los bendije al partir en su misión para exterminar a doscientas mil personas. Con mi bendición. Con la bendición de Jesucristo y de la Iglesia. Yo hice eso.

No sabía qué decir.

Él continuó:

—Y tres días después, bendije a la tripulación y al avión que lanzó la bomba en Nagasaki. Nagasaki era una ciudad católica, la única ciudad de mayoría cristiana de Japón. El piloto del avión era católico. Acabamos con las vidas de cuarenta mil compañeros católicos, con setenta mil personas en total.

Casi se le saltaban las lágrimas cuando me contó semejante horror.

—Había tres órdenes de monjas en Japón, todas con sede en Nagasaki. Hasta la última de ellas se evaporó. Ni una sola monja de las tres órdenes sobrevivió. Y yo bendije eso.

No sabía qué decir. Estiré el brazo y le puse una mano en el hombro.

—George, usted no tiró la bomba. Usted no planeó la destrucción de esas ciudades. Estaba allí haciendo su trabajo, ocupándose de las necesidades espirituales de esos hombres jóvenes.

—No —insistió—, no es tan sencillo. Formé parte de ello. No dije nada. Quería que venciéramos. Yo formaba parte del esfuerzo bélico. Todo el mundo tenía una misión que cumplir. Mi misión era aprobarlo en el nombre de Cristo.

Explicó que lejos de sentir repulsión cuando oyó la noticia sobre Hiroshima al día siguiente, experimentó lo mismo que la mayoría de los estadounidenses: alivio. Eso podría poner fin a la guerra.

—No lo dejé —dijo con énfasis—. Seguí siendo capellán, incluso después de la guerra, en la Reserva y en la Guardia Nacional. Durante veintidós años. Cuando me retiré, era teniente coronel. Pocos capellanes alcanzan ese rango.

A continuación narró que, un mes después de las dos bombas, se unió a las fuerzas estadounidenses que entraron en Japón tras la rendición nipona. Terminó en Nagasaki y vio a los supervivientes y fue testigo del sufrimiento que pasaban. Encontró el cuartel general, en ruinas, de una de las órdenes de las monjas. En la catedral, encontró el incensario bajo los escombros, la parte superior estaba intacta. Participó en la ayuda humanitaria. Eso hizo que su conciencia se sintiera mejor.

—Pero ¿sabía la mañana del seis de agosto que el *Enola Gay* iba a tirar esa bomba? ¿Sabía siquiera lo que era esa bomba?

—No, no lo sabíamos —dijo Zabelka—. Lo único que sabíamos era que era «especial». Decíamos que estaba «trucada». Nadie tenía ni idea de que poseyera la capacidad de hacer lo que hizo. La tripulación recibió instrucciones especiales, sabían que no tenían que mirar y que tenían que salir de allí lo más deprisa posible.

—Entonces, si no lo sabía, no es responsable.

—¡No es cierto! —dijo con firmeza—. ¡No es cierto! Es responsabilidad de todo ser humano conocer sus acciones y las consecuencias de sus acciones y hacer preguntas y cuestionar las cosas que están mal.

—Pero, George, era la guerra. Nadie estaba autorizado a hacer preguntas.

—Y es exactamente esa clase de actitud la que continúa metiéndonos en más guerras: nadie pregunta nada, y menos en el ejército. Obediencia ciega, pero nosotros no dejamos que los alemanes se salvaran con esa excusa, ¿verdad?

—Pero, George, la diferencia es que nosotros éramos los buenos, fue a nosotros a los que atacaron.

—Todo eso es verdad. Y la historia la escriben los vencedores. Hay que tener en cuenta que los japoneses ya habían decidido rendirse. Queríamos lanzar esas bombas. Queríamos enviar un mensaje a los rusos.

Me miró directamente y continuó:

—Puedes decir que antes de Hiroshima yo no sabía nada sobre lo que haría esa bomba. Pero ¿qué pasó tres días después? Entonces lo sabía. Sabía lo que ocurriría en la siguiente ciudad, que resultó ser Nagasaki. Y aun así lo bendije... bendije la bomba. Bendije a la tripulación. Bendije la carnicería de setenta y tres mil personas. Que Dios se apiade de mí.

George me contó que entre mediados y finales de los sesenta tuvo su «momento de San Pablo» en el que «cayó de su caballo» y se dio cuenta de que los hombres en el poder no pretendían nada bueno y que siempre eran los pobres quienes sufrían. Decidió consagrar su vida al pacifismo total y se convirtió en portavoz crítico de la guerra de Vietnam en sus sermones del domingo. Se implicó en el movimiento por los derechos civiles de Flint. Era la definición misma de un sacerdote radical. Apoyó a Students for a Democratic Society, y cuando en 1969 los Weathermen celebraron reunión del consejo de guerra en Flint, de infausta memoria, abrió las puertas de su iglesia a los participantes (que desde luego no eran todos pacifistas) para que tuvieran un sitio para dormir. Se hizo famoso como el sacerdote que no retrocedía, que no renunciaba en cuestiones de guerra, raza y clase. Había oído hablar del padre Zabelka durante todos esos años. Simplemente no sabía por qué era como era. En ese momento lo supe. Y por mucho que trabajara por la paz, nunca podría dejar de ser el sacerdote que «bendijo la bomba».

—Tendré mucho de lo que responder cuando me encuentre con san Pedro en esas puertas —dijo—. Espero que sea misericordioso conmigo.

Estaba agradecido por el hecho de que me hubiera contado su historia y escribí sobre ello en mi periódico. Él continuó ayudando en el *Voice*, haciendo cualquier trabajo que hubiera que hacer, como llevar periódicos al norte de Flint.

Cuatro años después, el padre Zabelka decidió que era el momento de cumplir más penitencia, y difundir el evangelio de la paz. Empezó por recorrer América hasta Tierra Santa, un recorrido a pie desde Seattle a Nueva York, luego un viaje en avión sobre el océano (no había perfeccionado lo de caminar sobre las aguas) para después continuar caminando hasta Belén. Un total de doce mil kilómetros. Y lo hizo en solo dos años. En paradas a lo largo del camino contó la historia de su transformación de un capellán partidario de la guerra atómica en un pacifista radical.

Cuando regresó, paró en el *Voice* un día y dijo que quería verme.

—Michael, he estado pensando un tiempo y preguntándome por qué dejaste el seminario, por qué no te ordenaste sacerdote.

—Bueno —dije—, por varias razones. Solo tenía catorce años al entrar. A los quince, las hormonas empezaron a actuar. Además, no me importaba y no me importa la institución y su jerarquía. Y lo que la institución dice que defiende hoy tiene poco que ver con las enseñanzas de Jesucristo.

»Ah, y también me dijeron que no volviera.

Puede que Zabelka fuera un sacerdote radical, pero seguía siendo un sacerdote y todavía tenía mucha fe en la Iglesia católica.

—He estado leyendo algunos de tus comentarios sobre la Iglesia y el Papa en el *Voice*, y me preocupo por ti. Y por tu alma.

Me reí.

—George, no ha de preocuparse por mi alma. Me va bien.

—Pero parece que has dejado la Iglesia.

—Digamos que soy un católico en recuperación.

Que no se recuperó bien.

—¿Me harías el favor de rezar conmigo ahora?

—¿En serio?

—Sí. Solo quiero asegurarme de que estarás bien.

—Estaré bien. Y rezo cuando lo necesito.

—Solo reza un padrenuestro conmigo ahora.

Empezó:

—«Padre nuestro, que estás en los cielos, santificado sea tu nombre...»

—George, basta. Esto no es necesario.

—«Venga a nosotros tu reino, hágase tu voluntad así en la tierra como...»

—¡George! ¡Basta! Me está asustando.

—No digas eso sobre el padrenuestro, Michael —dijo, interrumpiendo la oración—. Creo que lo necesitas.

—No lo necesito. No lo quiero. Y no sé lo que le está pasando.

Se quedó en silencio. Me miró. No dijo nada. No sabía qué decir. El silencio era insoportable.

—Es importante que continúes —dijo, cuando finalmente habló—. Es importante que hagas lo que haces. Pero no puedes hacerlo sin la Iglesia. Necesitas a la Iglesia y la Iglesia te necesita a ti. Has de volver a misa. Has de buscar un lugar dentro de la Iglesia donde puedas encontrar la paz.

Me di cuenta de que estaba hablando de sí mismo. Me di cuenta de que todavía se culpaba por lo ocurrido en la isla de Tinian, comprendí que si no fuera por la Iglesia, por su fe, quién sabe qué habría sido de él. Por cada azote que se daba a sí mismo por Hiroshima y Nagasaki, tenía a la Iglesia católica a su lado para darle una oportunidad de redimirse. Seguía siendo sacerdote. Todavía podía hacer el bien con eso, y quizá pensaba que, si lo hacía lo bastante bien, sería perdonado el día del Juicio. Miré a ese hombre mayor y comprendí que todavía llevaba demonios consigo. No me ofendía que pensara que necesitaba alguna clase de «salvación». Era algo fácil por lo que perdonarlo.

Hablé:

—«El pan nuestro de cada día dánoslo hoy y perdónanos nuestras deudas así como nosotros perdonamos a nuestros deudores, y no nos dejes caer en la tentación mas líbranos del mal, amén.»

Sonrió.

—Eso es. ¿No era tan difícil, no?

—No, padre George —dije con amabilidad—, no.

—¡Bien! Ahora, ¿qué quieres que haga para el periódico de la semana que viene?

Abu Nidal

Abu Nidal tenía un regalo de Navidad para mí. Iba a matarme.

No es que quisiera matarme a mí específicamente. Era más bien como un sorteo. O quizá solo estaba planeando una versión desquiciada del amigo invisible.

Pero él y yo, para bien o para mal, teníamos una cita no planeada una mañana de la semana de Navidad de 1985, en el Aeropuerto Internacional de Viena.

Y yo viví para contártelo.

Abu Nidal era el terrorista más temido del mundo a mediados de los ochenta, el Osama bin Laden de su época. Hasta Yasir Arafat y la OLP lo temían. Después de romper con Arafat una década antes, Abu Nidal formó el Consejo Revolucionario Fatá o, como el prefería llamarlo, la «Organización Abu Nidal». Abu Nidal creía que Arafat era demasiado blando con Israel. Él se oponía a cualquier concesión y creía que destruir objetivos militares era una pérdida de tiempo; pensaba que todos los esfuerzos debían dirigirse contra los civiles. Solo quería matar judíos, y a todos los palestinos que quisieran sentarse a negociar con los judíos. Él era así.

Lo que llevó a Abu Nidal a este camino profesional parecía evidente en su infancia. Su verdadero nombre era Sabri al-Banna y su padre, Jalil al-Banna, era uno de los hombres más ricos de Palestina, propietario de miles de hectáreas de frutales y exportador de fruta a Europa. Se decía que el 10% de los cítricos que llegaban de Palestina a Europa procedían de los árboles de al-Banna.

La partición británica (¡qué término tan educado!) de Palestina y la consecuente creación del estado de Israel —y las varias guerras que siguieron— dejaron a los al-Banna casi arruinados. Como Sabri era el duodécimo hijo de una de las muchas mujeres de Jalil, no le tocó mucho. De hecho, cuando su padre murió, su madre fue expulsada de la familia, y Sabri quedó relegado a un ostracismo que prácticamente lo obligó a valerse por sí mismo. Esto condujo a una serie de situaciones abusivas que lo convirtieron en un chico muy enojado que quería que le devolvieran uno o dos frutales.

Eligió el nombre de Abu Nidal («padre de la lucha») y se impacientó con la OLP. Uno de sus primeros trabajos cuando formó su propio grupo escindido fue empezar a cargarse dirigentes de la OLP. Los odiaba más de lo que odiaba a los israelíes, pero también le quedó tiempo para matar israelíes. En un período de veinte años, coordinó acciones terroristas en más de veinte países en las que murieron al menos novecientas personas. Era bueno en lo que hacía.

En octubre de 1985, solo dos meses antes de que mi camino se cruzara con el de Abu Nidal, su grupo escindido rival, el Frente para la Liberación de Palestina, dirigido por el igualmente temido Abu Abbas, secuestró el crucero *Achille Lauro* en la costa de Egipto y mató a un anciano estadounidense llamado Leon Klinghoffer. Le pegaron un tiro en la cabeza cuando estaba sentado en su silla de ruedas y luego empujaron a Leon y su silla al Mediterráneo.

Esta acción anonadó al mundo, y es justo decir que palestinos, musulmanes y árabes empezaban a presentar un problema de relaciones públicas.

Yo vivía en la parte de Estados Unidos (el sureste de Michigan) que tenía (y aún tiene) más araboamericanos y gente de procedencia árabe per cápita que ninguna otra parte del mundo no árabe. Yo crecí con palestinos, libaneses, sirios, iraquíes, egipcios. Pero en su mayoría palestinos. Los llamábamos árabes, pero pensábamos en ellos como blancos, de la misma forma que pensabas en los hispanos como blancos (claro, eran morenos, pero también eran católicos, así que tenían medio punto).

Los árabes de Flint poseían tiendas de comestibles, el cine, los grandes almacenes, la agencia inmobiliaria y un montón de gasolineras. Decir que a la gente de Flint les gustaban los árabes era como decir que se gustaban ellos mismos. Era más fácil que un hombre nacido en Palestina asistiera al parto de tu madre en el hospital a que te hiciera estallar en un avión. ¡Mucho más! Simplemente, no teníamos esa visión de ellos como «terroristas» y cuando «árabe» o «palestino» se convirtió en un insulto, no fue así para la mayoría de nosotros. Pregunta a cualquiera de Flint que hiciera la compra en Hamady, adquiriera la ropa escolar en Yankee's, cenara en el American o bailara en Mighty Mighty Mikatam, y no sabrá de qué estás hablando cuando le señales que en la otra punta del mundo, los israelíes invadieron o arrebataron las tierras de los propietarios de estos establecimientos.

Este no era un sentimiento generalizado en el resto del país. «Árabe» se había convertido en sinónimo de «malvado», y entre la OPEP que subía el precio del petróleo y provocaba «escasez de combustible», las dos recientes guerras con Israel y el asesinato de atletas israelíes en los Juegos Olímpicos de Múnich, los estadounidenses ya habían tenido suficiente para convencerse de que la última persona que querías ver en el barrio o en el avión a Fargo era un tipo árabe.

Una fundación araboamericana decidió que ellos también habían visto bastante y abrió una oficina de información y educación en Washington. Trataron de publicar comunicados de prensa para contrarrestar las historias de terrorismo que aparecían en los medios con noticias sobre lo que estaban haciendo los árabes americanos para engrandecer Estados Unidos. Mandaron portavoces a hablar con estudiantes en los campus. Patrocinaron becas de periodismo para llevar a grupos de escritores y periodistas al mundo árabe y enseñarles de primera mano cómo vivían y se comportaban la mayoría de los árabes.

En el verano de 1985, solicité una de esa becas. Las cuestiones relacionadas con los árabes eran una preocupación para los lectores de mi periódico —el *Flint Voice*, que entonces ya era el *Michigan Voice*—, muchos de los cuales eran araboamericanos de Flint y Detroit. Yo nunca había estado en esa parte del mundo, y la fundación prometía acceso pleno a lo que quisiéramos ver en los países que visitaríamos, incluidas entrevistas con líderes de estos países. En noviembre, supe que había sido seleccionado para una de las becas y que el viaje comenzaría el día después de Navidad.

Volé de Flint al aeropuerto JFK de Nueva York el 26 de diciembre por la tarde para conectar con el vuelo de Royal Jordanian Airlines que llevaría a nuestro grupo a Oriente Próximo. Nos dijeron a todos que nos reuniríamos en el *check-in* y me presentaron a la gente de Washington que organizaba la visita de dos semanas, así como al resto de periodistas del grupo: alrededor de una docena de tipos que procedían de casi todos los rincones del universo de los semanarios alternativos y periódicos de izquierda. No había ninguno de los medios principales y ninguno de los medios presentes llegaba a más de unos miles de personas. Supongo que el lavado de imagen de los árabes tenía que empezar en alguna parte.

Nos metimos en el vuelo de toda la noche de Royal Jordanian de Nueva York a Ammán, Jordania. Estaba previsto hacer escala en Viena, donde cambiaríamos a otro avión de Royal Jordanian que nos conduciría a Ammán.

Dormí durante la mayor parte de la travesía del Atlántico en el Jumbo, ocupado en su mayor parte por pasajeros árabes. Estudié y leí artículos que había copiado sobre los países que visitaríamos: Jordania, Kuwait, los Emiratos Árabes Unidos y Arabia Saudí (después eliminada del itinerario). También visitaríamos los territorios ocupados por Israel en Cisjordania y la Franja de Gaza.

Al llegar a la costa de Europa, el sol estaba alto, y en cuestión de una hora o dos empezamos a descender hacia Viena. El piloto nos informó de que llegábamos con un retraso de veinte minutos.

Aterrizamos sin ningún percance y empezamos a rodar hacia la puerta. Al acercarnos, vi un *jet* de El Al aparcado junto a nuestra puerta. Me desabroché el cinturón y estaba empezando a recoger mis pertenencias para desembarcar cuando de repente el piloto frenó de golpe. La inercia hizo que me golpeara la cabeza con el asiento de delante.

Estábamos a no más de diez o quince metros de la puerta. Miré por la ventanilla y en cuestión de segundos había vehículos militares rodeando nuestro avión y el avión de El Al. Había unos cuantos *jeeps* con soldados y policía antidisturbios y un vehículo más grande que no reconocí, pero sí vi que tenía un cañón enorme encima. No era la familia Von Trapp dándonos la bienvenida a Austria. Al principio, simplemente me pareció raro, luego hollywoodesco y después inquietantemente espantoso.

—Señores pasajeros —dijo una voz a través del intercomunicador—. Vamos a estar aquí un rato, así que siéntense y les mantendremos informados.

Eso es lo que no hicieron. Hubo silencio desde la cabina. Una hora de silencio. Nadie dijo nada, aunque la idea colectiva en ese avión de Royal Jordanian era desconcertante y estaba cargada de imaginación:

- ¿Nos habían secuestrado? ¿Había secuestradores en la cabina?
- ¿Había una bomba a bordo?
- ¿Habían identificado a terroristas entre los pasajeros del avión?
- ¿Habían secuestrado al avión de El Al? ¿Había una bomba a bordo del avión israelí?
- ¿Había un incidente dentro del aeropuerto, quizás en la puerta de El Al, al lado de la nuestra?
- ¿Era un simulacro? ¿Y por qué éramos nosotros los conejillos de Indias?

No comprendía por qué no nos decían nada, y los pasajeros del avión estaban empezando a sentirse igual. Elegí un método sencillo de descubrir la verdad. Me levanté del asiento, caminé hasta la cabina y llamé a la puerta. Una azafata me pidió que me sentara. Se abrió la puerta de la cabina. Era el copiloto.

—Lamento molestarle —dije con educación—, pero la gente se está asustando con toda esta actividad y nadie sabe lo que está pasando.

—Estamos a punto de anunciarlo. Dentro ha habido disparos y han lanzado granadas y parece que hay varios muertos. Nos están reteniendo aquí. Es lo único que sabemos. Y necesito que vuelva a su asiento.

Estaba sin habla. Desde luego no era la respuesta que estaba esperando. Probablemente esperaba que la rampa móvil o la manga no funcionaran bien. Por supuesto, eso no explicaría la presencia del ejército austríaco.

—¿Por qué no han dicho nada? —pregunté.

—Como he dicho, estamos a punto de hacerlo. Por favor, siéntese.

Sentí una náusea al caminar por el pasillo. Uno de los pasajeros que viajaba conmigo me preguntó si estaba bien.

—No —contesté—, no estamos bien.

En ese momento el piloto habló por el intercomunicador.

—Me temo que tenemos malas noticias, y quiero que todo el mundo permanezca tranquilo, porque estamos todos bien —empezó—. Se ha producido un incidente en la terminal que ha causado que cierren el aeropuerto. Al parecer ha habido un atentado terrorista dirigido contra los pasajeros del avión de El Al que está a nuestro lado. El atentado ha terminado y no estamos en peligro. Solo les pedimos que permanezcan en sus asientos y les proporcionaremos toda la información que recibamos. Gracias.

Así que estás sentado en un avión lleno de árabes y musulmanes y recibes un anuncio cordial como ese. Y no estás sentado en un avión cualquiera, estás sentado en el avión de Jordanian, al lado del objetivo, el avión israelí. ¿Cuál es el ambiente en el avión? ¿Todos continúan hojeando la revista de a bordo, *Better Homes and Jordan*? ¿Las azafatas se disculpan por el inconveniente y anuncian que los auriculares para la película serán gratis? ¿Zumo de manzana y cacahuetes con miel cortesía de la casa? ¿Chalecos antibalas para los pasajeros de primera clase y los demás a colocarnos en posición fetal?

No. El avión se convirtió en una zona de pánico. No bulliciosa, sino atemorizada y silenciosa, donde los pasajeros se acostumbran a una sensación cercana al ahogo. Saben que son todos, todos, sospechosos al instante. Los que no somos árabes evitamos el contacto visual y nos quedamos sentados en nuestros asientos. Estar en un avión lleno de árabes en una aerolínea árabe te ayudaba a recordar que estas cosas normalmente acaban mal, y normalmente terminan allí mismo, en la pista del aeropuerto, justo donde estábamos sentados. Los atletas de Múnich y sus captores murieron en la pista. Igual que un soldado estadounidense en un avión secuestrado, brutalmente apaleado hasta la muerte y arrojado por la ventanilla del avión al asfalto. ¿Asalto en Entebbe? Los israelíes entraron disparando con metralletas en el aeropuerto de Uganda. Y terminaron con el problema del avión de Air France. Allí mismo.

Pasa otra hora, y hay una llamada a la puerta de la cabina principal. Las autoridades del aeropuerto han acercado una escalerilla metálica a la cabina del avión. La puerta delantera se abre y entran hombres uniformados portando armas. No son del servicio de catering.

—Damas y caballeros, atención. Las autoridades austríacas han subido al avión y quieren ver el pasaporte de todos ustedes. Les agradeceremos que sean tan amables de cooperar con ellos. No será mucho tiempo.

Debido al color de mi piel y a que no llevaba ningún pañuelo palestino, estaba bastante a salvo, y probablemente no era la persona a la que ellos estaban buscando. Pero «¿a quién están buscando? Pensaba que el atentado había "terminado". ¡Están buscando a alguien en este avión!».

Nada de lo que ocurría tenía buen aspecto, y no importaba que yo no fuera árabe. Miré a nuestro grupo de líderes con una mirada acusatoria. Gracias por llevarme en este viaje para mejorar la imagen de los árabes. Estamos empezando bien. ¡Me muero de ganas de ver la siguiente parada del viaje! Un pintoresco paseo a una parada de autobús repleta de Jerusalén Oeste en hora punta y un «Eh, ¿alguien se ha dejado una bolsa aquí?». ¡Bum!

Vivía en Flint. Vivía cerca de Detroit. En 1985, las tasas de homicidios en ambas ciudades competían entre sí para liderar la nación. No es que no estuviera acostumbrado al peligro o a actos aleatorios de «te veo en el otro mundo». Pero no se trataba de eso. Me había encontrado en medio de un incidente terrorista donde me decían que había gente muerta dentro del edificio.

No nos dicen toda la verdad: que un total de cuarenta y dos personas han resultado heridas de bala o a consecuencia de la metralla de granadas. Peor todavía, no nos han dicho que en el mismo momento en que en Viena se producía el atentado a unos pasos de nosotros, otro grupo de la misma organización terrorista abría fuego en el Aeropuerto Internacional de Roma. Dieciséis personas yacían muertas allí, junto con otros noventa y nueve a los que habían disparado o herido.

Como los atentados estaban sincronizados para producirse de manera simultánea, la policía creía que las acciones de la mañana no habían terminado y que posiblemente habría más. ¿Había terroristas en nuestro avión de Jordanian Airlines que habían planeado bajar cuando teníamos que cambiar de avión para unirse al atentado, quizás ahí mismo en la puerta de al lado del avión de El Al? Pero no pudieron porque llegaron veinte minutos tarde. Si hubiéramos llegado a tiempo, habríamos estado justo en el interior de la terminal donde se produjo la masacre. Nunca había estado más feliz de que mi vuelo se retrasara (y desde entonces nunca me he quejado por el retraso de un vuelo).

La policía no quería correr riesgos. Querían ver quién iba a bordo de nuestro avión. Estaban preparados para entrar en acción.

El proceso «pasaporte, por favor» transcurrió sin incidentes. Todos mostraron la mejor conducta, y había tanto silencio que ni siquiera los bebés se atrevían a llorar o balbucir nada. Después de cuarenta y cinco minutos sin ninguna eventualidad, las autoridades bajaron del avión. Luego volvimos a la espera y al agujero negro de la ausencia de información.

En un momento, quizás a las cuatro horas del inicio de esa terrible experiencia, el piloto volvió al intercomunicador.

—Bueno —dijo con un suspiro—, esto es lo que vamos a hacer. Los austríacos no quieren que nadie baje de este avión y entre en Austria. La mayoría de los que viajan en este vuelo iban a cambiar a otro avión para ir a Ammán, de manera que simplemente vamos a repostar combustible y llevarlos a todos a Ammán. A aquellos de ustedes que tenían que conectar con otro vuelo en Oriente Próximo los conectaremos vía Ammán. Si alguien es ciudadano austríaco, puede levantarse ahora y le dejaremos bajar del avión. El resto de ustedes, siéntense y prepárense para partir de Viena dentro de veinte minutos.

Ahí estábamos, a unos metros de la puerta de embarque, pero los austríacos no iban a correr riesgos. Mejor sacarlos a todos de aquí lo antes posible y dejarlos en su propio desierto patético. Aparecieron los camiones de combustible, conectaron sus mangueras de petróleo árabe y llenaron el depósito para volar a Jordania.

Al cabo de veinte minutos, como se había prometido, los vehículos del ejército se apartaron y nos permitieron salir marcha atrás hasta la pista de despegue. Menos de tres horas después estábamos en Ammán. Los organizadores del grupo hicieron lo posible por poner todo el día en contexto, pero no había nadie entre nosotros que necesitara un discursito sobre la cabezonería de medir a todos los árabes con el mismo rasero. Estábamos bien, estábamos a salvo, y todavía no conocíamos la historia completa de lo que había ocurrido. Nuestro chófer nos llevó a Ammán y la vista era hermosa llegando de las colinas que dominan la ciudad. Pensé que quizá Roma habría tenido ese aspecto antes de modernizarse. Estaba oscuro cuando llegamos al hotel y nos registramos. Fui a mi habitación, me tumbé en la cama y encendí la televisión. Estábamos en el mejor hotel de Ammán (¡querían causar una buena impresión!), así que tenían el canal conocido como Cable News Network. Tumbado en la cama, observé horrorizado. Me enteré por primera vez de todo lo que no nos habían dicho sobre los sucesos del día en Roma y Viena, con imágenes en color y comentarios coloridos. Cuarenta y dos heridos esparcidos en el suelo de la terminal de Viena, 115 en Roma. Obra de Abu Nidal. Abu Nidal había elegido este día, ese momento, para un asesinato masivo. Yo simplemente tenía que ser un extra en su película de terror, representada en el escenario del mundo del que se había apropiado. No me conocía a mí ni a nadie que fuera en ese avión o estuviera en esa terminal. Solo éramos algunas de las docenas de personas sin rostro a las que dispararían con metralleta o lanzarían una granada o ambas cosas, para luego, si esa era nuestra suerte, morir desangrados delante del *free-shop*. Por supuesto, teníamos rostro, nombre y tierra, porque si no tienes tierra no hay *free-shops* en los campos de refugiados, ni Jamba Juice en el puesto de al lado hechos con naranjas que fueron tuyas. Te dejaron vivir una vida donde te desangrarías hasta la muerte (aunque de una manera mucho más lenta), lo mismo que tú querías que me pasara a mí, porque los israelíes y el mundo entero te han declarado un fracasado, un ser insignificante, una molestia que debería desaparecer. Yo odiaba todo ello y odiaba este mundo en el que no había pedido vivir. Todos son castigados.

El periodista contó la historia de lo que ocurrió en Viena y Roma con un inicio, un nudo y un final; y aunque yo había estado presente, era como si no hubiera estado allí. Alguien que no había estado allí, ese periodista de Atlanta, Georgia, sabía más que yo. Y en ese momento me convertí en parte del selecto grupo de personas de finales del siglo XX que han estado presentes en un acto de terrorismo. Me senté en la cama y me sentí como se sintieron la mayoría de los presentes en el montículo de hierba de Dallas en ese día de dos décadas antes. Sabías que algo malo había ocurrido, pensabas que habías visto algo terrorífico, pero no podía ser, simplemente no podía ser. Y todo terminaba tan deprisa que tu cerebro no podía eliminar tan pronto las imágenes de las córneas y procesarlas en una explicación razonable de lo que acababa de ocurrir. No había un narrador en la plaza Dealey ni en el aeropuerto de Viena, no había nadie que fuera tu cronista, tu guía; una voz pausada capaz de dar sentido a todo para que tú pudieras entenderlo. Y para aliviarte. Pero no hay alivio posible. Porque tú no lo has visto en una pantalla de veinticinco pulgadas en un bar de Boulder, estabas allí. Y no eras tu propio narrador porque para ti no era una noticia, era un maldito momento real de «¿Voy a sobrevivir?» y «Qué coño está pasando aquí». La televisión me lo explicó todo. Antes en el avión había mantenido relativamente la calma, confundido, sí, preocupado, sin duda alguna. Pero había mantenido la calma, como el resto de los pasajeros. Sabíamos que había muerto gente, pero también teníamos que ir al lavabo.

Ahora, por primera vez ese día, con la mirada clavada en la CNN, empecé a temblar y luego a llorar. Mucho. La historia en la televisión era más real que la realidad de la que tan cerca había estado. Pensé en esos veinte minutos de retraso del avión. Cogí el teléfono y llamé a mi mujer en Estados Unidos. Ella había estado llamando a todas partes, tratando de localizarme. Me quedé en silencio. Y entonces empecé a llorar otra vez.

Nazi sexy y bronceada

Sí, era sexy. Sí, estaba bronceada. Tenía una larga melena rubia y una sonrisa dulce. ¿Qué estaba haciendo ahí?

Me acerqué a hacerle esa misma pregunta, pero en ese momento apareció su novio nazi (no, no quiero decir que su novio actuara como un nazi, quiero decir que era un nazi auténtico en uniforme negro de las Stoßtruppen). La cogió del brazo, la acompañó a su furgoneta Ford Econoline, abrió la puerta corredera y la metió en la parte de atrás para que pudieran, supongo, hacer tiernamente el amor al estilo nazi en una tarde soleada de abril.

Unas semanas antes había recibido una llamada de James Ridgeway, el columnista político del *Village Voice* de Nueva York. Quería hacer un documental sobre el auge de la extrema derecha en el Medio Oeste tras la recesión de Reagan. La economía estaba fatal en cualquier lugar dedicado a la industria, y Flint, Michigan, recibió especialmente el impacto. Los distintos movimientos de extrema derecha vieron en estos trabajadores desempleados de la industria del automóvil potenciales reclutas para su movimiento de supremacía aria. Tenían una respuesta sencilla de por qué Flint estaba empezando a desmoronarse: «Es culpa de los negros y los judíos.» Eso no funcionó bien con la mayoría de la gente, pero llevó a suficientes de aquellos que ya no aguantaban más a considerar las enseñanzas y prédicas de estos hombres.

Robert Miles era el antiguo jefe del Ku Klux Klan de Michigan. Había nacido en Washington Heights, Manhattan, y viéndolo nunca sospecharías que era uno de los más notorios grandes magos del Klan. Hablaba con voz pausada, era inteligente, culto y tenía ese acento neoyorquino que desarmaba y que le hacía sonar más como un sacerdote en una película de Bing Crosby que como un racista declarado que pasó siete años en prisión por quemar diez autobuses escolares en Pontiac, Michigan: su particular contribución para intentar detener el plan de integración racial del distrito.

Miles creía en la violencia y en la separación de las razas. Quería que el Gobierno de Estados Unidos declarara una zona exclusivamente blanca donde los blancos pudieran vivir en paz: Montana, Idaho, Wyoming, Oregón y el estado de Washington. Cedería a los hispanos Arizona y Nuevo México, y los negros podían quedarse los estados del sur profundo.

Para que su revolución tuviera éxito, necesitaba unir los grupos dispares que formaban el movimiento de supremacía blanca y conseguir que accedieran a trabajar juntos. Así que hizo un llamamiento a una convención de racistas que iba a celebrarse un fin de semana de abril, en la primavera de 1986, en su granja del sur de Flint. Todos los que fueran retorcidos y blancos, sin tener en cuenta sus diferencias, estaban invitados: los diversos grupos del Klan, Naciones Arias, Nazis Americanos, Identidad Cristiana, los cónclaves de poder blanco... cualquiera que fuera racista y loco, iba a estar allí.

Ridgeway me había llamado para ver si podía convencer al Gran Dragón Miles de que permitiera que él y su equipo asistieran a la reunión para filmarla. Estaba seguro de que la respuesta sería que no, pero quería que intentara convencerlo.

Yo presentaba un programa de radio en la emisora de rock de Flint llamado *Radio Free Flint*. Había tenido al señor Miles en mi programa un par de veces. Yo era exactamente la clase de alimaña que él y su gente querían borrar de la faz de la tierra, pero no pudo ser más amable o más educado cuando visitó la emisora.

Así que pensé que podría convencerlo. Sabía que cuando la mente de alguien ha dado un giro psicótico es difícil revertirlo. En su caso, la prisión claramente no cumplió con su función. Tenía sus creencias grabadas a fuego: veía a los blancos como el pueblo elegido, y todos los demás estaban aquí para servirnos. No es una mala configuración si tú eres el tipo blanco, ¿eh?

Llamé a Bob y le pregunté si podía ir a su granja para pedirle un favor. Él estuvo encantado de tener noticias mías y me invitó a comer un viernes por la tarde. Su mujer, una mujer sociable y de buen corazón, preparó un estofado irlandés, galletas caseras y un poco de té helado. Bob se sentó y me habló de sus primeros años en Nueva York. De adolescente se unió a un grupo juvenil cuya principal actividad consistía en salir los fines de semana a Union Square y apalear a socialistas y comunistas. Estudió en la George Washington High School, donde Henry Kissinger iba un curso por encima del suyo.

Después del ataque a Pearl Harbor, Miles se alistó en la Marina y combatió durante toda la guerra. Cuando se licenció, él y su mujer se trasladaron a Michigan, donde se convirtió en vendedor de seguros. Finalmente ascendería hasta ser director de la Asociación de Ejecutivos de Seguros de Michigan. En aquellos días, los vendedores de seguros iban puerta por puerta para convencer a la gente de que necesitaban un seguro y una póliza de vivienda. Era un trabajo difícil, porque esta nueva categoría demográfica llamada «clase media» desconocía el concepto de dar a alguien el dinero que tanto le había costado ganar a cambio de algo que podría no usar nunca. Para tener éxito en el negocio de los seguros hacía falta labia, pero también poseer la voz de la razón, y del miedo. Tenías que hacer que una familia temiera todas las posibles contingencias: y si mi casa se quema, y si mi hijo se enferma y si muero antes de tiempo y dejo a mi familia sin un centavo. No pasó mucho tiempo hasta que todos tuvieron a alguien al que se referían como su propio «corredor de seguros».

Bob Miles tuvo que ser muy bueno en eso, y una vez que cruzó al lado oscuro del Klan, se convirtió en el perfecto reclutador para Naciones Arias: tu amable corredor de seguros vendiéndote una sencilla póliza para protegerte de la locura de los no blancos que venían a quemarte la casa, robarte a tus hijas y acabar con tu vida. Su tono era cordial y sonaba razonable. Tenía un talento que el palurdo medio no poseía y lo utilizó para hacer del Klan de Michigan uno de los grupos racistas más poderosos del país.

Pero esa tarde de viernes, mientras se preparaba otro té, Miles dijo que estaba más que contento de dejar que mis amigos de Hollywood vinieran a su granja y lo filmaran a él y su reunión.

—Sé que no crees en lo que estamos haciendo —dijo, al limpiar el fondo del plato del estofado con su pan blanco—, pero pienso que si llegas a conocernos te darás cuenta de que no tenemos cuernos ni cola. Lo único que pedimos es que muestres honestamente lo que veas aquí y dejes que la gente del cine decida por sí misma.

Le dije que James Ridgeway traería a dos ayudantes de dirección: una mujer, Anne Bohlen, que había recibido una nominación al Oscar por un cortometraje sobre la gran huelga ocupación de Flint, y Kevin Rafferty, que había rodado diversos documentales. Le expliqué que ellos no editorializaban en sus películas, que no usaban un narrador, que preferían situarse fuera de la escena y dejar que las cámaras funcionaran. Le gustó todo eso y dio su bendición para que su reunión de grupos de odio apareciera en una película.

Ridgeway, Bohlen y Rafferty llegaron en avión el día antes de la convención para poder reunirse conmigo y trazar un plan. Fue la primera vez que estuve con un equipo de filmación o algo parecido. Era todo oídos.

—Vale —dijo Kevin Rafferty, que era claramente el líder del grupo—. Mike, confían en ti, así que quédate con nosotros. No hay necesidad de decir nada; nosotros dirigiremos las preguntas. Jim ha hecho toda la investigación. Quédate cerca por si te necesitamos.

—Claro —dije, animado de formar parte de un equipo de filmación, significara lo que significase—. Lo que te haga falta.

—Yo estaré en la cámara principal, Robert será el segundo cámara [Robert Stone, el aclamado director del documental *Radio Bikini*] y Anne [Bohlen] se ocupará del sonido con Charlie y Mo [dos estudiantes de cine]. Somos un equipo bastante grande, así que hemos de tratar de mezclarnos y no entrometernos en su camino.

«Mezclarse» no era posible. Cuando llegamos a la granja de Miles, vino a saludarnos un grupo compacto de ciudadanos de Estados Unidos, todos vestidos con uniformes nazis, original ropa de deporte estampada con diversas versiones de la esvástica, ropa del KKK, chapas e insignias de Naciones Arias, fajines que proclamaban el poder blanco y la superioridad cristiana y un nutrido grupo de chicos y chicas con aspecto de no seguir las guías de precaución del Instituto Nacional de la Salud en relación con los riesgos de la consanguineidad.

Sin embargo, pese a que nos miraban con la debida sospecha, casi todos deseaban que los filmaran. Salvo los dos cogurús de Miles: Robert Butler, el líder de Naciones Arias de Hayden Lake, Idaho, y William Pierce, jefe de Alianza Nacional (los herederos del Partido Nazi Americano) y autor de *The Turner Diaries*, una novela sobre una América derrocada por los judíos, lo cual conduce a una guerra racial en la que todos los judíos y no blancos son exterminados.*

Pierce y Butler eran claramente lo bastante listos para saber que no preparábamos nada bueno, y no compartían la actitud de Bob Miles de que no tenían nada que ocultar. Miles era tratado como el estadista veterano del evento y, como es-

---

* Menos de una década después, este libro se convertiría en inspiración para un joven y su furgoneta Ryder llena de fertilizante en Oklahoma City.

taban en su granja, todos los demás acataban sus decisiones, aunque lo hicieran de forma un tanto reticente. Nos permitieron quedarnos.

Empezamos a pasar tiempo con algunos de los asistentes. No eran tímidos con nosotros.

—¿Quiénes sois? —preguntó un tipo enfadado, acercándose mucho a nosotros—. ¿De dónde sois? ¿Trabajáis para los federales?

—Somos de Nueva York —respondió Anne haciendo todo lo posible por ocultar su nerviosismo.

—Lo suponía, panda de judíos —gruñó—. Soy un antisemita violento. Los odio a todos —dijo al tiempo que empezaba a alejarse.

—Ninguno de nosotros es judío —dijo Kevin, tratando de tranquilizar al hombre para que continuara hablando.

Yo le seguí la cuerda.

—Yo no soy de Nueva York. Soy de aquí mismo.

Como yo no era muy conocido entonces, y la verdad es que me parecía a muchos de ellos, el hombre se volvió, me miró de pies a cabeza y continuó, hablando solo conmigo.

—No pareces un traidor racial. Eres blanco y este es tu país. Nos lo han arrebatado un puñado de traidores de la raza. No descansaré hasta que los echemos a todos.

Yo puse cara seria de traidor de la raza. Éramos seis contra doscientos. Teníamos cámaras; ellos tenían armas. Montones de armas, supuse. Era como si nosotros fuéramos los patitos en una galería de tiro, pero en lugar de subir y bajar a cien metros de distancia, allí estábamos caminando entre la gente más vil, aborrecible y peligrosa que se puede encontrar en Estados Unidos. Pensé: «Es realmente estúpido estar en esta granja en medio de ninguna parte.»

Yo no era el único que lo pensaba. Kevin y Jim propusieron que volviéramos a la furgoneta y nos reagrupásemos. Cuando estuvimos donde los supremacistas no podían oírnos, Jim expresó el sentimiento colectivo del grupo.

—No quiero salir en pantalla —le dijo a Kevin—. Creo que

ninguno de nosotros debería aparecer en cámara. Es demasiado peligroso.

—Lo último que quiero —añadió Anne— es que sepan quién soy o dónde vivo si se estrena esta película.

—Creo que es inteligente —dijo Kevin, coincidiendo con la sensatez que acababa de expresarse. Entonces se volvió hacia el menos cuerdo del grupo—. ¿Y tú, Mike? ¿Cómo lo llevas? Me gusta cómo has interactuado con ese tipo. ¿Te sientes con ánimo de seguir así?

Kevin, el director, estaba haciendo un cásting, y me estaba eligiendo a mí como chivo expiatorio. No tenía ni idea de por qué tendría que preocuparme porque esa gente me odiara una vez que me viera en una película burlándome de ellos.

—Claro. Haré lo que necesites. No me importa entrevistar a estos tipos.

—¿Te importa salir en cámara? —preguntó Kevin, para cerciorarse.

—Bueno, no soporto ver una imagen mía, eso desde luego —respondí con sinceridad—, pero saldré en cámara y mezclado con ellos si es lo que quieres. No me dan miedo estos... lo que sean. Vivo rodeado de ellos. Hay un montón de gente blanca cabreada.

Les conté la anécdota de cuando el Klan quemó una cruz en el patio de mis abuelos porque ella era católica y él protestante.

—Yo encantado de hacer lo que quieras que haga —dije.

—Deberías pensarlo antes de estar de acuerdo —dijo Anne—. Cuando esta película salga, puede que no les guste. Tú has de vivir aquí.

Les recordé que, debido al empeoramiento de la economía, había decidido cerrar mi periódico. Había aceptado un trabajo en San Francisco, así que no iba a volver a Flint.

—No me pasará nada —los tranquilicé—. Creo que Flint y yo ya nos hemos visto bastante.

—Bien —dijo Kevin—, tú confía en tu instinto y podremos capturar lo que haces con ellos. Pero salgamos vivos de aquí.

Y así empezó mi incursión en el mundo del cine. Al menos durante ese fin de semana. Parecía que sería divertido, y enseguida encontré mi lugar entre mis compañeros cristianos blancos.

—Estamos aquí para derrotar al GOS —me explicó un hombre.

Repasé rápidamente en mi base de datos de siglas.

—¿Qué es el GOS? —pregunté.

—El Gobierno Ocupado por los Sionistas —respondió—. Es lo que tenemos ahora, un gobierno ocupado por los judíos y los traidores de la raza.

En el interior de su granero, Miles había preparado un escenario, un atril y sillas para diferentes sesiones plenarias. Desde luego, los momentos más divertidos del evento del fin de semana se produjeron cuando cada orador trataba de superar al anterior. Un hombre se levantó y dijo que su grupo de poder blanco no aceptaba ningún miembro que fuera del sur de Milán, Italia.

—No aceptaremos a nadie en nuestro clan de debajo de Milano —dijo, mostrando al mismo tiempo sus conocimientos de geografía de Europa y del idioma italiano—. Si viven más al sur, no son nuestra gente. No aceptaremos a nadie de debajo de la frontera entre Francia y España. Ni hablar.

»Somos más nazis que los nazis —concluyó.

El siguiente orador se levantó y habló de la vez que desfiló con su grupo ario por una calle principal de Carolina del Norte.

—Grité: «Creemos que tenéis a unos negros aquí. ¿Dónde están?» Y recorrimos otras dos manzanas y vi dónde estaban. En fila de unos ocho de profundidad a cada lado de la calle y marchamos directamente entre medio de ellos. Pero no tuvimos ningún problema porque no atacaron a nadie. Solo daban saltos en la acera. Si habéis visto monos excitados, cómo saltan arriba y abajo, eso es lo que parecían.

Un amigo de Miles subió al escenario con su presentación de diapositivas, señalando en una pantalla que los blancos tomarían el noroeste del Pacífico, y las otras razas recibirían otras partes de Estados Unidos después de la revolución. Esto enfadó a un hombre del público.

—He de decir que es la propuesta más estúpida y ridícula que he oído en mi vida —gritó desde su asiento—. Si somos los guerreros arios que han conquistado el mundo, ¿por qué demonios hemos de quedarnos en un rincón del país? Por muy bonito que sea.

Al hombre del escenario le irritó el comentario, pero continuó y pidió a su mujer que repartiera los mapas entre los presentes. Claramente la situación había dado un vuelco, porque los reunidos estaban ahora de acuerdo con el hombre que se oponía a apartarse a un rincón.

—Yo vivo aquí en Michigan —intervino otro hombre—. No me voy a ninguna parte.

Las cosas se calmaron cuando William Pierce subió al escenario. Era lo más parecido a una estrella del rock.

Pierce habló como un intelectual y, lejos de apagar a ese público inculto, lo enloqueció con su vocabulario y su pasión. Posiblemente sentían que estaba muy bien tener a alguien tan listo (¡y no era judío!) de su lado. Pierce se había licenciado en física por la Universidad de Rice, tenía un máster en Cal Tech y un doctorado de la Universidad de Colorado. En la década de 1950 lo autorizaron a trabajar en los laboratorios de Los Álamos. Después ocupó un puesto de profesor asociado en la Universidad Estatal de Oregón.

Pierce habló con vehemencia de la necesidad de que su movimiento utilizara obras académicas e incluso «cómics de orientación racial» para conectar con la gente. También había una nueva tecnología que podía ayudar.

—La mayoría de los hogares americanos tendrán estos vídeos que permiten reproducir cintas —intervino Don Black, antiguo líder del KKK—. Lo que tendremos será nuestra propia programación privada de vídeo.

Durante dos días, los oradores siguieron con sus peroratas, y justo cuando pensaba que lo había oído todo, un nuevo orador presentó una teoría según la cual «la mezcla de razas ahora se está produciendo solo trabajando y respirando cerca de los negros», la prueba científica de que un esperma negro fertilizando un óvulo blanco ya no es la única forma de meter «sangre negra» en tus venas.

—Los estudios han mostrado que puedes captar células negras solo estando cerca de ellos.

—No ves a un pavo apareándose con un pollo, ¿no? —me preguntó un hombre durante un descanso al aire libre—. O un perro con un gato. Los animales se aparean con los suyos. Nosotros somos iguales. De otra forma es antinatural.

En ese momento, un pastor alemán excitado montaba a otro perro. Yo aprecié la sincronización de un acto así, y me fijé en que Kevin lo estaba enfocando con su cámara. De hecho, me fijé en que Kevin filmaba con un ojo en la lente y el otro bien abierto, buscando qué más podría estar ocurriendo en la periferia del encuadre de cámara.

Pero los perros copulando pronto dejaron de ser una fuente de diversión para convertirse en un problema enorme.

—Eh —dijo un hombre—. ¿Es una hembra la de piel clara?

Se dio cuenta de que de hecho ambos perros eran machos. Estaba en presencia de unos perros gais. Estaba siendo testigo de su primer acto homosexual y yo me sentí orgulloso de poder compartirlo.

Los otros hombres que se encontraban cerca no creían que nada de eso fuera divertido. La mera insinuación de que los perros de los nazis eran gais les resultaba insoportable.

—¡Deja de filmar eso! —dijo uno de ellos.

Kevin enseguida se disculpó y se apartó la cámara de la cara, pero siguió filmando todo. Había que tener pelotas, pensé, para mantener la cámara encendida.

Nos desplazamos a otra zona y empecé a implicar a más participantes. Pregunté a algunos de los jóvenes adultos en qué trabajaban. Uno trabajaba en una tienda de discos, otro en la industria del automóvil, el otro estaba desempleado. Su líder habló con nostalgia del momento en que entrarían en acción.

—¿Y cuándo va a ocurrir eso? —pregunté.

—En cuanto el negro de mierda decida actuar y esta economía que los judíos han construido se derrumbe. Dentro de unos veinticinco años.

Al lado de él estaba su novia. Ella también iba vestida con el mismo uniforme negro nazi que los demás, pero le daba un poco de encanto con una bufanda azul claro y un colgante brillante. Llevaba una blusa sin lazo, y se había desabotonado un botón o dos (o tres). Tenía el pelo largo y rizado con permanente y un sombrero sin ninguna esvástica. Hablaba en voz alta, suave, sexy; se había realzado los ojos con delineador índigo y lucía un bronceado perfecto de la cabeza a los pies. Esperé medio día a dar el paso.

—Eh —le dije después de comer—, ¿puedo hablar contigo un segundo?

—Claro —dijo de manera sensual.

Yo bajé el volumen de mi voz.

—¿Qué demonios estás haciendo aquí?

Ella sonrió.

—No pareces la nazi típica. Ya sabes, como los que vemos en las películas —dije, sorprendido por el sonido flirteante procedente de alguien que, a los treinta y dos años, todavía no había aprendido a flirtear—. Podrías salir en un anuncio de Coppertone.

Ella rio.

—Oh —dijo en un tono que era un cruce entre Marilyn Monroe y *Los Dukes de Hazzard*.

—Solo estoy contra los judíos. Y los negros. —Una caída de ojos—. Bueno, poder blanco. —Otra gran sonrisa.

Sí, poder blanco. Sexy.

El último día de la exposición de odio, me senté en la sala de estar de la granja con varios de los «pastores» del movimiento Identidad Cristiana. Manejaban iglesias en sus comunidades y predicaban un evangelio de superioridad blanca, no porque ellos creyeran que eran mejores que los negros, sino porque Dios había dicho que ellos eran mejores que los negros.

—Desprecio más a los llamados pequeños líderes cristianos con ce minúscula que a los de color —dijo Allen Poe, el pastor de Grand Rapids, Michigan—. Los [Billy] Graham, los Falwell... —Y luego entre dientes de manera despreciativa murmuró—: *¡Schwartz!* —Esta era su forma de indicar que no creía que Jerry Falwell fuera su nombre real y que tenía que ser judío—. Si de verdad queremos tomar este país por la fuerza, deberíamos juntar a todos esos tipos y silenciarlos.

—No tú o yo, pero alguien —dijo una voz del otro lado de la sala, consciente de que las cámaras estaban grabando.

—Ahora estamos metidos con ordenadores —continuó el reverendo de Grand Rapids—. Y estamos haciendo listas. Listas de la gente blanca que no está con nosotros, listas de aquellos que no están del lado de su propia raza. Compartimos estas listas de traidores de su propia raza entre nosotros. Así cuando llegue el día de la revolución sabremos con quién hemos de enfrentarnos.

En un momento me miró a los ojos y dijo:

—¿Cuando nos aplasten a todos, dónde hemos de buscarte? ¿Debajo de la misma apisonadora?

¿Acababa de amenazarme? Miré a Kevin. No conocía el protocolo adecuado de un documental para tratar un momento como ese. Kevin me miró con el ojo que no tenía pegado a la cámara y sonrió.

—Nunca verá el día que quiere ver en este país —dije con frialdad—. No va a poder hacer nada de esto.

Uf. No podía creer que acabara de decirle eso. Todos en la sala sintieron que yo había cruzado la línea; los de nuestro lado, los de su lado, incluso el perro gay del rincón. Mis palabras pusieron colorado al reverendo Poe y explotó, con aspecto de ir a pegarme. Tenía los ojos en llamas.

—No vamos a perder, valiente —me gritó—. No me importa que solo quedemos diez. ¡Vamos a ganar! —Entonces señaló al techo—. Él lo dice.

Me preparé para una posible agresión. Poe miró a la cámara y se dio cuenta de que golpearme no lo convertiría en el héroe de esta película. Al fin y al cabo, ¿quién era yo?, un simple asistente de producción de un pequeño documental que se había enganchado a hacer preguntas. Pero ya había oído lo suficiente de «negro esto» y «negro lo otro» durante todo el fin de semana y, si intentaba agredirme, mis principios de no violencia iban a tener que salir a estirar las piernas y volver al cabo de media hora. Se sentó en su silla.

Sin lugar a dudas estaba llegando la hora de recoger y marcharnos.

Fuimos a decir adiós al Gran Dragón Miles en su granero. Una vez dentro, Kevin quiso aclarar una cuestión.

—¿Por qué nos ha dejado venir aquí? —le preguntó a Miles—. Probablemente sabe que no compartimos sus convicciones. Entonces, ¿por qué lo ha hecho?

—Les invitamos a venir aquí para poder usarlos de la misma manera que nos usaban a nosotros —dijo con calma Miles—. Pero lo que no sabían es cómo los estábamos usando. Los hemos usado para llevar nuestro mensaje a una audiencia más amplia. Claro, por cada cien personas que vean esta película, noventa y nueve nos odiarán, pero una nos amará. Y así es cómo construiremos nuestro movimiento. Uno aquí, otro allí, de uno en uno. Solo asegúrense de mostrar esto al máximo de personas posible. Solo estamos buscando a esa alma en cada audiencia. Y ustedes nos ayudarán.

Oír a Bob Miles decir estas palabras fue una píldora amarga de tragar. Sabíamos que lo que estaba diciendo era cierto. Entonces ¿cuál sería nuestra responsabilidad en todo ello? ¿Es mejor no filmar nunca a gente o sucesos como los protagonizados por Naciones Arias, es preferible limitarse a no hacer caso? ¿O es mejor ponerlos al descubierto, confiando en que eso se convertirá en nuestra mejor defensa contra ellos?

Nos detuvimos en la gasolinera al salir de la ciudad. Había un cartel en la ventana que decía: «Películas en casa. Vídeo aquí.»

—Uf —dije—. Mirad eso. Se puede alquilar un película en una gasolinera. ¿Es así como acabará? Ahora las películas se venden como bolsas de Doritos o productos de bollería.

—Creo que el futuro está ahí —dijo Anne, señalando una gran antena de satélite en el patio de atrás de alguien—. Y estoy segura de que nuestros amigos arios encontrarán una forma de aprovecharlo.

—Ha sido un buen rodaje —remarcó Kevin—. Gracias por prepararlo para nosotros —me dijo—. Has actuado con mucha naturalidad entre estos tipos. Deberías pensar en dedicarte a esto.

—¿A salir con nazis sexys? —pregunté.

—Sí, eso —replicó con una sonrisa.

Entré e invité a todos a café y algo de comer.

Parnaso

En 1986 fui testigo de una trama de asesinato. Estuve allí, en la misma sala donde los que estaban al mando concibieron su plan de matar a la clase media americana. Ocurrió en un ático de un exclusivo hotel de Acapulco, en una reunión privada organizada por altos mandatarios de la administración Reagan. Me colé y lo vi y lo oí todo, y salí vivo para poder contar una historia que, por desgracia, nadie quiso oír o creer entonces. ¿La muerte de la clase media? ¿Planeada por nuestro propio gobierno? Ja, ja, ja, ja, ja.

Pero perdóname, creo que me estoy adelantando.

Deja que empiece otra vez:

Pensaba que todos los liberales y gente de izquierdas eran iguales: gente de buen corazón, buenos políticos. Hizo falta una llamada de la capital del liberalismo, San Francisco, para que me despertara y me diera cuenta de que había varias formas de liberales, y la forma que nunca había encontrado en Flint era el rico liberal que amaba a la humanidad, pero odiaba a la gente. Es el liberal que apacigua su conciencia con la generosidad de su talonario de cheques, siempre y cuando tú, el receptor de su generosidad, mires para el otro lado y no tengas en cuenta de dónde ha sacado su dinero.

Pero me estoy adelantando otra vez...

Durante los casi diez años que dirigí y publiqué el *Flint Voice* (que en 1983 se convirtió en el *Michigan Voice*), nunca gané más de 15.000 dólares al año. En dos ocasiones, el *Voice* estuvo tan quebrado que tuve que despedirme. No era inusual que me retrasara en el pago de los 200 dólares mensuales de mi alquiler. No había muchos negocios interesados en anunciarse en un periódico especializado en escándalos que constantemente sacaba trapos sucios de las mismas empresas a las que pedía que se anunciaran.

Viene al caso: el Howard Johnson's Motor Lodge. Tenían una política de no contratar negros y negarse a alquilar habitaciones a ningún afroamericano. ¿Cómo lo supe? Me lo dijo una empleada. Una cosa que aprendí siendo periodista es que al menos hay una persona enfadada en todos los puestos de trabajo del país, y al menos el doble de esa cifra tienen conciencia. Por mucho que lo intenten, simplemente no pueden dar la espalda a una injusticia cuando ven que se produce.

Ese era el caso de Carole Jurkiewicz, la encargada de la recepción del hotel de Howard Johnson en Miller Road, Flint. Un día entró en mi oficina y me entregó diversas solicitudes de gente que buscaba trabajo en Howard Johnson's. Muchos de ellos tenían una estrella marcada en bolígrafo en la parte superior.

—Estas son las personas blancas que se presentan —dijo Jurkiewicz—. La dirección me pidió que pusiera una estrella en todos los que fueran blancos. Después vi que el director rompía todas las de los negros.

De 130 empleados, solo había siete afroamericanos (en esta ciudad que ahora tenía mayoría negra), y cuatro de ellos estaban emparentados.

El director le dijo a Jurkiewicz en varias ocasiones:

—A los negros no les importa que los insulten... Conducen coches grandes... Son holgazanes... Normalmente causan problemas... Hablan a escondidas, no tienen respeto... Todos son parecidos.

Era la década de 1980 y la historia simplemente parecía demasiado podrida para ser cierta. No estamos hablando del sur en 1950. Era Michigan, un estado fronterizo con Canadá. Y no se trataba de ningún motelucho, sino de Howard Johnson's, una respetada cadena nacional de restaurantes y hoteles. Le pregunté a Carole si firmaría una declaración jurada atestiguando estos hechos, y tanto ella como otra empleada lo hicieron.

Para comprobarlo más, decidí ver qué ocurría si un amigo mío negro se presentaba a pedir empleo en Howard Johnson's. Lamont entró, llenó la solicitud y se marchó. Después, Dan, un tipo blanco, entró al cabo de media hora y también pidió trabajo.

Al día siguiente, Carole me trajo ambas solicitudes y, desde luego, la del solicitante blanco tenía una gran estrella roja encima. La de Lamont, no.

Era el momento de la segunda parte. George Moss, profesor afroamericano en el instituto Beecher de Flint, entró al día siguiente en Howard Johnson's y pidió una habitación. Yo estaba en el jardín, tumbado boca abajo en el césped para que nadie pudiera verme desde dentro. Me acerqué más a la ventana, desde donde tenía una clara imagen de la recepción a través de mi cámara de 35 milímetros con teleobjetivo. Y, claro está, mientras yo disparaba un rollo de película, a George le dijeron que se marchara porque no había habitaciones libres.

Al cabo de diez minutos le pedí a Mark, un hombre blanco, que entrara y tratara de conseguir una habitación. «Por supuesto», dijo el hombre de la recepción, y le dio una habitación individual con cama doble, todo ello, claro está, capturado por mi cámara.

Lo publiqué todo en el *Flint Voice* y la comisión de derechos civiles no tardó en condenar a Howard Johnson's (les obligaron a pagar 30.000 dólares de indemnización a una de las mujeres negras que se había presentado a solicitar empleo y se le había denegado). A partir de ese momento habría una empresa menos que discriminara en Flint, y un anunciante menos en el *Flint Voice*.

Publicar artículos como ese cada mes durante diez años

tuvo la extraña consecuencia de reducir los ingresos por publicidad y empecé a entender por qué los grandes medios se resisten a contarle al público la verdad sobre cualquier cosa que pueda costarles dinero. El *Voice* no tardó en convertirse en paria, no solo para la comunidad empresarial de Flint, sino también para su *establishment* político (que era propiedad de la comunidad empresarial) y los medios locales (que dependían de los mismos ingresos por publicidad).

A finales de 1985, cuando el desempleo en Flint superaba con creces el 20%, había cada vez menos formas disponibles para financiar el *Voice*. Nuestro principal benefactor había sido el maravilloso cantante folk Harry Chapin. Años antes, me había colado en el *backstage* de un concierto suyo en Grand Rapids. Un vigilante de seguridad me agarró cuando me acercaba al camerino de Harry.

—¿Adónde crees que vas? —me espetó.

—Oh, solo pasaba a ver a Harry —dije como si tal cosa.

—¿Quién demonios eres? —dijo, al tiempo que empezaba a sacarme a rastras por el cuello de la camisa.

El alboroto fue lo suficientemente ruidoso para que Harry abriera la puerta.

—¿Qué está pasando aquí? —preguntó Harry.

—Este tipo dice que ha venido a verle —dijo el gorila.

—Bueno... deja que me vea.

El vigilante me dejó pasar a regañadientes, y yo entré en el camerino de Harry.

—¿Así que quieres verme? —preguntó Harry, sonriendo.

—Ah, sí, perdón por causar un alboroto. Solo quería pedirle un favor.

—Dispara.

—Bueno, unos cuantos de nosotros en Flint queremos empezar un periódico alternativo y nos preguntábamos si podría ayudarnos viniendo a Flint y haciendo un concierto benéfico.

Al decir estas palabras no podía creer lo presuntuoso y ridículo que soné. «Eh, estrella del rock, no tienes nada mejor que hacer que venir a Flint y tocar para nosotros.» ¡Cielo santo!

—Háblame de tu periódico —dijo.

Y lo hice. Le hablé de que General Motors tenía al diario local metido en el bolsillo y que nosotros queríamos presentar las noticias que no se cubrían.

—Parece un esfuerzo que merece la pena —dijo Harry—. Este es el número de mi mánager. Llámalo y veré qué puedo hacer.

Anonadado, salí de la zona de bastidores en el quinto cielo (por alguna razón, mi pesimismo eterno sobre mí mismo siempre me impedía una euforia mayor). Volví a Flint para contarle a mi equipo lo que había ocurrido. En cuestión de meses, Harry Chapin estaba delante de un público que había agotado las localidades en Flint, y teníamos dinero para financiar nuestro periódico.

Y durante los siguientes cinco años, hasta el trágico accidente que le costó la vida en la carretera en julio de 1981, Harry Chapin vino todos los años a Flint, e hizo un total de once conciertos benéficos para el *Flint Voice*. Esos ingresos nos mantuvieron a flote, y después de la muerte de Harry, sus hermanos, Tom y Steve, y su banda continuaron con la tradición de tocar en el concierto anual de Flint.

Pero en 1985, no bastaba para sostener el periódico, y la situación para continuar su publicación estaba empeorando.

Fue entonces cuando recibí una llamada telefónica de un hombre de San Francisco. Era Adam Hochschild, el multimillonario liberal que dirigía la fundación propietaria de la revista *Mother Jones*, la publicación de mayor tirada de la izquierda. Dijo que había estado siguiendo el *Flint Voice* y que le gustaba lo que veía, y quería saber si estaría interesado en hacer lo que hacía en Flint pero a escala nacional.

La oferta sonaba tentadora, y lo era. Cerré mi amado *Voice*, vendí todo lo que tenía y me trasladé a Parnassus Avenue, en el distrito Upper Haight de San Francisco. Sin embargo, no tardé mucho en darme cuenta del error enorme que había cometido. Yo quería convertir *Mother Jones* en una revista para la clase obrera (al fin y al cabo la revista llevaba el nombre

de Mary *Mother* Jones, una sindicalista radical del siglo XIX).
Hochschild (cuya fortuna familiar y herencia procedía en parte
de las minas de la Suráfrica del *apartheid*) quería un periódico
de comentario y noticias más erudito y «sublime», que rivalizara con el *New Yorker* o el *Atlantic*. De hecho, su segunda
opción de nuevo director había sido Hendrik Hertzberg, un
instinto que debería haber seguido. (Hertzberg sería luego director ejecutivo del *New Yorker*.)

Yo era un pez fuera del agua en San Francisco. No comprendía cómo se hacían las cosas en la revista y mis intentos de
hacer cambios toparon con mucha resistencia. Querían que el
pesado de Paul Berman se ocupara de los sandinistas en Nicaragua. Yo quería a Alexander Cockburn. Querían hacer un artículo de investigación sobre los tés de hierbas; yo quería hacer una columna mensual sobre un obrero de la cadena de
montaje de Flint. Ellos eran Oliva y yo era Bruto. Al día siguiente del Día del Trabajo, cuando solo llevaba cuatro meses
en el puesto, Hochschild me despidió. Dijo que no «encajába-
mos». Tenía razón. Yo lo demandé por incumplimiento de contrato y fraude y gané 60.000 dólares.

Ya no tenía ningún periódico al que regresar en Flint, y todos los intentos de buscar empleo en otras publicaciones liberales de izquierdas en ambas costas se encontraron con el abrazo que uno da a un leproso. Nadie de la izquierda quería cabrear
a *Mother Jones*. Nadie quería contratar a este tipo de Flint. Salvo la gente que trabajaba en la oficina de Ralph Nader en Washington, nadie iba a ofrecerme trabajo.

Y eso, amigos, se supone que era lo último que iban a oír
de mí. Mis quince minutos en la escala nacional habían terminado.

Después de un mes de estar tirado en la cama y quejándo-
me de mi destino, me levanté un día y fui a la librería. Allí,
mientras hojeaba de manera despistada las pilas de revistas, me
encontré con una noticia en una publicación empresarial que
captó mi atención. Decía:

EXPO MAQUILA 86
PRESENTADA POR
DEPARTAMENTO DE COMERCIO DE ESTADOS UNIDOS
Y CÁMARA ESTADOUNIDENSE DE COMERCIO EN MÉXICO.
DESCUBRA CÓMO USAR MÉXICO PARA
MEJORAR SU EMPRESA.
«DESPLAZAR LA PRODUCCIÓN AQUÍ SALVA
EMPLEOS EN EL PAÍS».
SOLO POR INVITACIÓN. CONTACTO USDOC.

¿Qué? ¿De qué se trataba? Contacté con el Departamento de Comercio para averiguarlo.

—Es una conferencia de tres días en Acapulco para que asistan empresas americanas y les ayuden a crecer —dijo la voz femenina del Departamento de Comercio al teléfono—. Solo está destinado a propietarios de negocios y ejecutivos, no al público en general o la prensa.

—Ya veo. Soy propietario de una pequeña empresa de componentes de automóvil en Michigan —dije, inventándomelo antes de saber qué estaba haciendo—. ¿Cómo puedo conseguir más información?

La mujer dijo que me enviaría un paquete.

No sabía qué haría con el paquete, pero sonaba interesante. Había estado hablando con la gente de la oficina de Ralph Nader para ir a Washington a hacer algún trabajo para ellos. Ellos tenían dos docenas de interesantes proyectos públicos en marcha, incluida una revista llamada *Multinational Monitor*, que se dedicaba básicamente a lo que su nombre daba a entender. Les hablé de esta descabellada conferencia que iba a celebrarse en México, que tenía que ser alguna clase de broma, porque ¿para qué iba nuestro propio Departamento de Comercio a ayudar a eliminar empleos aquí en Estados Unidos para trasladarlos a México?

—La administración Reagan —dijo John Richard, el jefe de estado mayor de Nader— está en una misión desde que llegó al gobierno.

—Sí, lo sé, pero esto parece que es cruzar una línea, ¿no?

Me había ocupado de esta cuestión en Michigan: General Motors estaba usando reducciones de impuestos para trasladar puestos de trabajo al extranjero, pero entonces no conseguí que nadie me escuchara.

—Te enviaremos a Acapulco si quieres colarte allí y contarnos lo que planean hacer —dijo Richard—. Luego quizá puedas escribir algo para *Multinational Monitor*.

Guau. Una misión internacional, yo disfrazado, la intriga. ¡Un trabajo pagado! Mi mujer me llevó a una tienda de ropa y me vistió de manera adecuada para el *resort*. Compré un par de camisas de golf, unos pantalones de hilo, una camisa hawaiana y una chaqueta barata de cloqué amarillo. Me costó la paga de una semana del desempleo. Mi mujer me cortó el pelo y me puso un poco de gel para darme un aspecto más de empresario. Compré un pequeño pin con la banderita americana para la solapa. Me puse algo de joyería masculina que adquirí en una esquina del Tenderloin. No parecía yo.

Firmé como gerente de mi pequeña empresa («de menos de cincuenta empleados») y me dirigí a México para aprender cómo dejarlos a todos sin trabajo.

Estaría mintiendo si no reconociera lo nervioso y asustado que estaba cuando aterricé en Acapulco con mi traje de cloqué. No quería que me descubrieran. La gente desaparece en México. Los cadáveres no se encuentran.

Entré en el ático del Excelaris Resort, que ofrecía unas vistas espléndidas de las maravillosas y doradas playas de Acapulco. El cartel de encima de la puerta decía: «El trabajo lo hace todo posible» (para los que hablan alemán: «*Arbeit Macht Alles Möglich!*»).

Oí a dos hombres hablando de que el Departamento de Comercio tenía que actuar de manera «no tan pública» en su apoyo de la actividad de ese fin de semana, porque aparentemente algunos demócratas del Congreso simpatizantes de los sindicalistas habían encontrado una cláusula en alguna «ley ridícula» que afirmaba que era ilegal (¡ilegal!) que los dólares de los impuestos de Estados Unidos se destinaran a algo que prometía el traslado de empleos al extranjero. Así que el Departamento de Comercio estaba presente, solo que oficialmente dejaba que la Cámara de Comercio y la firma mexicana Montenegro, Saatchi & Saatchi se encargaran de dirigir el cotarro.

La sala estaba llena de banqueros, ejecutivos, emprendedores y asesores, todos los cuales se aplicaban en ayudar a aquellos que habíamos ido a Acapulco para averiguar cómo cerrar nuestro negocio en Estados Unidos y trasladar nuestras operaciones al sur de la frontera. Hice todo lo posible por integrarme y el primer día nadie sospechó nada al verme. Olvidé que para la mayoría de aquellos tipos simplemente bastaba con ser un hombre blanco bien vestido.

A finales de 1986, muchas empresas estadounidenses habían empezado a trasladarse a México de manera discreta. No tantas para que alguien se hubiera dado cuenta, claro. General Motors solo tenía 13.000 trabajadores mexicanos (una gota en el océano de los empleados de GM que se cifraban en más de medio millón); General Electric tenía 8.000 empleados en México. Empresas estadounidenses habían abierto fábricas en más o menos una docena de ciudades del lado mexicano de la frontera. Algunas de estas fábricas estaban a ciento cincuenta metros de Estados Unidos. Era como estar en casa, salvo que pagabas a tus obreros cuarenta centavos la hora, les hacías trabajar diez horas al día y te asegurabas de que no tenían derechos. El 70% de los trabajadores mexicanos de estas plantas eran mujeres, normalmente de menos de veintiún años y en ocasiones de solo trece o catorce. Las empresas estadounidenses no querían contratar hombres cabeza de familia, porque era más probable que se sindicaran o exigieran un descanso para ir al lavabo. Estas mujeres jóvenes eran más manejables. El único problema real con ellas era que, como las mujeres jóvenes de todas partes, tendían a quedarse embarazadas. También estaban desnutridas y hambrientas. Así que General Motors y los demás hicieron algo bonito: proporcionaron control de natalidad gratuito para aumentar la facturación y les dieron desayuno gratis (porque desmayarse en la cadena de montaje causaba que cosas como los parabrisas desaparecieran de la parte frontal del coche).

Al Cisneros, de la Comisión de Desarrollo Económico de Tejas, hablaba de manera elogiosa de los planes de General Motors para convertirse en el primer empleador de México.

—Van a tener un total de veintinueve fábricas en México —me dijo—. ¡Abrirán doce solo el año que viene!

Me dijo que el jefe de General Motors, un hombre llamado Roger Smith, había dicho recientemente que trasladarse a México era «una cuestión de supervivencia».

Pensé en esto por un momento y me pregunté en qué planeta vivía ese tal Smith. ¿Supervivencia? El año anterior, 1985, General Motors había presentado unos beneficios de casi cuatro mil millones de dólares. En 1984 habían superado su récord de siempre con unos beneficios de 4.500 millones de dólares. Eran la empresa número uno del mundo. Y aun así estaban hablando constantemente de que estaban luchando por la supervivencia. No era más que una trampa para convencer a la opinión pública de que, si no trasladaban su producción a México, podrían caer, y entonces la economía se hundiría con ellos. Se trataba de una gran mentira, pero al menos la administración Reagan se la creyó y estaba allí vendiéndola. Estaban vendiéndola porque Reagan, el antiguo líder sindical, quería aplastar a los sindicatos. Había ganado la presidencia consiguiendo que un montón de sindicalistas blancos lo votaran. Apelando a sus miedos —de secuestradores iraníes, de hombres negros, del gobierno— cabalgó una ola que finalmente hundiría a la misma gente que lo puso en el cargo.

Por supuesto, no podía decir nada de esto al señor Cisneros, en parte porque no conocía el futuro entonces, y sobre todo porque habría echado por tierra mi tapadera. Me preocupaba llevar escrito en la cara cada palabra de este último párrafo.

—Desde luego —respondí—. General Motors ha de seguir siendo competitiva. Si no se recortan costes, el... el... —pugné por encontrar una forma de acabar la frase. Debería haber preparado mejor el papel—. Bueno, se desatará el infierno.

—Desde luego —coincidió el señor Cisneros (no sé bien con qué).

Cisneros tenía otra preocupación: el comunismo. Le preocupaba que si la América empresarial no bajaba a México y establecía un bastión capitalista, México cayera en manos de Castro o los sandinistas.

—La empresa libre es lo único que salvará a México de una revolución comunista —dijo—. Si no ayudamos al desarrollo de México tendremos otra Nicaragua en la puerta de casa.

Ja. Por supuesto. ¿De qué otra forma podían los reaganitas racionalizar y vender la exportación de empleos a México? Porque hemos de salvar a México de los comunistas. Si elevamos el nivel de vida de los mexicanos haciendo que trabajen para nosotros, no querrán el socialismo porque estarán disfrutando de la vida de clase media.

—Creo que, en menos de quince años, estas ciudades mexicanas de frontera van a parecer barrios residenciales de Estados Unidos —añadió Cisneros.*

Paul D. Taylor, vicesecretario de Estado de Reagan para Asuntos Interamericanos, había declarado ese mismo año que empezar a construir fábricas estadounidenses en México podía ayudar a contener la marea roja en nuestra frontera sur. Fábricas estadounidenses podían ayudar a México a «reorientar» su economía de tendencias socialistas al nirvana capitalista de su vecino del norte.

—Estamos haciendo historia aquí —dijo uno de los oradores—. Los que estáis aquí esta noche seréis recordados como los pioneros, los héroes que ayudaron a transformar América de una economía basada en la manufactura a una economía de servicio, una economía de alta tecnología. Y podréis decir que estuvisteis aquí cuando empezó todo.

Solo le faltó comparar este momento histórico con la Con-

---

* Eso no ocurrió. Con su enorme cantidad de violencia relacionada con las drogas, empezaron a parecerse a los barrios degradados del centro de algunas ciudades de Estados Unidos.

ferencia de Wannsee o con la reunión de los cabezas de familia de Vito Corleone. Pero la cabezonería del momento —la importancia de quiénes eran y lo que pretendían— no se le escapó a nadie en esa sala de Acapulco.

Descubrí que había ejecutivos de al menos diez empresas de Michigan en la conferencia, incluida la gente de Iroquois Die and Manufacturing, Deco Grand y Dynacast. Pensé que sería sensato evitarlos, porque se darían cuenta de que no dirigía una empresa de componentes de automóvil de Flint. Pero no pude contenerme. Quería saber por qué esos chaqueteros planeaban echar a compañeros michiganenses. Quería mirarlos a los ojos, quería saber si habían ido a la Universidad Estatal de Ohio.

Me quité la etiqueta de identificación y me senté a la mesa donde se habían reunido varios de ellos. Arthur Goodsel era el presidente de Huron Plastics. Tenía diez plantas en Michigan y en el resto del país. Me dijo que el traslado a México que estaba considerando no era voluntario.

—Los fabricantes de coches se trasladan aquí, de eso no cabe duda —dijo en tono de resignación—. No lo reconocerán públicamente, pero vienen aquí. Y nos están diciendo a proveedores como yo que, si queremos hacer negocios con ellos, será mejor que también nos traslademos aquí para estar cerca de ellos. Si no lo hacemos, pues adiós. Entonces ¿qué voy a hacer?

Esa era la historia que había estado oyendo de las pequeñas empresas. Estaban siendo coaccionadas o extorsionadas para que se trasladaran. En la expresión de sus caras vi la pistola invisible en sus cabezas. No daba la impresión de que estuvieran allí de vacaciones.

—Sí, a mí me pasa igual —dije—. ¿No cree que cuando la gente de Michigan lo descubra nos echará de la ciudad?

—Oh, ni siquiera sé cómo voy a darles la noticia a mis empleados —dijo con tristeza un hombre llamado Bill—. Algunos de estos tipos llevan veinte años conmigo. Tienen familias. Pero supongo que encontrarán otros trabajos. Hay muchos trabajos en Michigan.

—Eso es verdad —agregué.

Saltándome el paralelismo y el esquí náutico, asistí a todas las conferencias y presentaciones. Eran fascinantes. En la pantalla lo mostraron todo, cómo esta o aquella agencia gubernamental estadounidense ayudaría a allanar el camino «para su traslado a México». Se gastó poco tiempo en tratar de justificarlo («¡Piensen en todos los empleos de transporte que se crearán en Estados Unidos!»). Un orador tras otro explicaron a los reunidos la mina de oro que los esperaba al sur de la frontera. Y si no entraban en esa fiebre del oro, bueno, simplemente quedarían atrás como los fabricantes de calesas al principio del siglo XX cuando se burlaron del «coche sin caballos».

Un bonito rasgo en las presentaciones era el racismo. Y la mentalidad generosa de plantación que se expresó. Orador tras orador siguieron usando el nombre de Pancho cada vez que se referían al hipotético trabajador mexicano que estaban tan ansiosos de explotar.

Pancho hará esto por ti. Pancho hará lo otro para ti.

Pancho no se afiliará a ningún sindicato.

Pancho es un trabajador obediente.

Pancho, por supuesto, no estaba presente en la reunión, salvo los Pancho que nos servían los solomillos y flambeaban el helado.

Al tercer día, sorprendentemente, no me habían pillado. Era ligeramente decepcionante en cierto nivel que resultara creíble en el papel de gerente. Pero conocía bien los componentes del automóvil para seguir la charla, y conocía todos los insultos apropiados sobre los sindicatos y los codiciosos obreros de las fábricas. Un tipo dijo que nunca había oído hablar de mi empresa, y siguió presionando para que le diera más información hasta que por fin le dije que mi empresa acababa de inventar un artículo innovador y Chrysler me había prohibido que dijera nada más. Entonces paró. Vi que le hacía feliz imaginarse al cabo de seis meses diciendo que había conocido al tipo cuando ese invento era alto secreto.

La cena de clausura se celebró en el exterior, donde se asó un cerdo entero al espetón para nosotros. El orador clave fue el congresista republicano Jim Kolbe, de Arizona. Kolbe era un gran defensor del traslado de las empresas estadounidenses a México porque, como señaló, «el setenta por ciento de los salarios de estos mexicanos cruza la frontera y se gasta en El Paso y Yuma, así que todo son ganancias para nosotros».

Ya todos llevaban las pegatinas de «El trabajo lo hace todo posible» en el abrigo. ¿Y la idea clave de Kolbe?

—Estas empresas americanas de México no se llevan trabajos de Estados Unidos —dijo con cara seria—. ¡Salvan empleos!

Kolbe dijo que «un país libre ha de permitir que las empresas americanas operen con libertad». Y además, añadió, si no se facilitaba que las empresas estadounidenses operaran en México, «entonces estos coches y otros elementos van a fabricarse en Asia». El público se rio. Ja. ¡Americanos que compran coches asiáticos! ¡Por favor! Y pásame un poco más de ese cerdo.

Cuando Kolbe terminó, el funcionario mexicano que era el maestro de ceremonias presentó una «moción» para «nominar al congresista Kolbe para presidente de Estados Unidos».* El público respondió con un aplauso atronador. Sí, así es como hacemos las cosas en Estados Unidos, un puñado de ejecutivos sentados en una sala y nominando al presidente. El banquero japonés sentado a mi mesa, que antes se había ofendido un poco por el comentario «asiático», se lo tomó todo con alegría.

* En 2010, Barack Obama nombró a Jim Kolbe para su Comité Asesor para Política y Negociaciones Comerciales. Que el lector saque sus propias conclusiones.

—Lo que vemos aquí —me dijo— es solo el principio. General Motors cerrará esas nueve plantas en Estados Unidos el año próximo y muchas más en los años venideros. Esto es el futuro, y a alguna gente le irá muy bien.

Miré a mi alrededor a la multitud que estaba mareada con la idea de que eran los elegidos para embalar Estados Unidos (o al menos su más precioso recurso nacional, sus empleos) y trasladarlo al soleado México.

El alcance de aquello de lo que había sido testigo durante el fin de semana era al mismo tiempo nauseabundo e imponente. Una máquina bien aceitada que ya estaba acelerando y en movimiento para eliminar a la clase media americana. Y, pensé: «Nadie sabe esto.» Ahí estaba, comiendo entre los conspiradores. En los años siguientes sería testigo de la destrucción completa de ciudades como Flint en todo el país, y pensaría: «Yo estuve allí. Vi cómo planeaban el crimen. La trama para matar al sueño americano se incubó y representó justo delante de mis ojos.» Fui testigo de una ejecución inminente y el ejecutado todavía no tenía ni idea de que ya habían disparado la pistola y la bala estaba en camino.

En el avión de vuelta, con el traje de cloqué bien doblado en el portaequipajes de arriba, pensé mucho en todo esto y en lo que planeaba hacer.

Gratitud

No sabía nada sobre cómo hacer una película, y ojalá pudiera contar una historia divertida de que empecé a rodar películas cuando tenía seis años en la Bell & Howell de 8 milímetros de mi padre, o que fui a la escuela de cine de la Universidad de Nueva York con Spike Lee, y que Martin Scorsese fue maestro mío. Lo único que sabía, lo que sí había hecho, era ir a ver películas. Y muchas. En una buena semana trataba de ver cuatro o cinco películas en el multicine local (en otras palabras, todo lo que se estrenaba ese fin de semana). Si tenía suerte, podía coger el coche familiar e ir a Ann Arbor, a alguna de la media docena de filmotecas que proyectaban una película clásica o extranjera cada noche. Una noche de viernes muy especial suponía un viaje al Detroit Film Theatre, en el Instituto de las Artes de Detroit. En alguna rara ocasión hice un viaje al «extranjero», a Chicago, porque no podía esperar el mes o dos que la película tardaba en estrenarse en Michigan.

Y luego estaban esas locuras descabelladas del momento: «¡Vamos al coche! Me niego a ver *Apocalypse Now* en Flint porque no tiene el nuevo sonido estéreo envolvente ni el final que quería Coppola.» El estudio solo pasaría esa versión en Nueva York, Los Ángeles y Toronto. Y por eso conduje quinientos kilómetros hasta Toronto para poder ver el final alternativo.

Me encantaba el cine.

Desde siempre. Como para la mayoría de los chicos de mi

época, mis primeras películas fueron *Bambi* y *Old yeller*, *La familia de los Robinsones suizos* y *El Álamo*. Pero la primera película que recuerdo que me provocó una reacción fuerte fue *PT 109*, la historia de John F. Kennedy en la Segunda Guerra Mundial. Tenía todo lo que puede desear un niño de ocho años: acción, suspense; pero en este caso era la historia de un héroe que inicialmente metió la pata y puso su barco en el camino de un destructor japonés. Sin embargo, no dejó que su error lo derrotara. Salvó a su tripulación y descubrió una forma de salvarlos a todos. Era un chico rico, y probablemente podría haberse librado de estar en la línea del frente, pero no era esa clase de americano. A los ocho años ya entendía eso.

Llegué a la adolescencia cuando las grandes películas de finales de los sesenta y principios de los setenta impactaron en la pantalla. Las películas rígidas y de fórmula de los viejos estudios, destellos rimbombantes como *Hello, Dolly!* y *Doctor Dolittle* ya estaban *out*. Lo *in* era *Easy Rider* y *El graduado*, *Cowboy de medianoche* y *La última película*, *Defensa* y *Taxi Driver*, *Nashville* y *Harold y Maude*.

A los diecisiete vi *La naranja mecánica* de Stanley Kubrick, y después de eso ya no había marcha atrás. Estaba enganchado con el potencial y el poder del cine. Asistí a dos cursos de introducción al cine en el primer año en la facultad y el profesor Gene Parola nos hizo ver todos los grandes, empezando con *M* y *Metrópolis* y terminando con *Blow-Up* y *Quién teme a Virgina Woolf*. Mi amigo Jeff Gibbs hizo los dos cursos conmigo, y después pasamos horas diseccionando todos los matices de estas películas. Dos años después abrí mi propia «filmoteca» en Flint, donde, dos noches a la semana, mostré todo lo de Truffaut, Bergman, Fassbinder, Kurosawa, Herzog, Scorsese, Woody Allen, Buñuel, Fellini, Kubrick y todos los maestros del cine. Cada película se proyectaba cuatro veces, y yo pasaba las tardes de viernes y sábado viendo los cuatro pases. En el primer pase, me sentaba cerca y disfrutaba de la experiencia. En los siguientes tres visionados, me sentaba en la parte de atrás y estudiaba las películas, en ocasiones tomando notas. Se convirtió en mi escuela de cine de una única aula y un único estudiante.

No me gustaban los documentales y rara vez los veía. Los documentales daban la impresión de ser una medicina, como el aceite de ricino, algo que se suponía que tenía que ver porque era bueno para mí. Pero la mayoría eran aburridos y predecibles, incluso cuando estaba de acuerdo con el análisis político. Si quería escuchar un discurso político, ¿para qué tenía que ir a ver una peli? Podía ir a un mitin o a un debate entre candidatos. Si quería escuchar un sermón, iba a la iglesia. Cuando quería ir al cine, quería que me sorprendieran, que me animaran, que me aplastaran; quería partirme el pecho de risa y quería llorar; y al terminar, quería salir a la calle como si flotara en el aire. Quería sentirme eufórico. Quería que desafiaran todas mis convicciones. Quería ir a algún sitio donde no había estado antes, y no quería que la película terminara porque no quería volver a donde estaba. Quería sexo sin amor y amor sin sexo, y si conseguía los dos juntos quería creer que yo también los tendría, y para siempre. Quería que la película me sacudiera y cinco días después quería que esa película rebotara en mi cabeza de una manera tan enfurecida que me obligara a ir a verla otra vez, ahora mismo, esta noche, despejad el camino, nada más importa.

Y no sentía nada de eso cuando iba a ver un documental. Por supuesto, era raro, raro, raro que un documental se proyectara en una sala de cine de Flint y mucho menos en otro lugar del estado. Pero cuando ocurría, cuando se construía como una película en primer lugar y como un documental en segundo lugar, entonces me desconcertaba de maneras en que no podía hacerlo ninguna obra de ficción. Me senté en el cine de Flint en Dort Highway y vi el devastador documental sobre Vietnam *Hearts and Minds*, y hasta el día de hoy no he visto una película mejor de no ficción. En otra ocasión fui en coche a Ann Arbor y vi algo que no sabía que fuera posible, una película divertida sobre una cuestión deprimente: *The Atomic Café*. En Detroit, en la filmoteca, vi los clásicos de *cinema vérité* de

D. A. Pennebaker *(Don't Look Back)*, y Richard Leacock y Robert Drew *(Primary)* y el trabajo radical de Emile de Antonio *(Point of Order)*. Después, vi las películas de Errol Morris *(The Thin Blue Line)* y Ross McElwee *(Sherman's March)* y una escandalosamente experimental película de no ficción con muñecas Barbie de un joven Todd Haynes llamada *Superstar: The Karen Carpenter Story*. Y un día, sin usar ninguna sustancia, mucho después de haber dejado la facultad, mientras cobraba 98 dólares por semana de desempleo después de que un rico liberal me echara en la semana del Día del Trabajo y de haber pasado la semana más aterradora de mi vida en Acapulco, mi mente reunió todas esas películas y realizadores y me dio una idea diferente a cualquier cosa que se me hubiera ocurrido antes: una película que empezó a desarrollarse en mi cabeza y que simplemente comenzó a proyectarse en la pantalla imaginaria de mi lóbulo frontal. Estaba pelado y me sentía deprimido, rechazado y a cinco mil kilómetros de casa. Me encontraba en Mount Parnassus, en San Francisco, viviendo debajo de una torre de comunicación de microondas gigante, y quería volver a casa y hacer una película. Era una locura, lo sabía, pero el autobús ya había salido de la estación y no había vuelta atrás. No contaba con la experiencia de ni un solo día de escuela de cine y mucho menos con formación universitaria. No me importaba. Tenía mi idea. Y tenía un amigo nuevo. Se llamaba Kevin Rafferty.

Kevin era director de documentales. Hizo *The Atomic Café*, una película inteligente y divertida a principios de la década de 1980. Él, su hermano Pierce y su amiga Jayne Loader reunieron noventa minutos de escenas y clips de los archivos del Gobierno americano, contratistas de defensa y cadenas de televisión de la época de la guerra fría. Sin narración alguna, unieron el metraje de tal manera que la carrera armamentista y el temor a la amenaza roja aparecían tal y como la locura que eran. Escenas que mostraban cómo podías sobrevivir a un ataque atómico en tu sótano o en la escuela, agachándote y cubriéndote la cabeza debajo del pupitre, decían más de la estupidez de las dos superpotencias que cualquier discurso político o columna de opinión. El efecto era al mismo tiempo comiquísimo y debilitante, y cuando salías del cine estabas seguro de dos cosas: 1) nunca te creas al pie de la letra lo que dice un gobierno o una corporación, y 2) estos hermanos Rafferty no solo son dos grandes realizadores, sino que me han demostrado que un documental puede ser divertido y profundo.

Ronald Reagan solo llevaba un año en la presidencia cuando se estrenó *The Atomic Café*. La gente de Estados Unidos y Rusia estaba cansada de gastar miles de millones en la guerra fría, y esta película ahondaba en esa herida. Fue un gran éxito en los campus universitarios y entre aquellos a quienes les gustaban las buenas películas. Cuando se escriba la historia política de una era, los más honrados historiadores escribirán sobre el impacto que la cultura tuvo en los cambios políticos que se produjeron y en cómo moldeó los tiempos. (No se puede contar la historia de los derechos civiles y Vietnam sin mencionar el impacto de Bob Dylan, Joan Baez o Harry Belafonte.) Ahora me gustaría decir, para que conste, que por cada «Señor Gorbachov, derribe este muro» hubo también un *Born in the USA* y un *The Atomic Café*. El arte tiene un impacto desgarrador de un millar de maneras sencillas y en las que no se repara. Esta obra de Kevin y su hermano y amigos tuvo esa clase de impacto en mí.

Flint era la ciudad olvidada en la década de 1980. La que había sido una vibrante y entusiasta zona metropolitana y cuna de la empresa más grande y más rica del mundo —General Motors— se había convertido en un malvado experimento científico de los ricos. Pregunta: ¿podemos incrementar nuestros beneficios eliminando los empleos de la gente que no solo construye nuestros coches sino que también los compra? La respuesta era sí, siempre y cuando el resto del país siguiera trabajando para poder comprar tus coches. Con lo que no contaban los científicos locos era con que esos obreros del automóvil no solo dejarían de comprar coches una vez que se quedaran sin trabajo, también dejarían de comprar televisiones, lavavajillas, radio-despertadores y zapatos. Esto a su vez causaría que las empresas que fabricaban dichos productos cayeran o fabricaran sus productos en otra parte. Finalmente, aquellos que conservaban un empleo tendrían que intentar comprar los productos más baratos posibles con sus sueldos recortados, y para que los fabricantes produjeran sus artículos baratos, estos tendrían que manufacturarlos chicos de quince años en China.

Pocos previeron que eliminando solo una hebra y sacándola del tejido de la clase media pronto se desharía el tapiz entero, dejando a todos sufriendo una existencia de despedazarse unos a otros, una batalla semanal para mantenerse a flote. En cierto nivel, era puro genio político porque el electorado, consumido por su propia supervivencia personal, nunca encontraría el tiempo ni la energía necesarios para organizarse políticamente en el lugar de trabajo, el barrio o la ciudad y rebelarse contra los científicos locos y los políticos que habían urdido su caída.

No obstante, en la década de 1980, solo se había eliminado una pequeña hebra, pero se había hecho en el lugar donde yo vivía: Flint, Michigan. La tasa de desempleo oficial alcanzó el 29%. Esto debería haber sido como el canario que se llevaba a la mina de carbón: si el canario muere, el peligro es inminente. En cambio, pocos repararon en ello. Claro, hubo quienes se preocuparon por nuestra situación y quisieron contar la historia. Hubo un buen reportaje de la BBC sobre Flint como la capital de los desempleados de América y luego estuvo el..., eh..., bueno, de acuerdo, eso fue todo. La BBC. Desde ocho mil kilómetros de distancia. No muchos más vinieron a Flint a contar nuestra historia. Estaban demasiado ocupados hablando de la Revolución Reagan y de lo genial que era que alguna gente prosperara en la economía de la filtración. Y tenían razón. A los que les fue bien en los ochenta, les fue muy bien, y, francamente, no había muchos sitios que se parecieran a Flint, Michigan. Salvo por las ciudades del acero en el valle del Ohio, que recibieron su merecido unos cuantos años antes, y las fábricas textiles del noreste antes todavía, el país iba bien, todavía existía la clase media y nadie prestó mucha atención a las urbes grises donde se construían sus coches. Los británicos de la BBC sabían qué aspecto tenía una ciudad de rodillas, y su ADN les permitía no andarse con rodeos respecto a la causa de lo que estaba ocurriendo cuando hicieron su reportaje sobre Flint. Pero ¿quién vio eso? Oh, bueno, ahí está. Nadie lo ve, nadie lo piensa. Si vivías en Tampa, en Denver, en Houston, en Seattle, en Las Vegas, en Charlotte, en el condado de Orange, en Nueva York, el destino de Flint nunca sería el tuyo. Te iba bien y continuaría yéndote bien. Sí, claro, pobre Flint. Pobre, pobre Flint. Qué pena. Qué pena. Puf.

Un día de 1984 estaba sentado en mi despacho del *Flint Voice* y llamaron a la puerta. Dos hombres que no parecían de esa parte del país estaban de pie en el porche, mirando por la puerta acristalada para ver si había alguien.

—Hola —dije—. ¿Puedo ayudarles?

—Desde luego —dijo el más alto con acento—. ¿Esto es el *Flint Voice*?

—Claro —dije—, pasen.

Los dos hombres entraron.

—Me llamo Ron Shelton —dijo el americano—. Soy guionista. Escribí *Bajo el fuego*. Se estrenó el año pasado.

Nos dimos la mano.

—Ah, sí, me gustó la película —dije un poco sorprendido y pensando: «¿Este tipo se ha perdido?»

—Y yo soy Roger Donaldson —dijo el australiano.

También lo conocía.

—Ah, ¿no hizo *Smash Palace*? —pregunté.

—No la pasaron aquí, ¿no? —preguntó, perplejo de que hubiera alguien en Flint que hubiera visto su película *indie* de Nueva Zelanda.

—No, pero voy mucho a Ann Arbor —contesté.

Estaba tratando de serenarme. ¿Qué estaban haciendo esos

tipos* en mi despacho? ¿En Flint, Michigan? No era Hollywood precisamente. Estaba un poco asombrado, pero traté de mantener la calma.

—Bueno, puede que se esté preguntando qué estamos haciendo en el *Flint Voice* —dijo Donaldson.

—La verdad es que no —respondí con seriedad—. Guionistas y directores pasan por aquí todo el tiempo. La semana pasada se vino Costa Gavras con Klaus Kinski.

Donaldson rio. Les ofrecí una silla a cada uno y tomaron asiento.

—Estoy escribiendo un guión —dijo Shelton—, una especie de versión moderna de *Las uvas de la ira*. Hemos oído hablar de los malos tiempos de Flint, de la mucha gente que ha perdido su empleo y ha tenido que hacer las maletas y marcharse del estado. La historia sigue a una familia que lo pierde casi todo aquí en Flint, pone en un camión lo poco que le queda y se dirige a Tejas a buscar trabajo.

—Y cuando llegan a Tejas —añadió Donaldson—, los tratan como trataban a los Joad al llegar a California.

Me senté y los miré, y que me maldigan si no quise levantarme y abrazarlos allí mismo. Alguien —de Hollywood nada menos— quería contar nuestra historia. Pensaba que nos habían olvidado. No tanto.

—Así que la razón por la que hemos venido a verle es que estamos recogiendo información e historias e investigación, y alguien mencionó que era una buena persona con la que hablar. Y que su periódico es el único de la ciudad que cubre esta cuestión desde el punto de vista de los trabajadores.

—Bueno, no sé qué decir —dije, tratando de encontrar las palabras adecuadas y ser *cool* al mismo tiempo—. Para empezar, gracias. No puedo creer que hayan venido aquí y que les importe. Eso significa mucho.

---

* Ron Shelton escribiría y dirigiría después *Los búfalos de Durham* y *Los blancos no la saben meter*, y Roger Donaldson dirigiría el *remake* de *Motín a bordo* y el *thriller* de Kevin Costner *No hay salida*.

—Nos importa —dijo Donaldson—. Creemos que de verdad esta ocurriendo este cambio en América, donde los que tienen el dinero quieren que el reloj vuelva a un tiempo en el que todos los demás han de mendigar las migajas. Y creemos que será una película impactante.

Hablaron conmigo durante una hora, pidiéndome que les contara historias sobre la vida en Flint y lo que haría si fuera ellos para que la historia sonara auténtica. Hablé a mil por hora, compartiendo con ellos todo lo que pensaba y dándoles mi consejo sobre lo que creía que podría servir para una buena película. Tomaron nota y parecían muy complacidos.

—Nos gustaría llevarnos unos cuantos ejemplares viejos de su periódico —dijo Shelton cuando estábamos terminando—. Y también nos gustaría suscribirnos. ¿Puedo pagar una suscripción?

(Me aseguré de enmarcar esta suscripción y colgarla en mi pared.)

—Estaremos en contacto si necesitamos algo más —dijo Donaldson—. Vamos a conducir desde Flint a Tejas, examinando el terreno. Gracias por su tiempo. Estaremos en contacto.

Se fueron como habían llegado y yo me puse al teléfono y llamé a todos mis conocidos. «Hollywood acaba de estar aquí», grité al teléfono una docena de veces ese día. No podía creer en la aleatoriedad de este encuentro ni en el hecho de que Flint fuera a protagonizar una película, una película de verdad.

Al cabo de un tiempo, Nina Rosenblum, la realizadora de documentales de Nueva York, hizo varios viajes a Flint. Ella también decidió que Flint merecía protagonizar una película; en su caso, un documental. Yo y otros pasamos mucho tiempo con ella, y ella parecía preparada para presentar nuestra historia en una película. Era estimulante; estábamos contentos de que nos tuvieran en cuenta. ¡La gente del cine había aparecido!

Por la razón que fuera, ninguna de las dos películas llegó a cuajar y el destino quiso que yo mismo me marchara de Flint. Al cabo de un mes de trasladarme a California con la ilusión del trabajo soñado toda la vida, estaba sentado en San Francisco, sin sueño ni trabajo y cobrando el desempleo. Desalentado, volví a Flint a pensar en qué camino tomar en la vida. ¿Tenía que intentar resucitar el *Flint Voice*? Debería presentarme a un cargo político, como quizá la alcaldía de Flint. Quizá debería conseguir un empleo, bueno, no había ningún sitio donde conseguir un empleo.

Cuando quería estar solo en esos días de desempleo de finales de 1986 me dirigía al centro de Flint, que era como una ciudad fantasma dentro de una ciudad fantasma. Me llevaba un periódico o un libro o mi libreta a Windmill Place, un proyecto fracasado de renovación urbana diseñado por la gente que había construido el South Street Seaport de Nueva York. Prometieron hacer por Flint lo que habían hecho por el Lower East Side de Nueva York. Pero, vaya, el río Flint no era el río East, y también faltaban unas cuantas cosas más. Sin embargo, media docena de locales pugnaban por permanecer abiertos dentro de la zona donde se concentraban los restaurantes y que estaba vacía la mayor parte del día. Mi vecina de al lado de mi infancia trabajaba detrás del mostrador en la panadería de Windmill Place. Entraba y ella me calentaba un cruasán de chocolate. El local de comida china para llevar hacía un *moo goo gai pan* amenazador, y eso era lo que estaba disfrutando unos minutos antes del mediodía del jueves 6 de noviembre de 1986 cuando, en la pantalla de televisión de este desolado Windmill Place, la programación habitual se interrumpió para dar paso a una noticia en directo desde la sede central de General Motors Corporation en Detroit. Roger B. Smith, director general de General Motors, estaba de pie ante un atril y tenía que hacer un importante anuncio.

«Hoy anunciamos el cierre de once de nuestras fábricas más antiguas. Eliminaremos casi treinta mil empleos y los recortes más importantes se producirán en nuestras empresas de Flint, donde se eliminarán diez mil de estos treinta mil empleos.»

Miré a ese hombre en la pantalla de la tele, y pensé: «Hijo

de puta chupapollas. Eres un puto terrorista. ¿Vas a cargarte diez mil empleos después de haberte cargado ya otros veinte mil en Flint. ¿En serio? ¿En serio?»

Me había olvidado de mi *moo goo gai pan*. Me calmé y pensé: «He de hacer algo. Ahora.» ¿Qué podía hacer? Tenía un cheque del desempleo en el bolsillo. Tenía un graduado escolar. Tenía un cuarto de depósito de gasolina en el coche.

Y entonces se me ocurrió la idea.

Me acerqué al único teléfono de pago que funcionaba y llamé a mi amigo Ben Hamper. Ben era el trabajador del automóvil escritor que había puesto en la cubierta del *Mother Jones* antes de que me despidieran.

—¿Acabas de ver a Roger Smith en la tele? —pregunté.

—Sí, más de lo mismo —repuso Ben.

—No puedo aguantar esto más. He de hacer algo. Voy a hacer una película.

—¿Una película? —preguntó Ben, un poco sorprendido—. Te refieres a un vídeo casero o algo como lo que hicimos para tu fiesta de despedida.

—No. Una película de verdad. Un documental. Sobre cómo han destruido Flint.

—¿Por qué no escribes un artículo en alguna parte? No sé, en una revista.

—He terminado con las revistas y los periódicos. Necesito un descanso. Además, ya no me quieren. Me parece que es mejor una película.

—Pero ¿cómo vas a hacer una película si no sabes cómo hacer una película?

—He visto un montón de películas.

—Sí, has visto un montón de películas.

—Lo he visto todo.

—Nadie te discute eso. No conozco a nadie que vaya más al cine que tú. ¿Qué viste anoche?

—*Jumpin' Jack Flash*. No, espera, eso fue anteanoche. Vi *Harvard, movida americana*.

—Dios, ¿por qué pierdes el tiempo con esa tontería?

—Te estás desviando. Creo que he visto suficientes películas para saber cómo hacer una. Y puedo hacer esta película. Y
conozco a alguien que puede ayudarme.

Mi siguiente llamada fue a Kevin Rafferty.
—Me gustaría ir a Nueva York y hablarte de algo.
—¿No me lo puedes contar por teléfono?
—No, quiero hacerlo en persona. ¿Estarás esta semana?
—Claro.
—Bueno, puedo estar en la ciudad mañana por la noche.
Pedí prestado el coche de mis padres y conduje doce horas
hasta Nueva York. Me reuní con Kevin en un bar de Greenwich
Village.
—Quiero hacer una película —le dije de buenas a pri-
meras—. Quiero hacer un documental sobre Flint y General
Motors, pero no tengo ni idea de qué hacer. Y quería saber si
podrías ayudarme.
Pedir ayuda a Kevin Rafferty fue una acción descabellada;
sí, era un realizador de películas documentales galardonado,
pero estaba claramente pelado. Era como pedir a un vagabundo
que me diera veinticinco centavos porque quería un café con leche. No tenía ni idea de cuál era la situación económica de
Kevin, basta decir que yo parecía vestido en el Saks de la Quinta Avenida en comparación con él. Siempre llevaba la misma ca-
miseta negra rota, la misma camisa lisa encima, los mismos zapatos gastados. Hacer documentales no daba dinero a nadie ni
aunque los hicieras buenos como los de Kevin. Daba la impresión de que él mismo se cortaba su mata de pelo rojo. Compren-
sible, considerando la profesión mal pagada que había elegido.
Era alto y desgarbado, esto último supuse que como resultado
de no tener dinero para permitirse tres comidas decentes al día.
Me alegré de pagarle la siguiente comida, aunque fuera en un bar
que no podía costearme. Su único lujo aparente era un constante consumo de cigarrillos, la marca de los cuales no conocía.
—Bueno, me parece una gran idea —respondió, y fue la pri-

mera vez que alguien decía eso de mi plan descabellado—. ¿Qué necesitas que haga?

Eh, ¿todo?

—Bueno, para empezar —dije con timidez— puedes enseñarme cómo funciona la cámara de dieciséis milímetros.

—Podría ir a Flint y rodar un poco para ti —dijo Kevin de repente.

Quería que me repitiera eso, pero temía que, si lo hacía, resultara que en realidad había dicho: «Tomaré otra Heineken, de barril, por favor.»

—¿De verdad? —pregunté, cruzando los dedos.

—Claro. Podría llevar mi equipo y quizá pueda venir parte de mi grupo. Pienso que incluso Anne Bohlen [su codirectora en la película sobre los nazis americanos, *Blood in the Face*] podría venir.

Era mucho más de lo que esperaba. A decir verdad, pensaba que lo único que iba a conseguir era un «buena suerte» y «ya nos veremos».

—Guau —dije, ruborizándome—, eso sería increíble. Quiero decir que no me lo esperaba, pero...

—No, será divertido. Puedo enseñarte lo que necesitas saber. Puedo dedicarte una semana de mi tiempo.

¿Una semana entera? ¿En Flint?

—Kevin, estaré contento con lo que puedas hacer. ¿Crees que puedes enseñarme esto en una semana?

—No hace falta tanto tiempo para saber cómo funciona el equipo. Lo más importante de hacer una película está en tu cabeza, tus ideas, y luego has de seguir los latidos y el ritmo al que se mueve. Saber cómo decir más con menos. Tener buen ojo. Escuchar las cosas que ocurren entre líneas. Tener pelotas. Te observé cuando fuimos a Michigan. Lo harás bien.

En un momento se me ocurrió que tendría que pagar por su tiempo además de por sus colaboradores y material. Estaba en paro, así que esperaba un poco de clemencia.

—Por supuesto, sabes, te pagaré por esto —dije—. ¿Quizá podamos arreglar algo?

—No es necesario —replicó—. Nos hiciste un gran favor con nuestra película y no te pagamos. Así que te devolveremos el favor. No tienes que pagarnos nada.

La mesa no se rompió cuando la golpeó mi mandíbula.

—Eh, uf, no sé qué decir. Gracias. Muchas gracias. Lo único que he tenido han sido puertas cerradas en mis narices en los últimos dos meses. Esto se pasa de la raya. No puedo agradecértelo suficiente.

Quería desmayarme en ese momento, pero estaba en Nueva York, sentado en una mesa del Village con un destacado director y quería actuar de la mejor manera posible. Así que sonreí. Una gran sonrisa.

Kevin me llevó a la sala de edición que estaba en (y seré educado aquí) un callejón en el que tenías que sortear obstáculos para llegar. Estaba en un sótano de McDougal Street. El lugar parecía la clase de sala donde un restaurante chino barato podría almacenar la basura, o quizás un cadáver. No, borra eso, nadie hace eso a los muertos, al menos aquí, por más podridos que estén o a quién le debieran dinero.

Vio mi expresión y dijo que el propietario del edificio hizo un trato con él y que no le costaba casi nada poner su máquina de edición Steenbeck en el sótano. Además de la Steenbeck, allí había lo que llamó una «mesa de rebobinados», unos pocos «cubos de recortes» y pilas y pilas de película revelada. Encendió la máquina y me mostró algunas de las escenas de la película de los nazis en la que estaba trabajando. Fue genial ver las cosas que él había filmado en Michigan, y muy extraño oír mi voz y ver mi cara en esa pequeña pantalla. Salvo en películas caseras de mis padres, era la primera vez que me veía en una película. Lo aborrecí y me encantó.

—Tú has hecho posible gran parte de esto —dijo Kevin—. Todo tu mejor material estará aquí.

Volví a Flint y empecé a pensar en lo que rodaría. Tenía que regresar a San Francisco, donde mi mujer estaba preparando nuestra mudanza a Washington, donde los dos habíamos encontrado empleo. Llegamos a Washington en enero de 1987, y aunque estaba feliz de tener el empleo y los ingresos, mi cabeza seguía en la película que quería hacer.

Me enteré de que la UAW había convocado una manifestación el 11 de febrero para conmemorar el quincuagésimo aniversario de la gran huelga ocupación de Flint. Pensé que podía ser un buen lugar para empezar a rodar. Llamé a Kevin para conocer su opinión.

—Buen plan —dijo—. Reuniré a todos, llevaremos el equipo y compraré la película con mi tarjeta de crédito. Puedes pagarnos cuando lleguemos.

Estuve a punto de decir: «¿Tienes tarjeta de crédito?», pero no quería ofenderlo. Me alegré de que la tuviera.

—Gracias —dije.

—Son unos doscientos dólares por un rollo Kodak de diez minutos. Llevaré unos sesenta rollos. Serán unos doce mil dólares. ¿Puedes pagarlo?

—Eh, sí —dije, mintiendo.

—Bien. No has de revelar la película enseguida, pero es mejor hacerlo. Te costará otros doce mil dólares por el revelado y el sonido.

Tragué saliva.

Tenía algo de dinero ahorrado de mi trabajo de cuatro meses en San Francisco, pero con eso no bastaría. Tendría que vender el edificio que era la oficina del *Flint Voice*. Era una casa de cuatro habitaciones con patio en una parte bonita de la ciudad. La deprimida economía de Flint me daría 27.000 dólares por él. Estaba listo.

Kevin, Anne y los demás llegaron de Nueva York el día antes de empezar el rodaje. Un amigo ofreció su casa para que se quedaran. Nos reunimos allí esa noche y yo invité a algunas personas de Flint a discutir ideas sobre la película. Todo el mundo tenía una buena idea sobre cómo debería ser la película. Yo estaba un poco abrumado y Kevin me hizo un gesto para que saliera con él a fumar un cigarrillo y hablar.

—Las películas son desde luego un proceso colaborativo —me dijo fuera en el frío—, pero no son una democracia. Es tu película. No has de hacer reuniones ni discutir. Rodamos tus ideas. Solo hemos de salir ahí mañana y empezar a rodar.

La filosofía de Kevin consistía en limitarse a filmar lo que ocurría, estilo *cinema vérité*.

—Tengo un esquema de las cosas que quiero —dije, sacando la lista del bolsillo.

—No uso listas de filmación —dijo—. Solo filmo. Pero esta es tu película, así que la haremos a tu manera.

No le gustaba la idea de que tuviera un pequeño plan, pero estaba dispuesto a aceptarla.

—Vamos a terminar con esta reunión y dormir un poco, y mañana por la mañana empezaremos a trabajar —dijo al acabar con el cigarrillo.

—*Roger* —dije, lo cual que me recordó el título que se me había ocurrido para la película.

Decidí esperar a otra ocasión para decírselo. Suponía que él no pensaba mucho en los títulos antes de saber lo que tenía.

Pero yo ya sabía lo que tenía. Lo había estado viviendo treinta años, sin dejar de tomar notas en mi cabeza. Llevaba más de una década escribiendo sobre Flint y General Motors. Ya estaba trabajando a 24 imágenes por segundo, aunque todavía no había encontrado a una mujer que criaba conejos para venderlos como «mascota o carne», ni a un ayudante del sheriff que echaba a la gente de sus casas o a una futura Miss América desfilando por la calle principal de Flint en un descapotable y saludando a las tiendas cerradas con tablones o a la elite de Flint vistiéndose en una fiesta como el Gran Gatsby y pasando por alto la ironía o un truco turístico tras otro para convencer a la gente de que pasara sus vacaciones en Flint. Y todavía tenía que conocer a un hombre llamado Roger Smith.

No sabía nada de eso cuando el primer rollo entró en la cámara de 16 milímetros de Kevin en ese frío día de febrero de 1987. Filmamos el recuerdo de la gran huelga, y filmamos otras treinta escenas en los siguientes siete días. El centro de plasma donde los desempleados vendían su sangre, el fuego antiaéreo de General Motors que decía que solo estaba para ganar dinero y no para ayudar a su ciudad. Filmamos desde la salida del sol hasta mucho después de su puesta.

Observé lo que hacían Kevin y Anne al señalarme detalles, cómo en ocasiones los pequeños momentos que capturas con tu cámara o tu micrófono son los que te cuentan la historia mayor. Hablaron de cómo con solo diez minutos de película en la cámara (después de lo cual hay que parar y recargar, interrumpiendo la grabación durante unos minutos) tenías que operar como un editor y hacerlo todo en tu cabeza. La disciplina no solo te servía para no malgastar película, sino que también te obligaba a pensar en qué era exactamente la historia que estabas tratando de contar. No veían la restricción de diez minutos como un impedimento, sino como un beneficio creativo.

—Imagina que tuviéramos película para rodar una hora en la cámara y que fuera tan barata como el papel —señaló alguien del equipo—. Nos volveríamos holgazanes y lo filmaríamos todo. No tendríamos que pensar mientras rodábamos. ¡Ya nos preocuparíamos después!

—Quiero ir a la sede de General Motors para ver si Roger Smith quiere hablar con nosotros —le dije a Kevin—. ¿Estás preparado para eso?

—¿Estás de broma? —dijo con su típico acento y voz sarcástica—. Me estaba preguntando cuándo las cosas iban a ponerse interesantes.

Y así fuimos a Detroit y entramos en el vestíbulo de General Motors. Fui directo al ascensor y pulsé el botón. Se abrieron las puertas y entré. Pulsé el botón de la planta catorce, donde estaba el despacho de Smith. El botón no se iluminó. Y fue entonces cuando un vigilante de seguridad nos hizo salir. Era un hombre mayor, educado y nos pidió que esperásemos mientras llamaba a alguien. Volvió y dijo que necesitábamos una cita y que volviéramos cuando la tuviéramos.

Durante los más de dos años siguientes traté de conseguir

una cita. Y pese a no conseguirla, hice numerosos viajes a Detroit solo para presentarme y ver qué pasaba. La búsqueda de Roger, conseguir que volviera a Flint para poder enseñarle el daño que sus decisiones habían causado, se convirtió en el hilo conductor de la película. Pero la verdadera misión de la película no tenía nada que ver con Smith ni con General Motors, ni siquiera con Flint. Quería hacer una comedia cargada de ira sobre un sistema económico que consideraba cruel e injusto. Y no democrático. Esperaba transmitir eso.

Nuestra semana con Kevin había terminado. Le di las gracias profusamente por lo que él y Anne y los demás hicieron para darme un empujón. Me dijo que ayudaría en lo que pudiera, que solo tenía que llamarle. Le enseñé un formulario que había recibido para solicitar una beca del Consejo de las Artes de Michigan. Le pregunté si podía ayudarme a rellenarlo, porque suponía que era algo que tenía que hacer todo el tiempo.

—¿Qué pongo en la casilla de aquí? —dije, señalando la línea que preguntaba por mi ocupación.

—Director de cine —respondió sin vacilar.

—No soy director de cine —respondí—, ni siquiera he hecho una película.

—Lo siento —repuso cortante—. Apunta que eres director de cine. Fuiste director de cine en el mismo segundo en que la cinta empezó a rodar en esta cámara.

Y así escribí «director de cine». Y durante los dos años y medio siguientes hice una película. Habría más de una docena de filmaciones más. Kevin me conectó con amigos suyos en la comunidad del documental y, lo que es más importante, con una pareja de San Francisco, Chris Beaver y Judy Irving. También ellos vinieron a Flint a rodar para mí durante una semana. El resto del tiempo, éramos solo yo, mi mujer y unos pocos amigos (además de uno o dos cámaras de Detroit), moviéndonos de aquí para allá con el equipo, haciendo todo lo posible por rodar una película. Nunca éramos más de cuatro porque nos desplazábamos en coche de grabación en grabación. Solos, constantemente metíamos la pata con la cámara y la grabadora de sonido, tantas veces de hecho que al final de la filmación, en 1989, solo el 10% del material filmado era utilizable.

Me estaba costando permanecer a flote económicamente y por eso el laboratorio cinematográfico DuArt de Nueva York me dijo que podía retrasar el pago hasta que terminara. Lo dirigía un viejo de izquierdas y le estaba gustando el material que le enviábamos. Me enteré de un evento en Nueva York en el que distribuidores e inversores se reunían para ver las películas en progreso. Si pagabas una tasa, podías mostrar quince minutos de lo que tenías. Pero nada de mi metraje estaba editado porque, bueno, no sabía cómo editarlo. Otra vez Kevin acudió al rescate.

—Te prepararé un rollo —dijo—. ¿Cuándo puedes venir a Nueva York?

—Cuando tú digas —dije.

Tres semanas después volví a visitar su «suite» de edición en el Village. Me senté y observé los quince minutos de mi película que él había preparado. Estaba anonadado. ¡Parecía una película! Me enseñó cómo funcionaba la Steenbeck. Me enseñó su sistema de edición y cómo podía crear el mío. Pasé horas viéndolo trabajar en su película de nazis, viendo cómo tomaba decisiones, cómo sabía exactamente cuánto tiempo mantener una escena y cuándo salir. No creía en la narración ni en aparecer en cámara o usar música.

Un día, en la sala de edición, le pregunté cómo había aprendido todo eso.

—Bueno, hice la carrera de cine.

—¿En qué escuela de cine?

—En realidad no fui a la escuela de cine —dijo.

—Entonces ¿adónde fuiste?

Hizo una pausa.

—A Harvard.

—¿Harvard Harvard? —pregunté confundido.

—Sí, Harvard —respondió a regañadientes.

—Mierda. Quiero decir. Guau. Genial.

¿Cómo demonios había llegado ese tipo a Harvard? No quería meterme, y menos en asuntos sobre cómo diablos había podido pagárselo. Al fin y al cabo, en Harvard también dan becas. No todos los que van allí son ricos. ¡No seas intolerante! Una cosa estaba clara, ese tipo era listo, muy listo, y desde luego era lo suyo.

Yo preparé una sala de edición en Washington y contraté a un buen amigo de Flint y una mujer de las afueras de Maryland para que fueran mis editores, aunque ninguno de ellos había editado jamás una película. Así que los tres aprendimos solos, con la orientación de Kevin, cómo editar una película. Nuestra sala de edición estaba mejor que la de Kevin, aunque también teníamos un problema de cucarachas y roedores. Disponíamos de una sala en la novena planta de un edificio desvencijado en una esquina de Pennsylvania Avenue y la calle Veintiuno, a unas cuatro manzanas de la Casa Blanca. Había una hamburguesería Roy Rogers en la puerta de al lado, y el humo que se colaba diariamente en nuestra sala de edición (que por si solo debería haber hecho que los tres nos volviéramos vegetarianos radicales, si hubiera existido eso en aquellos tiempos).

Paso a paso, averiguamos cómo montar la película. Mis dos amigos se convirtieron en asombrosos editores. La película era divertida y triste. Dejamos de hacer un «documental» y decidimos hacer una película a la que llevaríamos a una cita un viernes por la noche. Tendría un punto de vista, pero no el punto de vista de la izquierda rígida y aburrida. No necesitaba simular la clase de «objetividad» tras la que se esconden engañosamente otros periodistas. Y podía sentarme en nuestra atestada sala de edición y ver a un público imaginario en un gran cine oscuro, aullando, vitoreando, silbando y saliendo del cine listo para ponerse en acción.

Trabajábamos a todas horas en la sala de edición, tratando de terminar la película antes de que los acreedores acabaran conmigo. Y entonces, una fría mañana de enero de 1989, un nuevo presidente iba a tomar posesión a mediodía. Su nombre era George H. W. Bush, el vicepresidente de Ronald Reagan.

No se me ocurrió una mejor manera de pasar el día, así que me vestí y me dirigí al National Mall, donde el público podía ver la investidura del presidente Bush y el vicepresidente J. Danforth Quayle. No estaba muy lleno y encontré una forma de llegar lo más cerca posible de los escalones del Capitolio. Estaba mirando al escenario, a todos los engreídos sentados detrás del nuevo presidente, cuando vi a Kevin Rafferty. «Dios mío —pensé, un poco anonadado—. Creo que Kevin está ahí.»

Desde luego parecía él, pero ese tipo iba vestido con traje, corbata y un abrigo bueno de invierno. Era imposible que fuera él. O si era él, bueno, había conseguido un buen encargo, filmar la ceremonia de investidura. Pero no veía equipo.

Unos días después de la toma de posesión de Bush padre como presidente de Estados Unidos, localicé a Kevin en su casa. Tenía que saber si era él.

—Kevin —dije al teléfono—, estuve en la investidura el otro día y habría jurado que te vi en el estrado. ¿Eras tú?

Silencio.

—¿Estabas ahí? —presioné.

Más silencio, luego el ruido de una calada y de sacar el humo del cigarrillo.

—Sí, estuve allí.

—¿En el estrado?

Otra calada.

—Sí.

—Joder. Genial. ¿Qué demonios hacías allí? ¿Cómo pudiste entrar?

Un suspiro.

—Mi tío es el presidente de Estados Unidos.

—Ja, ja, ja. Muy buena. ¡Mi tío es Dan Quayle!

—No, no hablo en broma —me interrumpió—. Mi tío es

George Bush, el presidente. Mi madre y Barbara Bush son hermanas. Sus cuatro hijos y su hija son mis primos hermanos. Soy miembro de la familia. Por eso estaba allí.

Me habían dicho muchas cosas a lo largo de los años: cosas personales, cosas asombrosas, la clase de cosas que alguien oye de otra persona en un momento u otro: «Soy gay», «Voy a dejarte», «Solo los austríacos pueden bajar de este avión», pero nada en la vida me había preparado para esta noticia. Lo que Kevin me estaba diciendo era que había estado trabajando conmigo durante casi tres años, primero yo lo había ayudado en su película, luego él había filmado mi película, después había editado la primera parte de mi película, y lo que es más importante, había sido mi mentor, mi único profesor, una escuela de cine formada por un solo hombre mal vestido, y ahora ¿me estaba diciendo que su tío era el presidente de Estados Unidos de América?

La cabeza me daba vueltas.

—Mira —dijo—, sé que probablemente estás cabreado porque no te lo he dicho, pero trata de verlo desde mi punto de vista. Cada vez que alguien descubre quién soy, inmediatamente empieza a actuar de forma diferente, a tratarme diferente, a juzgarme, a querer algo de mí, lo que se te ocurra, es como llevar un piedra colgada del cuello. Y, francamente, creí que lo sabías. Pensaba en decírtelo, o traté de hacerlo. Pero no lo creerías. Pensaba que Anne o alguien podría habértelo dicho o que lo habrías descubierto, pero cuando me quedó claro que no lo sabías, bueno, me gustó así. Porque ahora, ahora que lo sabes, estás ahí pensando: «¡Es uno de esos putos Bush!»

Lo interrumpí.

—No, no, nada de eso. No hago esos juicios. Pero Kevin, ¡joder! Podrías habérmelo dicho.

—Sí, bueno.

—O sea, durante todo este tiempo, tu tío era el vicepresidente y ahora es el presidente. ¿Qué pensabas cada vez que decía algo negativo de él o de Reagan?

—Nada. Estaba de acuerdo contigo. No comparto su postura política. Y para ser sincero, la cuestión familiar es complicada. Personal. Y no quiero hablar de eso.*

—Claro, lo entiendo. Todavía me jode un poco para ser sincero. Un miembro de la familia Bush ha sido parte significativa no solo de rodar esta película sino también de enseñarme a ser director de cine. Uf. Joder. De verdad, ¡joder!

—Bueno, ahí lo tienes. Llévalo como puedas.

—Esto no cambia nada, Kevin. No te preocupes. Y me alegro de que me lo hayas dicho por fin.

Siete meses después, terminé la película. Había mostrado una parte de ella a tres comités de selección de festivales: Telluride, Toronto y Nueva York. A todos les gustó y la aceptaron para presentarla en sus festivales en septiembre de 1989. También había mostrado una primera prueba de la película a mis dos hermanas. Se sentaron en la casa de mis padres para verla. Me dijeron cosas bonitas y eso me alentó a seguir trabajando. Lo que no me dijeron (hasta años después) fue que estaban avergonzadas por lo mal montada que en su opinión estaba la película. Hablaron en voz baja la una con la otra —«¿Qué deberíamos decirle? Se llevará una decepción»—, pero no supieron qué hacer. No querían reventar mi burbuja, porque yo parecía muy entusiasmado por el aspecto final de la

* Cuando la película se estrenó, la Casa Blanca llamó a la oficina de producción y preguntó si podían enviar una copia a Camp David para el fin de semana, porque el presidente quería ver una proyección de la película en la que Kev había trabajado. Traté de que me invitaran, pero eso no iba a ocurrir. Después le pregunté a Kevin si había oído algo. «Creo que admiraron mi trabajo de cámara —dijo con su típico estilo—. Por lo demás hubo bastante silencio.» Le dije que alguien del estudio había oído que había un miembro de la familia al que le encantó y que estuvo todo el rato berreando como un histérico. «Aparentemente era uno de los hijos de Bush», dijo. Y aparentemente la risa podría haber contado con cierta colaboración farmacéutica (sí, también se llamaba George). Le dije al representante del estudio: «Tiene que ser triste ser el hijo del presidente y no llegar nunca a nada.»

película. Así que no dijeron nada. Eso sí, hicieron un pacto entre ellas para estar presentes en la primera proyección en un festival para que yo no estuviera solo en mi momento de humillación pública.

El primer festival fue el de Telluride, Colorado, el fin de semana del Día del Trabajo. El festival me pagó el viaje (porque estaba arruinado). Parte de mi equipo fue y volvió con el dinero que recaudaron vendiendo camisetas y chapas con el logo de la película en las calles de Telluride.

La semana antes del festival me dio un ataque de pánico pensando que me había equivocado en la elección del título de la película. Llamé al organizador del festival, Bill Pence, y le dije que iba a cambiar el nombre de la película a *Bad Day in Buick City*.

—No, no lo harás —dijo de manera forzada en el teléfono—. El nombre de la película es el que le diste, *Roger y yo*, y es el nombre perfecto. No vas a cambiarlo. Además, ya hemos enviado el programa a la imprenta.

Estaba desanimado y no me atreví a decir nada más. Colgué el teléfono.

Cuando llegué a Telluride y me dieron el programa, me fijé en algo horrible: el festival había decidido estrenar mi documental al mismo tiempo que la gran película de la gala inaugural: *El cocinero, el ladrón, su mujer y su amante*, del director británico Peter Greenaway. La gala inaugural se celebraría en el histórico Opera House de la ciudad. La «*première* mundial» de mi película sería en Masons Hall en la otra punta de la ciudad. ¡Masons Hall! ¿Tenía que sentirme bien con eso? Bueno, da las gracias que no es en los kiwanis o, Dios no lo permitiera, en el Elks Lodge. Traté de ver los aspectos positivos. No sé, quiero decir, al fin y al cabo, ¿quién era yo? Nadie me conocía allí, nunca había hecho una película y, para ser sincero, ¡era un documental! Así que supongo que comprendí que sepultaran su estreno. Oh, bueno.

Antes de la gala inaugural de Telluride, la ciudad cierra al tránsito la calle principal y celebra una fiesta para todos los realizadores e invitados del festival. Mis hermanas y sus maridos e hijos habían llegado hasta San Diego, cumpliendo con su promesa de estar presentes en Telluride para recogerme cuando cayera. Mi equipo y yo nos presentamos temprano en la fiesta y nos servimos la comida gratuita (mientras vendíamos más chapas y camisetas).

Fue entonces cuando localicé al crítico de cine Roger Ebert, que, igual que su copresentador en televisión Gene Siskel, era uno de los críticos de cine más conocidos del país. Decidí acercarme a él e invitarlo a mi película.

—Hola —dije—. Me llamo Michael Moore. Soy de Flint, Michigan, y tengo una película aquí en el festival. Se llama *Roger y yo*. Y me encantaría que la viera.

—Voy a verla, mañana por la noche en el Nugget Theater —respondió Ebert, mientras se estiraba para coger otro *hors d'oeuvre*. ¡Estaba impresionado de que ya supiera quién era!

—Bueno, va a tener su *première* mundial esta noche, dentro de una hora, en Masons Hall. Me encantaría que estuviera allí.

—Gracias, pero tengo entradas para la gala inaugural en el Opera House.

—Es lo que suponía, pero creo que debería estar en la primera proyección de la película. Le encantará. Y podrá decir que fue el primero en verla.

—Ya le digo que tengo entradas para la gala. He gastado unos ochocientos dólares en ellas.

—Pero, Roger —le rogué, usando su nombre como si nos conociéramos, algo que claramente no era así—. Solo sé que querrá estar en la *première* de esto. No ha visto nada parecido. Trata del Medio Oeste de donde somos los dos. He...

Me cortó.

—Escuche —dijo de manera harto significativa—, he dicho que la veré mañana y lo haré, y punto. Y ahora si me disculpa...

Y dicho eso, se alejó de mí, perturbado, enfadado, quizás

incluso cabreado. «¿Quién es este capullo de Flint que me está tocando los cojones?»

Me sentí como un idiota. Tendría suerte de que viniera al día siguiente por no hablar de que le gustara la película. ¿Por qué tenía que haber puesto esa voz de acechador? Oh, tenía la desesperación pintada en la cara.

Uno de mis colegas que trabajó en la película, Rod Birleson, trató de consolarme.

—No te preocupes, Mike. Ha dicho que vendría mañana y vendrá. Probablemente ha apreciado tu entusiasmo.

—Sí —dije—, el entusiasmo de un asesino en serie.

La fiesta de la calle se estaba acabando, y los adinerados se dirigían al Opera House para asistir a la gala. El resto caminamos hacia el final de Main Street, donde se reunía la orden masónica, para proyectar nuestra obra maestra.

Sorprendentemente, cuando llegamos al cine, pese a que nos habían programado al mismo tiempo que la película inaugural, el local estaba atestado.

Unos cinco minutos antes de la proyección, miré por la ventana del salón y vi una figura solitaria, un hombre fornido, caminando por la calle hacia el Masons Hall. No era otro que Roger Ebert. Entró por la puerta y vio que su acosador estaba allí.

—No diga ni una palabra —me ordenó, levantando la mano y rehuyendo mi mirada—. Estoy aquí. Es lo único que hay que decir.

—Pero... —dije, desobedeciéndolo y siendo cortado por él en el mismo instante.

—Solo estoy aquí porque había una extraña expresión en sus ojos, una mirada que me decía que quizá sería mejor estar aquí. Así que aquí estoy.

Entró en el cine y ocupó el último asiento disponible, a tres filas del final. No hay presión.

Entré y me senté en la última fila. Mis hermanas se habían situado una a cada lado de mi asiento para poderme consolar en su papel de buenas hermanas que eran (y son), para estar ahí por mí en mi momento de inminente bochorno y fracaso. Las luces del Masons Hall empezaron a atenuarse y, cuando el cine quedó a oscuras, Anne y Veronica me agarraron una cada mano y las sujetaron con fuerza. Todo iría bien pasara lo que pasase.

En ese momento, la música empezó a sonar y el título de la película apareció en la pantalla...

Índice